영유아교육기관에서의

안전교육

머리말

영유아교육기관은 영유아를 안전하게 보호하고 개개인의 전인적 발달을 위해 노력하는 생애 초기의 배움터이다. 그러므로 무상보육과 같은 사회적 지원이 커져가고 발달적 관심도 역시 높아지는 추세이다. 이러한 상황에서 최근 뉴스에 자주 등장하는 아동학대 사건은 우리들 마음을 아프게 하며, 이는 영유아교육기관의 신뢰도를 실추시키는 현상으로 이에 대한 대안 책으로 교직원 처우 및 안전교육에 대한 방안이 나오고 있다. 또한 최근 몇 년 사이 세월호 침몰사고, 마우나 리조트 붕괴사고, 포항 지진, 제천 화재 등 잇따르는 대형사고 발생으로 모든 분야의 안전관리와 사전 예방교육 및 대비훈련의 중요성이 재강조 되어 영유아교육기관 내 안전교육 및 안전관리 문화 조성 역시 절실히 필요하게 되었다. 아울러 참사의 근본원인으로 지목되어온 우리 사회의 생명경시 풍조와 안전의식 부족, 취약한 안전관리 시스템 등의 문제를 근본적으로 해결하기 위해서는 자기중심적이고 대처능력이 부족한 영유아 시기부터 반복적인 학습과 훈련을 통해 안전의식과 대응방식을 기를 수 있도록 종합적인 안전교육, 훈련체계를 구축하여야 함이 강조된다.

이와 같은 필요성으로 교육부는 전 국민의 안전의식을 내면화하기 위해 유아~고교 단계까지 체계적 안전교육이 가능하도록 학교 7대 안전교육 표준안을 마련하였고 보건복지부도 어린이집에서 체계적인 안전교육을 실시할 수 있도록 5대 표준안을 마련하고 내용에 따른 교직원 안전교육에 대한 법령을 제시하고 있다. 더불어 영유아기는 놀이를 통한 반복 학습, 다양한 경험을 통한 체험 학습이 내면화를 통한 습관형성에서 중요하므로 이를 통한 안전에 대한 예방교육 및 대처능력 기르기에 초점이 이루어져야 할 필요가 있다.

이에 저자들은 대학 양성기관의 영유아 예비교사들을 대상으로 최근 더욱 강조되는 안전교육에 대한 중요성과 함께 영유아기 발달을 고려한 안전교육 전반에 걸쳐 도움을 주고자 집필을 계획하고 출간하게 되었다. 더불어 이 책은 영유아교육기관 교사들에게 2017년 개편 된 안전교육에 대한 종합적 이해와 실제 면에서 적용 될 것으로 본다.

이 책은 총 3부 14장으로 구성되어 있으며 이를 좀 더 자세히 살펴보면 다음과 같다. 제1부는 영유아 안전에 대한 이해를 위하여 영유아 안전교육의 개념과 영유아기 발달과 안전을 다루었고, 제2부에서는 교사가 알아야 할 영유아교육기관의 안전교육 내용 및 방법을 제시하고자 하였다. 이에 표준보육과정(누리과정)에서의 안전교육과 새롭게 구성 된 평가인증 통합지표에서의 안전, 안전관리 및 사고 시 이루어져야 하는 교사의 역할 그리고 영유아교육기관에서의 안전교육 계획 및 실행에 대한 전반적인 내용을 담았다. 마지막 제3부에서는 유치원 7대 안전교육과 어린이집 5대 안전교육의 내용을 고루 포함한 8가지 유형(생활, 소방대피훈련, 재난, 교통, 사이버 중독예방, 성폭력 및 아동학대 예방, 실종 유괴의 예방 방지, 약물 오남용 예방)별 안전교육의 실제를 다루어서 영유아교육 현장에서의 적용 가능성을 높였다.

무엇보다도 이 책의 저자들은 유아교육기관 교직원을 여러 해 경험하였던지 현재 원장으로 재직 중이므로 좀 더 현장 맞춤형으로 집필하려고 하였고 생생한 실제적 자료를 충실히 넣으려고 노력하였다. 그러므로 이 책을 통해서 영유아교육기관 예비교사 및 교사들이 안전교육에 대한 종합적 이해와 실천적 지식을 갖추길 기대해 본다.

끝으로 촉박한 일정에도 불구하고 여러 번 교정지를 살펴보면서 아쉽고 부족한 점은 이루 말 할 수 없지만 최선을 다해 집필을 한 저자들 모두에게 감사의 마음을 나누고자 하고 물심양면으로 이 책이 나올 수 있도록 도움을 주신 파워북 직원 여러분께도 감사의 마음을 전한다.

2018년 3월
저자 일동

차 례

PART 2 영유아교육기관의 안전교육 내용 및 방법

PART 3 유형별 안전교육의 실제

PART 1

영유아 안전에 대한 이해

CHAPTER

영유아 안전교육의 개념

CHAPTER

01

영유아의 안전한 생활을 위해서는 우선적으로 안전사고의 위험성을 인식해야 하며 위험요인을 사전에 제거하고 안전한 환경을 만들기 위해 노력해야 한다. 이를 위해 본 장에서는 영유아 안전교육의 개념, 영유아 안전사고의 요인과 현황, 관련 법령에 대해 살펴보고자 한다.

1. 영유아 안전교육의 개념

안전의 사전적 의미는 '위험이 생기거나 사고가 날 염려가 없음 또는 그런 상태'이다. 그러나 사람이 태어나서 죽을 때까지 완전무결하게 안전한 삶을 산다는 것은 불가능하다. 왜냐하면 사람의 모든 행동과 사람을 둘러싸고 있는 환경에는 어느 정도의 위험요소가 포함되어 있으므로 완전무결한 안전이 불가능하기 때문이다. 따라서 사람의 행동과 환경 속에 잠재된 안전을 위협하는 요인들을 찾아내고 이러한 요인들이 실제 사고로 연결되지 않도록 적절한 조치와 방안을 마련하는 것이 필요하다.

영유아는 성인에 비해 안전사고에 더 취약하다. 영유아 안전사고는 2014년부터 최근 3년간 소비자위해감시시스템CISS에 접수된 전 연령층 안전사고 중 매년 30% 이상을 차지하고 있어 사전 예방 노력이 특히 더 필요하다. 왜냐하면 영유아 사고는 장애나 사망이라는 심각한 결과를 이끌거나 사고로 인한 후유증이 영유아의 건강과 생활에 지속적으로 타격을 주기 때문이다.

그러나 영유아에게 위협이 되는 요소들을 모두 없애는 것은 불가능한 일이므로 예방뿐만 아니라 영유아들이 안전에 관한 지식을 알고 안전한 태도를 익혀 실천할 수 있도록 돕는 일 또한 필요하다. 따라서 영유아들에게 안전행동에 기여하는 습관, 기술, 태도 및 지식에 긍정적으로 영향을 미치는 모든 경험의 총체인 안전교육(한국교육개발원, 1995)도 중요하다.

안전교육은 어린 시기부터 지속적이고 체계적으로 이루어져야 한다. 이때 영유아 안전교육은 영유아에게 안전에 대한 올바른 지식과 실천적 태도를 길러주기 위한 목적을 지니고 있으며 영유아 스스로 외부의 위험으로부터 자신을 보호할 수 있는 안전능력, 즉 안전에 대한 지식, 기술, 태도 등을 내면화하도록 돕는 교육이자 더 나아가 궁극적으로는 자신에 대한 보호뿐만 아니라 타인의 생명을 존중하는 인간 개개인의 존엄을 배우는 교육이 되어야 한다(성미영 · 민미희 · 정현심, 2013 ; 한국산업안전공단, 1996).

2. 영유아 안전사고의 요인과 현황[1)]

영유아에게 발생하는 안전사고는 하나의 원인에 의해 발생하기보다 여러 원인이 복합적으로 작용하여 일어나게 되므로 안전사고를 일으키는 요인에 대해 살펴보아야 한다. 안전사고의 원인은 물리적 요인, 인적 요인, 사회적 요인 3가지로 나누어 구분한다.

물리적 요인은 영유아가 주로 생활하는 가정, 영유아교육기관, 지역사회의 실내·외 시설 및 설비, 놀이기구 및 구조물, 도구, 화재, 교통 등과 연관되어 일어나는 안전문제를 말하며, 인적 요인으로 인한 안전문제는 성인 보호자의 부주의, 영유아 개인의 행동문제, 또래 놀이 상황 등과 관련되어 있다. 사회적 요인은 지역사회나 국가가 아동 친화적이고 안전친화적인 환경이 되도록 국가나 사회적 차원에서 영유아 안전을 보장하기 위한 법 제도를 마련하고 이를 실천하려는 노력을 말한다. 영유아 안전사고는 이러한 요인들이 상호작용한 결과로 발생한다(박영선 · 신동주, 2014).

따라서 영유아 안전사고를 예방하기 위해서는 물리적 · 인적 · 사회적 요인들이 상호작용하여 발생한 사고 현황 및 유형을 이해할 수 있어야 한다.

1) 연도별 현황

2016년 소비자감시시스템CISS을 통해 접수된 14세 이하 어린이 안전사고 건수는 2만 2,545건으로 2015년 2만 5,152건에 비해 감소하였으나, 여전히 전체 안전사고 발생건수의 30% 이상을 차지한다. 표 1-1을 살펴보았을 때 2016년도 우리나라 총 인구 대비 0~14세 어린이 인구의 비중은 13.7%이지만 안전사고 비율은 32.7%로 어린이 계층이 특히 안전사고에 취약함을 알 수 있다.

1) 어린이 안전사고 동향분석보고서(2017), http://www.isafe.go.kr

표 1-1 최근 3년간 CISS에 접수된 어린이 안전사고 현황

구분	2014년	2015년	2016년	합계
전체 안전사고 건수	67,037	68,002	69,018	204,057
어린이 안전사고 건수	27,381	25,152	22,545	75,078
전년 대비 증감률	–	△8.1	△10.3	–
어린이 안전사고 비율*	40.8	37.0	32.7	36.8

* 전체 안전사고 중에서 어린이 안전사고가 차지하는 비율

2) 성별 현황

성별 현황은 2014~2016년 매년 비슷한 추이를 보이는데, '남아'의 안전사고가 '여아'보다 많은 것으로 나타났다.

그림 1-1에 따르면 어린이 안전사고 총 7만 5,078건 중 남아의 안전사고는 4만 6,269건61.6%으로 여아의 안전사고 2만 8,786건38.3%의 약 1.6배인 것으로 나타났다. 이는 여아에 비해 상대적으로 활동적인 남아의 특성 때문에 남아의 안전사고 건수가 여아보다 많은 것으로 분석된다.

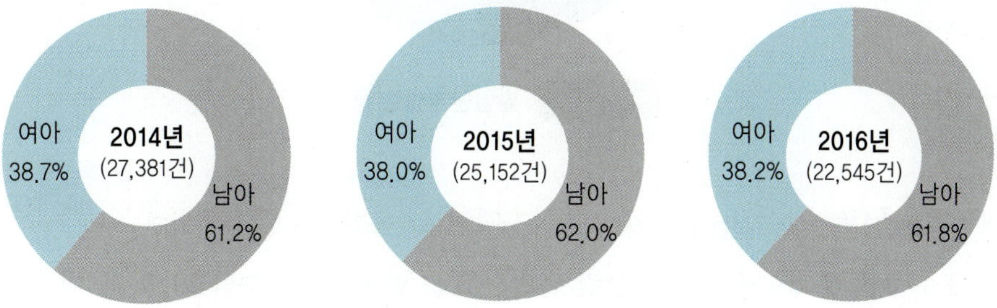

그림 1-1 어린이 안전사고 성별 현황

3) 발달단계별 현황

표 1-2와 그림 1-2를 살펴보면 발달단계별로 걷기를 시작하여 움직임이 많아지는 '걸음마기1~3세'의 안전사고가 3만 7,419건49.8%으로 가장 많았으며 다음으로 '유

표 1-2 발달단계별 현황

(단위 : 건, (%))

구분		남아	여아	미상	합계
취학전	영영아기(1세 미만)	3,856	2,920	2	6,778(9.0)
	걸음마기(1~3세)	22,847	14,570	2	37,419(49.8)
	유아기(4~6세)	10,012	6,229	4	16,245(21.6)
소계		36,715	23,719	8	60,442(80.5)
취학기(7~14세)		9,554	5,067	15	14,636(19.5)
합계		46,269	28,786	23	75,078(100.0)

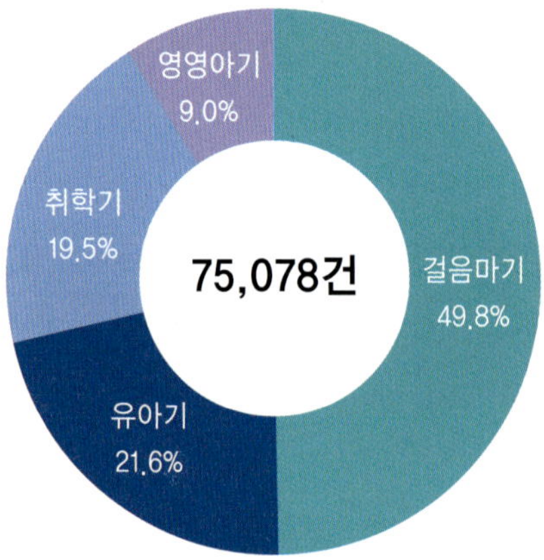

그림 1-2 발달단계별 현황

아기4~6세' 1만 6,245건21.6%, '취학기7~14세' 1만 4,636건19.5%의 순이었다.

표 1-3을 살펴보면 '이물질 삼킴/흡인사고'는 전체 발생건수의 60.5%가 '걸음마기'에 발생하였고, 연령대가 높아질수록 비율이 낮아져 '입이나 코 등에 넣으면 안 되는 것'을 인지할 수 있는 '취학기'에는 10.3%로 비율이 낮아졌다. '중독사고'는 어린이가 본격적으로 탐색활동을 시작하는 '걸음마기'에 61.4%로 가장 많이 발생하였으며 '화상사고'는 고온물질의 위험성을 스스로 인지하기 어려운 '영영아기'와 '걸음마기'에 각각 19.7%, 57.9%가 발생하였고, 연령대가 높아지면서 고온물질에 대한 인식이 가능해짐에 따라 '화상사고'의 발생비율 또한 줄어들었다. '골절사고'는 '영영

표 1-3 발달단계별 주요 사고 유형

(단위 : 건, (%))

구분	영영아기 (1세 미만)	걸음마기 (1~3세)	유아기 (4~6세)	취학기 (7~4세)	합계
이물질 삼킴/흡인사고	350(7.3)	2,892(60.5)	1,046(21.9)	492(10.3)	4,780(100.0)
중독사고	54(13.0)	255(61.4)	33(8.0)	73(17.6)	415(100.0)
화상사고	520(19.7)	1,531(57.9)	303(11.5)	288(10.9)	2,642(100.0)
골절사고	191(4.6)	1,048(25.3)	1,188(28.7)	1,717(41.4)	4,144(100.0)

아기'에는 전체 발생건수의 4.6%를 차지하지만 연령대가 높아짐에 따라 점차 증가하여 외부활동과 다양한 스포츠 활동을 즐기는 '취학기'에 전체 발생건수의 41.4%가 발생하였다.

4) 장소별 현황

표 1-4를 살펴보면 어린이 안전사고가 주로 발생하는 장소는 '주택'이 전체의 69.7%에 이르는 5만 2,344건으로 가장 많았으며, 이어 '여가 · 문화 및 놀이시설' 4,899건6.5%, '교육시설' 4,689건6.2% 등의 순으로 나타났다.

어린이의 경우 주택이 차지하는 비중은 성인을 포함한 전 연령층과 비교했을 때 20% 가까이 높은 수치로서 어린이가 가정 내에서 대부분의 시간을 보내기 때문인 것으로 보인다. 따라서 안전에 대한 부모의 각별한 관심이 요구되고 있다.

어린이는 '여가 · 문화 및 놀이시설', '교육시설'에서 보다 많은 시간을 보내며 단독으로 자유롭게 활동할 수 있는 장소이므로 사고 발생 빈도가 높은 반면, 성인에게서 많이 발생되는 '도로 및 인도', '숙박 및 음식점', '기타 상업시설'의 경우 어린이가 단독으로 활동하기보다는 보호자가 동행하는 경우가 많아 사고발생 빈도가 낮았다. 따라서 어린이가 놀이시설 및 교육시설에서 안전수칙을 준수하며 활동할 수 있도록 장소별로 빈번히 발생하는 사고 유형과 행동규칙 등의 안전교육이 요구된다.

표 1-4 어린이 위해발생 장소별 현황

(단위 : 건, (%))

장소(대분류)	2014년	2015년	2016년	합계
주택	18,745(68.5)	17,763(70.6)	15,836(70.2)	52,344(69.7)
여가문화 및 놀이시설	2,243(8.2)	1,479(5.9)	1,177(5.2)	4,899(6.5)
교육시설	2,099(7.7)	1,433(5.7)	1,157(5.1)	4,689(6.2)
도로 및 인도	958(3.5)	1,146(4.6)	868(3.9)	2,972(4.0)
숙박 및 음식점	708(2.6)	558(2.2)	530(2.4)	1,796(2.4)
스포츠/레저시설	600(2.2)	499(2.0)	440(2.0)	1,539(2.0)
쇼핑시설	358(1.3)	360(1.4)	227(1.2)	995(1.3)
기타 상업시설*	389(1.4)	136(0.6)	123(0.5)	648(0.9)
교통시설	150(0.5)	111(0.5)	95(0.4)	356(0.5)
의료서비스 시설	140(0.5)	70(0.3)	65(0.3)	275(0.4)
종교 및 문화시설	85(0.3)	79(0.3)	40(0.2)	204(0.3)
자연 및 관련 시설	57(0.2)	43(0.2)	49(0.2)	149(0.2)
공공시설	18(0.1)	2(0.0)	5(0.0)	25(0.0)
복지 및 노인요양시설	5(0.0)	10(0.0)	2(0.0)	17(0.0)
농 · 수 · 축산업 지역	5(0.0)	7(0.0)	2(0.0)	14(0.0)
산업 및 건설 지역	1(0.0)	3(0.0)	–	4(0.0)
기타	820(0.3)	1,446 (5.7)	1,877(8.3)	4,143(5.5)
미상 · 해당 없음	0(0.0)	7(0.0)	2(0.0)	7(0.0)
합계	27,381(100.0)	25,152(100.0)	22,545(100.0)	75,078(100.0)

* 주유소, 세차장, 편의점, 제과점, 이 · 미용실 등

표 1–5의 보육 및 교육시설 내 안전사고 발생 현황을 상세히 살펴보면 초 · 중학교에서 발생하는 안전사고 비율이 43%로 가장 높았으며 어린이집에서의 안전사고 발생 현황이 34.5%, 유치원 안전사고 발생 현황이 14.7%의 순으로 나타났다.

표 1-5 보육 및 교육시설 내 안전사고 발생 현황

(단위 : 건, (%))

구분	2015년	2016년	합계
어린이집(놀이방)	481(33.6)	410(35.5)	891(34.5)
유치원	220(15.4)	160(13.9)	380(14.7)
초 · 중학교	627(43.8)	483(41.9)	1,110(49.0)
상세불명의 교육시설*	15(1.0)	23(2.0)	38(1.5)
학원 등 전문 교육시설	78(5.5)	66(5.7)	144(5.6)
기타 교육시설	5(0.3)	5(0.4)	10(0.4)
기타	4(0.3)	7(0.6)	11(0.4)
합계	1,430(100.0)	1,154(100.0)	2,584(100.0)

* 교육시설의 종류가 확인되지 않는 경우

주 : 초등학교 코드가 2015년에 신설되어 이 시기 이후 2년간 통계만 분석함

3. 영유아 안전교육에 대한 법령[2)]

우리나라의 영유아기 안전에 관련한 대표적 법령은 「아동복지법」, 「영유아보육법」, 「학교안전사고 예방 및 보상에 관한 법률」이 있다. 이러한 법령은 영유아기에 발생할 수 있는 안전사고 예방을 위해 수시로 개정되고 있다.

1) 아동복지법

「아동복지법」은 아동이 건강하게 출생하여 행복하고 안전하게 자랄 수 있도록 아동의 복지를 보장하는 것을 목적으로 한다. 「아동복지법」에 명시된 영유아기 안전에 관련된 법규는 표 1-6과 같다.

2) http://www.moleg.go.kr 국가법령 정보센터

표 1-6 아동복지법에 명시된 안전법규

구분	법률 제91225호
시행일자	2017. 12. 20
주요 내용	• 제30조(안전기준의 설정) • 제31조(아동의 안전에 대한 교육) • 제32조(아동보호구역에서의 영상정보처리기기 설치 등) • 제33조(아동안전 보호인력의 배치 등) • 제34조(아동긴급보호소 지정 및 운영)

2) 영유아보육법

「영유아보육법」은 영유아의 심신을 보호하고 건강하게 교육하여 건강한 사회구성원으로 육성함과 아울러 보호자의 경제적 · 사회적 활동이 원활하게 이루어지도록 함으로써 영유아 및 가정의 복지 증진에 이바지함을 목적으로 한다.「영유아보육법」에 명시된 영유아기 안전에 관련된 법규는 표 1-7과 같다.

표 1-7 영유아보육법에 명시된 안전법규

구분	법률 제11858호
시행일자	2017. 9. 15
주요 내용	• 제15조(어린이집 설치기준) • 제15조의 2(놀이터 설치) • 제15조의 3(비상재해대비시설) • 제15조의 4(폐쇄회로 텔레비전의 설치 등) • 제15조의 5(영상정보의 열람금지 등) • 제31조(건강관리 및 응급조치) • 제31조의 2(어린이집 안전공제사업 등) • 제31조의 3(예방접종 여부의 확인) • 제32조(치료 및 예방조치)

3) 학교안전사고 예방 및 보상에 관한 법률에 명시된 안전법규

「학교안전사고 예방 및 보상에 관한 법률」은 학교안전사고를 예방하고, 학생, 교직원 및 교육활동 참여자가 학교 안전사고로 인하여 입은 피해를 신속, 적정하게 보

표 1-8 학교안전사고 예방 및 보상에 관한 법률에 명시된 안전법규

구분	법률 제1300호
시행일자	2016. 8. 4
주요 내용	• 제5조(학교안전사고의 예방에 관한 책무) • 제6조(학교시설에 대한 안전점검) • 제7조(학교시설안전관리기준) • 제8조(학교안전교육의 실시) • 제8조의 2(학교장의 교육활동 안전대책 점검 · 확인 의무) • 제8조의 3(학교안전사고 예방 · 대책 전담부서) • 제9조(명예학교안전요원 위촉) • 제10조(안전조치) • 제10조의 2(학교안전사고 예방활동단체에 대한 지원) • 제10조의 3(상담 지원 등)

상하기 위한 학교안전사고보상공제사업의 실시에 관하여 필요한 사항을 규정함을 목적으로 한다. 여기에서 학교라 함은 동법 제2조에 따라 「유아교육법」 제2조 제2호의 규정에 따른 유치원을 포함한다.

CHAPTER

02

영유아기 발달과 안전

CHAPTER

02

영유아는 연령에 따라 발달 차이가 매우 크다. 발달에 따라 위험요소의 양상이나 위험 상황에 대한 인식 및 위험을 느끼는 정서가 다르기 때문에 영유아 안전사고를 예방하기 위해서는 각 발달단계에 따른 특성을 숙지하여야 하며 연령별로 발생할 수 있는 안전사고와 예방수칙에 대해 알아보는 일이 매우 중요하다.

1. 1세 미만 영아의 발달특성과 안전

1) 1세 미만 영아의 발달특성[1)]

출생~12개월의 영아들은 성장과 발달이 양적, 질적으로 급속하게 변화되는 시기이며 전적으로 성인의 보호를 받아야 하는 시기이다. 따라서 영아에 대한 지속적인 관심과 철저한 감독이 필요하다. 주요 발달특성은 다음과 같다(보건복지가족부, 2008).

1세 미만 영아의 주요 발달특성

❶ 0~6개월

- 누워만 있던 영아는 고개를 가누고, 뒤집고, 잡아주면 앉게 된다.
- 주 양육자와 애착이 형성된다.
- 반사적인 미소에서 차츰 사회적인 미소를 짓는다.
- 옹알이를 시작한다.
- 오감을 통해 사물을 탐색하고 차츰 의도적인 행동을 시도한다.

❷ 7~12개월

- 신체이동능력이 증가한다.
- 낯을 가리고 격리 불안을 느낀다.
- 간단한 사회적 놀이를 즐긴다.
- 1~4개의 단어를 말할 수 있다.
- 대상영속성이 발달된다.

2) 1세 미만 영아의 위해 유형별 현황

1세 미만 영아의 안전사고는 총 6,778건 중 '추락'사고가 3,317건48.9%으로 가장

1) 어린이 안전사고 동향분석보고서(2017), http://www.isafe.go.kr

표 2-1 1세 미만 영아의 안전사고 위해 유형별 현황

(단위 : 건, (%))

순위	위해 유형	주요 원인 품목(소분류)	건수	비율
1	추락	침대, 소파, 유모차 등	3,317	48.9
2	부딪힘	거실장 및 TV장, 침대 등	898	13.2
3	미끄러짐 · 넘어짐	바닥재, 유모차 등	709	10.5
4	고온물질에 의한 위해	전기그릴, 커피포트 등	508	7.5
5	이물질 삼킴/흡인	스티커, 건전지, 살충제 등	350	5.2
6	눌림 · 끼임	문, 옷장 등	291	4.3
7	식품섭취로 인한 위해	분유류, 치즈류, 달걀 등	252	3.7
8	베임 · 찔림	옷걸이, 손톱깍이, 완구류 등	214	3.2
9	기타 물리적 충격	선풍기, 가습기 등	62	0.9
10	동물에 의한 상해	애완견	33	0.4
기타			144	2.2
합계			6,778	100.0

많았으며, 주요 원인품목은 '침대', '소파', '유모차' 등이었다. 1세 미만 영아는 발달 특성상 신체 움직임이 자유롭지 못해 추락사고가 중상으로 이어질 우려가 있다. 따라서 보호자의 세심한 주의 · 관찰이 필요하다.

다음으로 '부딪힘' 사고가 898건13.2%이었으며, 주요 원인품목은 '거실장 및 TV장', '침대' 등이었다. 이 외에 '미끄러짐 · 넘어짐' 사고 709건10.5%, '고온물질에 의한 위해' 508건7.5% 등의 순이었다.

3) 위해 증상별 현황

1세 미만 영아 안전사고 중 위해 증상별 현황에서는 '피부 및 피하조직 손상'이 3,071건으로 전체의 45.3%를 차지했으며, '뇌진탕 및 타박상' 2,378건35.1%, '화상' 520건7.7% 등의 순으로 나타났다.

이러한 이유는 1세 미만 영아의 안전사고 중 가장 많은 비중을 차지하는 침대, 소

표 2-2 1세 미만 영아의 안전사고 위해 증상별 현황

(단위 : 건, (%))

순위	구분(대분류)	건수	비율
1	피부 및 피하조직 손상	3,071	45.3
2	뇌진탕 및 타박상	2,378	35.1
3	화상	520	7.7
4	기타 손상	458	6.8
5	근육, 뼈 및 인대 손상	245	3.6
6	전신 손상	60	0.9
7	신체 내부 장기 손상	38	0.6
8	해당 없음	8	0.1
합계		6,778	100.0

파 등에서의 추락사고로 인해 영아가 피부에 찰과상, 열상 등을 입거나 머리 뇌진탕, 타박상 등을 입는 경우가 많기 때문으로 '피부 및 피하조직 손상', '뇌진탕 및 타박상'이 전체의 80.4%를 차지하고 있다.

4) 1세 미만 영아의 안전사고에 대한 시사점 및 예방을 위한 가이드라인

- 1세 미만의 영아는 가정에서 대부분의 시간을 보내므로 보호자의 부주의로 인하여 안전사고가 발생하지 않도록 해야 한다. 또한 영아는 움직임이 자유롭지 못하며 스스로를 보호하는 능력이 없어 보호자의 시야를 벗어나지 않도록 해야 한다.
- 1세 미만 영아가 '침대'와 '소파' 등에서 떨어지는 추락사고가 빈번하게 발생하므로 영아가 사용하는 실내가구에 보호 장비를 설치하여 '추락'사고를 예방할 필요가 있다.
- 1세 미만 영아는 피부가 매우 약하여 경미한 부딪힘이나 넘어짐 등에도 타박상, 열상 등을 입을 가능성이 있어 주의해야 한다. 또한 이 시기의 화상사고는

성인에 비해 손상 정도도 심각하지만 성장발달장애 등 장기간의 후유증을 남기기도 한다.

잠깐 **'영아 돌연사증후군' 알아보아요**

영아 돌연사증후군(SIDS)은 건강했던 영아가 특별한 원인 없이 자다가 사망하는 질환으로서, 생후 1년 사이의 영아에게 발생하는 가장 흔한 사망원인이다.

영아돌연사의 원인은 아직 밝혀져 있지 않지만 주요 사인은 질식이며 엎드려 눕혀 재우기와 연관이 있다는 것이 알려지면서 이를 예방하기 위해 잠을 재울 때는 반드시 바로 눕혀 재우는 것을 권장한다.

뿐만 아니라 영아가 잠을 자기에 안전한 환경을 만들어 주는 것이 중요하기에 아기 침대를 부모 침실에 함께 놓기를 권장하며, 자는 동안 영아의 얼굴과 머리가 이불에 덮이지 않도록 주의하고 잘 때 주위에 장난감, 인형, 베개 등 푹신한 침구를 놓지 않는 게 좋다.

방안의 온도는 너무 덥지 않게 조절하며 담배 연기에 노출되지 않도록 한다.

영아가 자라면서 목 근육이 강화되고 엎드려 놀게 되는데, 이때 깨어 있는 상태에서 엎드려 놀게 하고 바닥은 단단해야 한다.

1세 미만 영아 안전사고 예방을 위한 가이드라인

- 1세 미만 영아들에게 가장 많이 발생하는 안전사고는 침대에서의 추락사고이므로, 어린이를 침대에 혼자 두지 않아야 하며, 침대안전가드 등을 설치하여 안전사고를 예방한다.
- 영아가 작은 물건 등을 삼킬 우려가 있으므로 주변에 크기가 작은 물건을 두지 않는다. 특히, 단추형 전지나 강력 자석은 단시간 내 장내 손상을 일으키고, 심할 경우 사망할 수도 있으므로 전지 및 자석 제품 취급에 특히 주의한다.
- 유모차, 카시트를 사용할 때에는 반드시 안전벨트를 채워서 이용한다.
- 압력밥솥, 뜨거운 냄비와 같이 화상의 위험이 있는 주방용품 등을 아이들의 손이 닿는 곳에 놓지 않도록 주의한다.

2. 만 1~2세 미만 영아의 발달특성과 안전[2)]

1) 만 1~2세 미만 영아의 발달특성

만 1~2세 미만 영아들을 안전하게 양육하고 보육하는 것은 매우 힘든 일이며 노력이 필요하다. 이 시기의 영아는 운동능력이 발달하여 신체균형을 갖게 되고 몸의 조정능력 역시 발달하여 이동능력이 증가한다. 점차 활동 반경이 넓어져 다양한 곳으로 이동하며, 자조능력이 발달해 스스로 해 보고자 하는 욕구도 증가한다. 그러나 운동기능이 아직 완성되지 못한 시기이기 때문에 안전사고에 대한 대처와 위험상황에 대한 인지가 미숙하다. 또한 많은 영아들이 어린 연령부터 영유아교육기관에서 집단생활을 하기 때문에 집단생활에서 오는 여러 가지 위험요인들도 고려해야 한다. 만 1~2세 미만 영아의 주요 발달특성은 다음과 같다(보건복지가족부, 2008).

만 1~2세 영아의 주요 발달특성

❶ 13~18개월

- 혼자 걸을 수 있게 된다.
- 성인에게 애정을 표현한다.
- 자아개념이 생기기 시작한다.
- 10개 정도의 단어를 말하며, 2단어를 결합하기 시작한다.
- 끊임없는 탐색을 시도하고 행동의 결과를 관찰하며 자신의 놀이를 발달시킨다.

❷ 19~24개월

- 자신이 주로 사용하는 손이 결정된다.
- 강한 행동으로 자신의 정서를 표현한다.
- 놀잇감이나 물건을 다른 사람과 나누기가 어렵다.
- 사물을 명명하면서 어휘가 아주 급속히 증가한다.
- 과거 사건을 모방한다.

2) 어린이 안전사고 동향분석보고서(2017), http://www.isafe.go.kr

2) 만 1~2세 미만 영아의 위해 유형별 현황

만 1~2세 미만 영아의 주요 안전사고는 총 3만 7,419건 중에서 '미끄러짐 · 넘어짐' 사고가 10만 301건27.5%으로 가장 많았으며, 주요 위해품목은 '바닥재', '계단' 등으로 나타났다. 이 시기는 걷기, 뛰기 등의 활동에 필요한 대근육발달이 이루어지는 시기이며 만 1~2세 미만 영아는 주변을 끊임없이 탐색하는 과정을 통해 호기심을 충족해 나가지만 위험 상황에 대해 스스로 인지하기 어려우므로 안전사고가 발생할 가능성이 높다. 다음으로 높게 나타난 위해 유형은 '침대', '식탁' 등에 의한 '부딪힘' 사고로 9,948건26.6%이었으며, '침대', '소파' 등에서의 '추락'사고 6,064건16.2% 순으로 나타났다.

표 2-3 만 1~2세 미만 영아의 안전사고 위해 유형별 현황

순위	위해 유형	주요 위해품목(소분류)	건수	비율
1	미끄러짐 · 넘어짐	바닥재, 계단 등	10,301	27.5
2	부딪힘	거실장 및 TV장, 침대, 서랍장 등	9,948	26.6
3	추락	침대, 소파, 식탁 등	6,064	16.2
4	눌림 · 끼임	문, 기타 승용물, 엘리베이터 등	2,978	8.0
5	이물질 삼킴/흡인	구슬, 완구류, 조립용 블록, 스티커, 콩류 등	2,892	7.7
6	베임 · 찔림	면봉, 눈썹용 칼, 가정용 칼, 가위 등	1,7363	4.7
7	고온물질에 의한 위해	정수기, 전기밥솥, 다리미 등	1,419	3.8
8	식품 섭취로 인한 위해	우유, 달걀, 캔디 등	668	1.8
9	충돌 · 추돌 등 물리적 충격	거울, 서랍장, 행거 등	430	1.1
10	동물에 의한 상해	애완견	242	0.6
기타			714	2.0
합계			37,419	100.0

3) 위해 증상별 현황

만 1~2세 미만 영아 안전사고 중 위해 증상별 현황에서는 '피부 및 피하조직 손상'이 2만 3,974건으로 전체의 64.1%를 차지했으며, '뇌진탕 및 타박상' 6,331건 16.9%, '기타 손상' 3,044건 8.1% 등의 순으로 나타났다.

표 2-4 만 1~2세 미만 영아의 안전사고 위해 증상별 현황

순위	구분(대분류)	건수	비율
1	피부 및 피하조직 손상	23,974	64.1
2	뇌진탕 및 타박상	6,331	16.9
3	기타 손상	3,044	8.1
4	근육, 뼈 및 인대 손상	1,925	5.1
5	화상	1,531	4.1
6	전신 손상	290	0.8
7	신체 내부 장기 손상	251	0.7
8	해당 없음	73	0.2
합계		37,419	100.0

4) 만 1~2세 미만 영아의 안전사고에 대한 시사점 및 예방을 위한 가이드라인

- 만 1~2세 미만 영아는 걸음마를 시작하면서 이전 시기보다 활동범위가 넓어지지만 여전히 무게 중심 잡기, 신체근육발달, 균형 감각이 완전하지 못하여 걸음걸이가 서투르므로 '미끄러짐 · 넘어짐' 사고가 빈번하게 발생한다.
- 만 1~2세 미만 영아가 주로 생활하는 공간에는 미끄럼 방지 처리가 된 바닥재를 사용하거나 충격흡수가 되는 어린이용 바닥매트를 사용하여 안전사고를 예방해야 한다. 또한 욕실을 사용한 뒤 물기를 제거하여 미끄러지는 사고를 예방할 필요가 있다.

• 걸음걸이가 완전하지 못하며 위험환경에 대한 인식이 부족하여 책상, 서랍장의 가장자리에 부딪히는 사고가 발생할 수 있으므로 날카로운 모서리에는 모서리보호대 등 안전용품을 부착해야 한다.
• 만 1~2세 미만 영아는 주변에 대한 호기심이 왕성하지만 조절능력과 신체의 민첩성이 떨어지므로 현관과 승강기, 자동차 문에 의한 '끼임' 사고가 발생하지 않도록 주의해야 한다.
• 이 시기는 호기심이 많아 손에 잡히는 물건을 입으로 가져가거나 코나 귀에 넣는 등 이물질 관련 사고가 발생하기 쉬우므로 만 1~2세 미만 영아의 손이 닿는 곳에 작은 크기의 장난감, 콩 등 작은 물건이나 의약품, 세제 등의 화학물질을 방치하지 않도록 해야 한다.
• 연령대에 알맞은 완구를 구입하고 만 1~2세 미만 영아가 사용방법을 준수하며 완구를 사용할 수 있도록 하여 삼킴 사고를 예방해야 한다.

만 1~2세 미만 영아 안전사고 예방을 위한 가이드라인

• 걷기 시작하는 걸음마기 어린이가 실내가구에 부딪혀 다치는 사고가 많이 발생하므로 가구나 문 모서리에 보호대 및 완충장치를 설치하거나 모서리가 둥근 가구를 사용한다.
• 실내에서의 미끄러짐 · 넘어짐 사고를 예방하기 위해 미끄럼 방지 바닥재를 사용하거나 미끄럼 방지용 매트, 스티커를 사용한다.
• 현관문, 방문 등에는 손 끼임 방지 보호대나 경첩 끼임 방지장치 등을 설치한다.
• 엘리베이터나 자동문 이용 시에는 부딪힘 또는 끼임 사고가 발생할 수 있으므로 반드시 보호자와 함께 이용한다.
• 가정용 화학제품, 의약품 등은 어린이의 손에 닿지 않는 곳에 보관한다.

3. 만 2세 영아의 발달특성과 안전[3)]

1) 만 2세 영아의 발달특성

만 2세 영아는 신체적으로 운동기능이 발달하고 움직임이 유연해지는 시기이며 다른 사람과의 접촉을 원하고 누군가가 관심을 기울여주며 함께 있어 주기를 원하지만 급격히 공격적인 성향이 나타나기도 한다. 만 2세 영아의 주요 발달특성은 다음과 같다(보건복지가족부, 2008).

만 2세 영아(24~36개월 미만)의 주요 발달특성

- 운동기능이 발달하고 신체움직임이 유연해진다.
- 자신의 감정을 다른 사람이 알아주기를 원한다.
- 친구들에게 관심을 갖기 시작한다.
- 언어를 사용하여 성인과 교류한다.
- 주변을 탐색하기 위해 관찰, 질문, 조작, 분류, 측정을 사용한다.

2) 만 2세 영아의 위해 유형별 현황

표 2-5를 살펴보면 만 2세 영아의 안전사고 총 1만 6,245건 중 '미끄러짐 · 넘어짐' 사고가 4,932건으로 전체의 30.4%를 차지했으며, 주요 위해품목은 '바닥재', '어린이자전거', '계단' 등이었다.

만 2세 영아의 안전사고 유형은 이전 연령의 영아들과 마찬가지로 가정 내 미끄러짐 사고의 비중이 높았으며, 안전사고 예방을 위해 바닥에 미끄럼 방지 스티커를 부착하거나 충격흡수를 위한 매트를 설치해야 한다. 또한 만 2세 영아가 계단에서 넘어지는 사고를 예방하기 위해 안전장치를 설치해야 한다.

3) 어린이 안전사고 동향분석보고서(2017), http://www.isafe.go.kr

표 2-5 만 2세 영아의 안전사고 위해 유형별 현황

순위	위해 유형	주요 위해품목(소분류)	건수	비율
1	미끄러짐 · 넘어짐	바닥재, 어린이자전거, 계단 등	4,932	30.4
2	부딪힘	책상, 침대, 테이블 등	4,017	24.7
3	추락	침대, 소파, 의자, 미끄럼틀 등	2,593	16.0
4	눌림 · 끼임	문, 기타 승용물 등	1,400	8.6
5	이물질 삼킴/흡인	구슬, 완구, 조립용 블록 등	1,046	6.4
6	베임 · 찔림	가위, 칼, 면봉 등	887	5.5
7	식품 섭취로 인한 위해	조리식품, 돼지 · 닭 가공식품 등	376	2.3
8	충돌 · 추돌 등 물리적 충격	그네, 트램폴린, 철봉 등	301	1.9
9	고온물질에 의한 위해	정수기, 다리미 등	244	1.5
10	동물에 의한 상해	애완견 등	162	1.0
기타			287	1.7
합계			16,245	100.0

만 2세 영아에게 '미끄러짐 · 넘어짐' 사고 다음으로 많은 '부딪힘' 사고는 주로 책상, 침대, 테이블 등 가정 내 가구에 의해 발생하였다. 이를 통해 만 2세 영아의 경우 가정 내 품목뿐 아니라 '놀이터용 미끄럼틀' 등 실외 품목의 비중이 높아지고 품목 또한 다양해졌음을 알 수 있다.

또한 만 2세 영아는 보다 활동적이며 균형감을 요하는 놀이를 즐기며 집단놀이 등 단체활동을 하게 되므로 안전사고가 발생하지 않도록 놀이 시 안전수칙에 대한 안내도 필요하다.

3) 만 2세 영아의 위해 증상별 현황

만 2세 영아의 안전사고 위해 증상별로는 '피부 및 피하조직 손상'이 9,867건으로 전체의 60.7%를 차지했고 다음으로 '뇌진탕 및 타박상' 2,869건17.7%, '근육, 뼈 및 인

표 2-6 만 2세 영아의 안전사고 위해 증상별 현황

순위	구분(대분류)	건수	비율
1	피부 및 피하조직 손상	9,867	60.7
2	뇌진탕 및 타박상	2,869	17.7
3	기타 손상	1,793	11.0
4	근육, 뼈 및 인대 손상	1,169	7.2
5	화상	303	1.9
6	전신 손상	180	1.1
7	신체 내부 장기 손상	37	0.2
8	해당 없음	27	0.2
합계		16,245	100.0

대 손상' 1,793건11.0%의 순으로 나타났다.

4) 만 2세 영아의 안전사고에 대한 시사점 및 예방을 위한 가이드라인

- 만 2세 영아는 유치원, 어린이집 등의 기관 이용 및 외부활동이 증가함에 따라 위해품 또한 다양해지는 경향을 보이고 있다. 따라서 실외활동 시 어린이가 정해진 안전수칙을 준수하여 활동할 수 있도록 보육시설 등에서 어린이의 눈높이에 맞는 적절한 안내를 실시하고 이와 함께 가정 내에서 보호자의 철저한 관리 감독이 필요하다.
- 만 2세 영아는 일반적으로 자기중심적 사고를 하므로 논리적인 사고가 부족하여 위험 상황을 인지하지 못할 가능성이 크다. 따라서 만 2세 영아가 위험한 상황 및 환경에 놓이지 않도록 주의해야 한다.
- '미끄러짐 · 넘어짐' 사고가 여전히 가장 빈번히 발생하며, 가정 및 만 2세 영아가 이용하는 시설에서는 욕실에 미끄러짐을 방지하는 바닥재를 설치해야 한다.
- 만 2세 영아가 놀이터 등의 놀이장소에서 안전수칙을 준수하며 놀이활동을 할

만 2세 영아 안전사고 예방을 위한 가이드라인

- 베란다에 가구나 발판 등 아이들이 딛고 올라갈 수 있는 물건을 놓지 않는다.
- 계단 주변에서는 추락 · 낙상사고의 위험이 있으므로 유모차, 보행기, 자전거 등 바퀴가 달려 있는 제품은 계단을 이용하지 않도록 한다.
- 지나치게 작은 부품이 있어 삼킴사고의 우려가 있는 완구나 장난감을 가지고 놀지 않도록 주의하고, 완구나 장난감 구매 시 안전기준 적합 여부 및 권장 연령대에 유의하여 사용한다.

수 있도록 해야 하며, 기구 및 계단 등에 완충재와 보호대 등 안전장치를 설치해야 한다.

- 만 2세 영아가 삼키거나 귀, 코 등에 넣을 우려가 있는 작은 크기의 장난감을 가지고 놀지 않도록 해야 하며, 연령대에 알맞은 완구를 구매해야 한다.
- 만 2세 영아가 날카로운 물건 · 완구를 가지고 놀지 않도록 주의하며, 가구 모서리에 다칠 수 있으므로 모서리에 완충재를 설치하거나 모서리가 둥근 영유아용 가구를 사용해야 한다.

4. 만 3~5세 유아의 발달특성과 안전[4)]

1) 만 3~5세 유아의 발달특성

만 3~5세까지의 유아기는 추상적 사고력을 바탕으로 인지적인 성장이 극대화되고, 관심이 또래로 확장되면서 다양한 사회적 기술을 획득하게 되며, 언어로 대부분의 의사소통이 가능하게 된다. 만 3세, 4세, 5세 유아의 주요 발달특성은 다음과 같다(보건복지가족부, 2008).

4) 어린이 안전사고 동향분석보고서(2017), http://www.isafe.go.kr

만 3~5세 유아의 주요 발달특성

❶ 만 3세

- 기본적인 운동 기능이 확립된다.
- 자기통제를 하기 시작한다.
- 친구와 활발히 놀기 시작한다.
- 그림책 등의 줄거리를 이해한다.
- 질문이 많아진다.

❷ 만 4세

- 약간 복잡한 운동이 가능해진다.
- 자기 주장이 강해지고 성취의 기쁨을 느낀다.
- 필요한 규칙은 스스로 따른다.
- 구어가 완성되고 문자에 흥미를 갖는다.
- 원인과 결과를 때때로 혼동하면서 이치를 알고자 한다.

❸ 만 5세

- 가위질이 능숙해진다.
- 성취나 경쟁적인 욕구가 충족된 일에 만족한다.
- 집단활동에 대한 즐거움이 증가한다.
- 발음체계가 완성되고 구어를 완전히 습득한다.
- 알고자 하는 것들에 적극적으로 질문, 궁리, 해결하려는 탐구력이 증가한다.

2) 만 3~5세 유아의 위해 품목별 현황

만 3~5세 이전 연령에서는 가구나 바닥재 등 실내 시설이 위해 품목 1위였으나 만 3~5세 유아의 위해 품목에서는 실외 품목의 증가가 눈에 띈다. 주요 위해 품목으로는 '자전거'가 1,553건10.6%으로 가장 많았고, 다음으로 '놀이터 시설' 1,457건 10.0%, '바닥재' 791건5.4% 등의 순으로 나타났다.

표 2-7 만 3~5세 유아의 안전사고 위해 품목별 현황

순위	구분(중분류)	건수	비율	순위	구분(중분류)	건수	비율
1	자전거	1,553	10.6	11	애완동 · 식물	398	2.7
2	놀이터 시설	1,457	10.0	12	여행, 문화, 놀이시설 및 서비스	348	2.4
3	바닥재	791	5.4	13	완구	323	2.2
4	필드 및 코트 운동장비	767	5.2	14	스포츠, 레저시설 및 서비스	273	1.9
5	문	671	4.6	15	학생용 및 서재용 가구	270	1.8
6	기타 스포츠장비 및 용품	628	4.3	16	겨울 스포츠용 장비	233	1.6
7	문구 및 학습용품	566	3.9	17	기타 승용물	227	1.6
8	교육, 연구기관 시설 및 서비스	538	3.7	18	거실가구	225	1.5
9	침실 가구	434	3.0	19	헬스 장비	204	1.4
10	계단 및 층계	404	2.8	20	놀이장비 및 액세서리	197	1.3

3) 만 3~5세 유아의 위해 유형별 현황

만 3~5세 유아의 안전사고 총 1만 4,636건 중에서 '미끄러짐 · 넘어짐' 사고가 4,814건으로 전체의 32.9%를 차지했으며, 주요 위해 품목은 '어린이 자전거', '바닥재', '스케이트보드', '롤러스케이트' 등으로 나타났다.

표 2-8 만 3~5세 유아의 안전사고 위해 유형별 현황

순위	위해 유형	주요 위해 품목(소분류)	건수	비율
1	미끄러짐 · 넘어짐	어린이 자전거, 바닥재, 스케이트보드, 롤러스케이트 등	4,814	32.9
2	부딪힘	놀이터시설, 문, 책상 등	2,700	18.4
3	추락	놀이터시설, 체조봉 평균대 등	1,644	11.2
4	베임 · 찔림	칼, 통조림 캔, 가위 등	1,258	8.6

순위	위해 유형	주요 위해 품목(소분류)	건수	비율
5	실외활동 중 충돌 · 추돌	축구공, 야구공 등	979	6.7
6	눌림 · 끼임	문, 기타 승용물, 어린이자전거 등	850	5.8
7	식품 섭취로 인한 위해	치킨 등의 배달음식, 돼지 · 닭 등 가공식품	740	5.1
8	이물질 삼킴/흡인	생선가시, 장난감 총알, 구슬 등	492	3.4
9	동물에 의한 상해	애완견 등	391	2.7
10	고온물질에 의한 위해	정수기, 고데기 등	211	1.4
기타			557	3.8
합계			14,636	100.0

4) 만 3~5세 유아의 위해 증상별 현황

만 3~5세 유아의 안전사고 위해 증상에서는 '피부 및 피하조직 손상'이 8,023건으로 전체의 54.8%를 차지하였다. 다음으로 '뇌진탕 및 타박상' 2,697건18.4%, '근육, 뼈 및 인대 손상' 2,476건16.9% 등의 순으로 나타났다.

표 2-9 만 3~5세 유아의 안전사고 위해 증상별 현황

순위	구분(대분류)	건수	비율
1	피부 및 피하조직 손상	8,023	54.8
2	뇌진탕 및 타박상	2,697	18.4
3	근육, 뼈 및 인대 손상	2,476	16.9
4	기타 손상	592	4.0
5	신체 내부 장기 손상	451	3.1
6	화상	288	2.0
7	전신 손상	57	0.4
8	해당 없음	52	0.4
합계		14,636	100.0

5) 만 3~5세 유아의 안전사고에 대한 시사점 및 예방을 위한 가이드라인

- 만 3~5세 유아는 이전 연령보다 정교한 근육발달이 이루어지고 스스로 활동할 수 있는 범위가 넓어지며 이에 따라 가정 이외의 새로운 환경에서 활동하려는 욕구도 증대된다. 그러나 신체 및 인지능력의 발달이 완전하지 못하므로 안전사고의 위험성이 크다.
- 만 3~5세 유아가 유치원, 실내·외 놀이시설 등에서 야외활동을 하거나 스포츠 활동 및 운동기구 사용 시 안전수칙을 준수할 수 있도록 지속적·정기적으로 안전교육을 실시하여 미끄러지거나 추락하는 사고를 예방해야 한다.
- 자전거, 인라인스케이트 등 스포츠장비 이용 시 안전모, 무릎 보호대, 팔꿈치 보호대 등 보호 장구를 반드시 착용해야 하며, 차도나 경사로 등 위험한 장소에서 이용하지 않도록 주의하여야 한다.
- 만 3~5세 유아는 자기중심적 사고에서 벗어나 논리적 사고가 가능해지므로 이 시기의 유아가 위험 상황에서의 안전개념을 습득할 수 있도록 반복적이며 보다 구체적인 상황 중심의 교육을 실시해야 한다.
- 만 3~5세 유아는 소근육발달로 인해 손의 정교한 움직임이 가능해지지만 날카로운 가위, 칼 등에 베일 위험이 있으므로 날카로운 물건을 만 3~5세 유아 혼자 다루지 않도록 주의해야 한다.

만 3~5세 유아 안전사고 예방을 위한 가이드라인

- 실내·외 놀이시설 이용 시 반드시 안전수칙을 준수하고, 어린이 놀이시설의 보험 가입 여부 및 상태 등을 꼼꼼히 살핀 후 이용한다.
- 자전거, 인라인 스케이트 등 스포츠 장비 이용 시 안전모, 무릎 보호대, 팔꿈치 보호대 등 보호 장구를 반드시 착용한다.
- 애완동물 물림사고의 위험성을 충분히 인식하고, 함부로 동물을 만지지 않도록 한다.
- 유치원 및 학교 등 교육시설에서 안전수칙에 대한 지속적·정기적인 교육을 실시하여 만 3~5세 유아들이 안전수칙을 알고 실천할 수 있도록 한다.

- 만 3~5세 유아는 개, 고양이 등 애완동물에 대해 친근함을 가지고 있는 경우가 많은 반면 애완동물에 대한 주의 의식이 부족하므로 애완동물에 의한 물림 사고도 자주 발생한다. 따라서 만 3~5세 유아가 애완동물을 무분별하게 만지지 않도록 해야 한다.

PART 2

영유아교육기관의 안전교육 내용 및 방법

CHAPTER 03

표준보육과정 · 누리과정에서의 안전교육

CHAPTER

03

영유아기는 평생 동안 지속될 기본적인 안전습관이 형성되는 시기이다. 따라서 영유아에게 잠재적인 위험성이나 위험을 인식시키고 대처능력을 기를 수 있도록 안전한 생활에 필요한 지식, 기능 및 태도를 익히게 해야 한다. 국가수준 교육·보육과정에서는 안전교육 내용을 영유아의 연령에 따라 구분하여 제시하고 있다.

2013년 3월부터 전국 유치원과 어린이집은 3~5세 영유아를 위한 '3~5세 연령별 누리과정'(교육과학기술부·보건복지부, 2012)을 적용하게 되었다. 그리고 보건복지부는 어린이집의 0~5세 영유아의 연속적 경험과 연령 간 발달적 연계를 위해서 '제2차 표준보육과정' 중 '3~5세 연령별 누리과정'의 목표와 내용을 고려하여 0~1세 보육과정, 2세 보육과정을 개정하고, 2013년 1월에 누리과정을 포함하여 '제3차 어린이집 표준보육과정'을 고시하였다(보건복지부, 2013a).

1. 만 0~2세 표준보육과정에서의 안전교육

어린이집에 다니는 영유아를 대상으로 2013년 1월 21일에 보건복지부가 고시한 '제3차 어린이집 표준보육과정'에서는 영아의 연령에 따라 연령과 발달수준 그리고 개인차를 고려한 '0~1세 보육과정', '2세 보육과정'이 있다. 그리고 영아의 안전에 관한 내용은 기본생활영역에 포함되어 있다.

1) 만 0~1세 > 기본생활영역 > 안전하게 생활하기

'0~1세'의 기본생활영역은 '건강하게 생활하기', '안전하게 생활하기'의 2가지 내용범주로 구성된다. 이 중 안전 관련 보육내용은 '안전하게 생활하기'에서 중점적으로 다루고 있다. 기본생활영역의 '안전하게 생활하기'에 제시된 안전 관련 내용은 다음과 같다(보건복지부, 2013e, 2013f).

(1) 목표

0~1세 기본생활영역의 목표는 '건강하고 안전한 일상생활을 경험한다'이다. 영아기는 평생 동안 지속될 기본생활습관이 형성되는 중요한 시기이므로 이 영역에서는 영아들이 즐겁고 편안하고 안전하게 놀이하고 생활하는 것을 통해 건강하고 안전한 일상생활을 경험하도록 하는 데 중점을 둔다. 이 중 '안전하게 생활하기'의 세부 목표는 '안전한 생활을 경험한다'이다.

(2) 내용

영아는 호기심이 많고 움직임이 많은 반면 위험에 대해 잘 모르고 충동적으로 행동하는 경향이 있기 때문에 특히 질식사고, 화상사고, 낙상사고, 교통사고 등이 영아기에 자주 발생하는 사고이다. 영아는 스스로를 보호하는 능력이 부족하므로 교사는 영아에게 안전한 환경을 제공해야 하며 안전사고 예방에 주의를 기울여야 한다. 그러므로 영아에게 일어나는 안전사고를 예방하기 위해서는 안전한 상황과 장소에서 놀이하도록 환경을 조성하고, 영아가 위험하다는 말을 알아듣고 주의하도록

표 3-1 '만 0~1세 안전하게 생활하기'의 내용 및 수준

<table>
<tr><th>내용범주</th><th>내용</th><th>1수준</th><th>2수준</th><th>3수준</th><th>4수준</th></tr>
<tr><td rowspan="4">안전하게 생활하기</td><td rowspan="3">안전하게 지내기</td><td colspan="3">안전한 상황에서 놀이한다.</td><td>놀잇감을 안전하게 사용한다.</td></tr>
<tr><td colspan="4">안전한 장소에서 놀이한다.</td></tr>
<tr><td colspan="4">차량 승·하차 시 안전 장구를 착용한다.</td></tr>
<tr><td>위험한 상황에 반응하기</td><td></td><td>위험하다는 말에 반응을 보인다.</td><td colspan="2">위험하다고 알려주면 주의한다.</td></tr>
</table>

돕는 안전교육이 필요하다. 따라서 '안전하게 생활하기'는 안전하게 지내기, 위험한 상황에 반응하기를 통해 영아들이 안전하게 놀이하고 생활하는 것을 경험하도록 하는 데 중점을 둔다. 내용범주에 따른 내용, 수준별 내용은 다음과 같다(보건복지부, 2013c, 2013e, 2013f).

① 안전하게 지내기

0~1세 영아가 안전한 상황과 장소에서 놀이하고 놀잇감을 안전하게 사용하며 차량 승·하차 시 안전 장구를 착용하여 교통 안전을 중요시하도록 하는 내용이다. 이 내용을 다루기 위한 수준별 세부 내용은 다음과 같다.

- 안전한 상황에서 놀이한다**1~3수준** : 영아가 생활하는 환경을 안전하게 하고 안전한 상황에서 놀이하도록 하는 내용이다. 교사는 영아가 놀이하는 환경에 위험한 물건이 없는지 확인하고 안전한 상황과 장소에서 놀이하도록 늘 세심하게 주의를 기울여야 한다.
- 놀잇감을 안전하게 사용한다**4수준** : 영아가 놀잇감을 올바르게 사용하게 하여 안전하게 놀이할 수 있도록 하는 내용이다. 2세 미만의 영아는 무엇이든 입에 넣는 본능이 있기 때문에 주위의 작은 물건을 삼키는 등 이물질 흡입에 의한 질식사고가 많다. 따라서 교사는 영아가 삼킬 수 없을 정도로 충분히 크고 모

서리가 날카롭지 않은 독성이 없는 놀잇감을 제공하여 영아가 놀잇감을 안전하게 탐색하도록 해야 한다.

- 안전한 장소에서 놀이한다**1~4수준** : 영아가 실내 · 외 놀이 장소에서 안전하게 놀이할 수 있도록 하는 내용이다. 영아가 안전하게 놀이하도록 하기 위해서는 사고가 발생할 수 있는 위험요인들이 미리 제거된 안전한 놀이 공간과 시설을 제공하는 것이 중요하다. 교사는 영아가 놀이하는 환경에 위험한 물건이 없는지 확인하고 안전한 상황과 장소에서 놀이하도록 늘 세심하게 주의를 기울여야 한다.
- 차량 승 · 하차 시 안전 장구를 착용한다**1~4수준** : 어린이집 등 · 하원 시 차량을 이용하는 경우에는 반드시 안전 장구를 착용하도록 하는 내용이다. 또한 영아가 가정에서도 차량을 이용할 때는 안전 장구를 착용하여 교통 안전을 중시하는 습관을 들이도록 해야 한다.

② 위험한 상황에 반응하기

여러 가지 위험한 상황에서 알려주는 위험하다는 말에 반응을 하고 교사의 지도에 따라 주의하도록 하는 내용으로 구성되어 있다. 이 내용을 다루기 위한 수준별 세부 내용은 다음과 같다.

- 위험하다는 말에 반응을 보인다**2수준** : 영아가 위험하다는 말을 알아듣고 이에 반응을 보이도록 하는 내용이다. 2세 미만 영아는 주변을 탐색하고자 하는 열의와 호기심이 많기 때문에 주변 환경이 안전하지 못하면 쉽게 안전사고가 발생할 수 있다.
- 위험하다고 알려주면 주의한다**3~4수준** : 영아에게 위험하다는 것을 알려주면 영아가 이를 피하고 주의할 수 있도록 지도하는 내용이다. 교사는 영아에게 위험한 물건이나 장소를 인식하게 하여 안전사고를 예방해야 한다. 이를 위해 교사는 위험한 것이 무엇이며 위험한 물건과 위험한 장소에 대해 알게 해서, 영아가 함부로 만지거나 가까이 가지 않고 주의하도록 지도한다.

2) 만 2세 > 기본생활영역 > 안전하게 생활하기

(1) 목표

만 2세 기본생활영역의 목표는 '건강하고 안전한 생활습관의 기초를 마련한다'이다. 이 중 '안전하게 생활하기'의 세부 목표는 '안전한 생활습관의 기초를 경험한다'이다. 그러므로 안전하게 놀이하며 교통 안전에 대해 경험해 봄으로써 건강하고 안전한 생활습관의 기초를 마련하도록 하는 데 중점을 둔다.

(2) 내용

영아기는 질병으로 인한 사망률보다 안전사고로 인한 사망률이 더 높다. 영아는 위험한 상황을 잘 모르고 충동적으로 행동하는 경향이 있기 때문에 사고를 입기 쉽다. 영아는 스스로를 보호하는 능력이 부족하므로 교사는 영아에게 안전한 환경을 제공해야 하며 정기적인 안전교육을 실시하여 영아 안전사고 예방에 주의를 기울여야 한다. '안전하게 생활하기' 내용범주는 '안전하게 놀이하기', '교통 안전 알기', '위험한 상황 알기'로 내용이 구성되어 영아들이 안전하게 놀이하고 생활하는 습관을 형성하는 데 중점을 둔다. 내용범주에 따른 내용, 수준별 내용은 다음과 같다(보건복지부, 2013c, 2013e, 2013f).

① 안전하게 놀이하기

영아가 실내 · 외 여러 가지 놀이기구나 놀잇감을 안전하게 사용하고, 안전한 장소에서 놀이하는 태도를 형성하는 내용이다. 이 내용을 다루기 위한 수준별 세부 내용은 다음과 같다.

- 놀이기구나 놀잇감을 안전하게 사용한다**1~2수준** : 영아에게 실내 · 외 놀이기구나 놀잇감의 올바른 사용법을 알려 주어 안전하게 놀이할 수 있도록 하는 내용이다. 교사는 영아에게 놀이기구나 놀잇감을 사용하기 전에 안전에 필요한 사항을 미리 알려 주고, 안전하게 사용할 수 있도록 지도한다.
- 안전한 장소에서 놀이한다**1~2수준** : 영아가 실내 · 외 놀이 장소에서 안전하게 놀이할 수 있도록 하는 내용이다. 영아가 안전하게 놀이하도록 하기 위해서는

표 3-2 '만 2세 안전하게 생활하기'의 내용 및 수준

내용범주	내용	1수준	2수준
안전하게 생활하기	안전하게 놀이하기	놀이기구나 놀잇감을 안전하게 사용한다.	
		안전한 장소에서 놀이한다.	
	교통 안전 알기	교통수단의 위험을 안다.	교통수단의 위험을 알고 조심한다.
	위험한 상황 알기	위험한 상황과 위험한 것을 안다.	위험한 상황과 위험한 것을 알고 조심한다.
		위험한 상황 시 어른의 지시에 따른다.	

안전사고 위험요인들이 미리 제거된 안전한 놀이공간과 시설을 제공하는 것이 중요하다. 교사는 영아가 놀이하는 환경에 위험한 물건이 없는지 확인하고 안전한 상황과 장소에서 놀이하도록 늘 세심한 주의를 기울여야 한다.

② 교통 안전 알기

영아가 교통수단의 위험을 알고 사고의 위험으로부터 자신을 보호하기 위해 필요한 교통 안전을 알도록 하는 내용이다. 이 내용을 다루기 위한 수준별 세부 내용은 다음과 같다.

- 교통수단의 위험을 안다1수준 : 영아가 접할 수 있는 기본적인 교통수단의 안전한 이용방법과 위험에 대해서 알게 하는 내용이다. 어린이집 등·하원 시 또는 가정에서 이용하는 차량이 유익한 교통수단인 반면 안전을 위협할 수도 있다는 것을 설명하여 영아가 교통수단의 위험을 알게 한다.
- 교통수단의 위험을 알고 조심한다2수준 : 2세 영아들은 주차되어 있는 차도 움직일 수 있음을 이해하지 못하고 움직이는 차의 위험을 잘 인지하지 못하여 교통사고의 위험이 크다. 교사는 영아로 하여금 교통기관의 위험을 알고 조심하는 태도를 취하도록 지도하고, 도로에 혼자 나가지 않도록 지도해야 한다.

③ 위험한 상황 알기

영아가 처할 수 있는 여러 가지 위험한 상황과 위험한 것에 대해서 알고 조심하며, 위험한 상황이 발생했을 때 어른의 지시에 따를 수 있도록 지도하는 내용이다. 이 내용을 다루기 위한 수준별 세부 내용은 다음과 같다.

- 위험한 상황과 위험한 것을 안다1수준 : 영아에게 위험이 될 수 있는 여러 가지 상황과 위험요인에 대해 알게 하는 내용이다. 여러 가지 재난과 사고, 화재, 학대, 유괴 등의 비상 상황에 대해 알고, 이러한 상황의 위험에 대해 알도록 지도한다.
- 위험한 상황과 위험한 것을 알고 조심한다2수준 : 영아가 위험한 상황을 인지할 뿐만 아니라 이를 조심할 수 있게 지도하는 내용이다. 2세 영아는 이동능력이 커지고 호기심이 왕성한 반면 위험을 잘 모르기 때문에 사고에 취약하다. 그러므로 교사는 영아에게 주변 환경의 다양한 위험요인과 상황에 대해 지속적으로 알려줌으로써 위험을 인지하고 조심하도록 지도해야 한다.
- 위험한 상황 시 어른의 지시에 따른다1~2수준 : 영아가 위험한 상황에 처했을 때 적극적으로 대처하는 것이 어려우므로 어른의 지시에 따라 행동하여 위험에 대처할 수 있도록 교육하는 내용이다. 따라서 위험한 상황이 발생하면 어른의 지시에 따라 대피하거나 대처하도록 지도하는 것이 필요하다.

2. 만 3~5세 누리과정에서의 안전교육

2012년 만 3~5세 유아를 대상으로 교육과학기술부와 보건복지부가 공동으로 고시한 '3~5세 연령별 누리과정'에서 안전에 관련된 내용은 신체운동 · 건강영역에 포함되어 있다. 신체운동 · 건강영역은 '신체 인식하기', '신체조절과 기본운동하기', '신체활동에 참여하기', '건강하게 생활하기', '안전하게 생활하기'의 5가지 내용범주로 구성된다. '신체 인식하기', '신체조절과 기본운동하기', '신체활동에 참여하기'는 주로 기본운동능력과 신체활동의 내용이며, '건강하게 생활하기', '안전하게 생활하기'는 건강하고 안전한 일상생활을 위한 기본생활습관에 관한 내용을 포함한다. 이

표 3-3 '만 3~5세 안전하게 생활하기'의 내용 및 연령별 세부 내용

<table>
<tr><th rowspan="2">내용 범주</th><th rowspan="2">내용</th><th colspan="3">3~5세 연령별 누리과정 세부 내용</th></tr>
<tr><th>3세</th><th>4세</th><th>5세</th></tr>
<tr><td rowspan="7">안전하게 생활하기</td><td rowspan="3">안전하게 놀이하기</td><td colspan="2">놀이기구나 놀잇감, 도구를 안전하게 사용한다.</td><td>놀이기구나 놀잇감, 도구의 바른 사용법을 알고 안전하게 사용한다.</td></tr>
<tr><td>안전한 놀이장소를 안다.</td><td colspan="2">안전한 장소를 알고 안전하게 놀이한다.</td></tr>
<tr><td>TV, 인터넷, 통신기기 등을 바르게 사용한다.</td><td colspan="2">TV, 인터넷, 통신기기 등의 위해성을 알고, 바르게 사용한다.</td></tr>
<tr><td rowspan="2">교통 안전 규칙 지키기</td><td>교통 안전규칙을 안다.</td><td colspan="2">교통 안전규칙을 알고 지킨다.</td></tr>
<tr><td colspan="3">교통수단을 안전하게 이용한다.</td></tr>
<tr><td rowspan="2">비상 시 적절히 대처하기</td><td>학대, 성폭력, 실종, 유괴 상황을 알고 도움을 요청한다.</td><td colspan="2">학대, 성폭력, 실종, 유괴 상황 시 도움을 요청하는 방법을 알고 행동한다.</td></tr>
<tr><td>재난 및 사고 등 비상 시 적절하게 대처하는 방법을 안다.</td><td colspan="2">재난 및 사고 등 비상 시 적절하게 대처하는 방법을 알고 행동한다.</td></tr>
</table>

중 안전 관련 교육 내용은 '안전하게 생활하기' 내용범주에서 중점적으로 다루고 있다. 신체운동 · 건강영역의 '안전하게 생활하기'에 제시된 안전 관련 내용은 다음과 같다(교육과학기술부 · 보건복지부, 2012).

(1) 목표

'신체운동 · 건강'영역의 목표는 '기본운동능력과 건강하고 안전한 생활습관을 기른다'로 일상생활에서 자신의 신체를 긍정적으로 인식하고 즐겁게 신체활동에 참여함으로써 기초체력과 운동능력을 기르고 건강하고 안전한 생활습관을 기르는 것이다. 이 중 '안전하게 생활하기'에 관련된 목표는 '안전한 생활습관을 기른다'이다. 유아기는 평생 동안 지속될 기본적인 생활습관이 형성되는 시기이다. 따라서 다양한 안전사고에 대한 체계적인 교육이 필요하므로, 생활 속에서 안전교육을 반복 지도함으로써 유아가 안전하게 놀이하기는 물론 교육안전규칙 지키기를 실천할 수 있도

록 한다. 또한 유아가 일상생활에서 경험하는 잠재적 위험요소를 인식하고 비상시 적절히 대처할 수 있는 능력과 태도를 기르는 데 중점을 둔다.

(2) 내용

최근 사회적 변화로 인하여 유아 안전사고의 위험뿐만 아니라 사고 발생률도 증가하고 있으므로, 다양한 안전사고에 대한 체계적인 교육이 요구되고 있다. 게다가 유아는 신체를 조절하거나 환경을 지각하는 능력이 부족하므로 안전사고에 특히 유의해야 한다. 따라서 '안전하게 생활하기' 내용범주에서는 유아가 일상생활에서 안전하게 놀이하는 습관을 형성하고, 교통규칙을 알고 지키며, 재난이나 사고 등 비상사태에서 안전하게 대처하는 방법을 알고 실천하도록 하는 데 중점을 둔다. '안전하게 생활하기' 내용범주에 따른 내용과 세부 내용은 다음과 같다(교육과학기술부 · 보건복지부, 2013a, 2013b).

① 안전하게 놀이하기

실내 · 외 여러 가지 놀이기구나 놀잇감, 도구를 안전하게 사용하고, 안전한 장소에서 놀이하며, 전자미디어를 안전하게 사용하는 데 필요한 지식, 기능, 태도를 형성하는 내용이다. 이 내용을 다루기 위한 연령별 세부 내용은 다음과 같다.

- 놀이기구나 놀잇감, 도구를 안전하게 사용한다3~4세 : 유아에게 실내 · 외 놀이기구나 놀잇감, 도구의 안전한 사용법 및 규칙 등을 알려 주어 안전하게 놀이

표 3-4 '만 3~5세 안전하게 놀이하기'의 내용 및 연령별 세부 내용

내용범주	내용	3~5세 연령별 누리과정 세부 내용		
		3세	4세	5세
안전하게 생활하기	안전하게 놀이하기	놀이기구나 놀잇감, 도구를 안전하게 사용한다.		놀이기구나 놀잇감, 도구의 바른 사용법을 알고 안전하게 사용한다.
		안전한 놀이장소를 안다.	안전한 장소를 알고 안전하게 놀이한다.	
		TV, 인터넷, 통신기기 등을 바르게 사용한다.	TV, 인터넷, 통신기기 등의 위해성을 알고, 바르게 사용한다.	

할 수 있도록 하는 내용이다. 교사는 만 3, 4세 유아에게 놀잇감이나 도구를 사용하기 전에 안전에 필요한 사항을 미리 알려 주고, 안전하게 사용할 수 있게 지도한다.

- 놀이기구나 놀잇감, 도구의 바른 사용법을 알고 안전하게 사용한다5세 : 유아에게 놀이기구나 놀잇감, 도구의 안전한 사용법을 알려 주는 것뿐만 아니라 생활 속에서 실천할 수 있게 하는 내용이다. 따라서 교사는 유아에게 놀이기구나 놀잇감, 도구의 바른 사용법을 알려줄 뿐만 아니라 유아가 스스로 안전한 사용 규칙에 대해 의논하고 약속으로 정하고 이를 지켜서 놀이하도록 지도한다.
- 안전한 놀이장소를 안다3세 : 유아가 실내 · 외 놀이 장소에서 안전하게 놀이할 수 있도록 안전한 놀이 장소를 알고 안전하지 못한 곳과 구분할 수 있게 하는 내용이다. 만 3세 유아가 안전하게 놀이하도록 하기 위해서는 안전사고 위험요인이 미리 제거된 안전한 놀이공간과 시설을 제공하는 것이 중요하다. 또한 안전한 놀이 장소를 알려주어 유아가 안전한 장소에서 놀이할 수 있도록 한다.
- 안전한 장소를 알고 안전하게 놀이한다4~5세 : 유아에게 안전한 놀이 장소를 알려주고 놀이하도록 하는 것에서 발전하여, 유아와 함께 실내 · 외에서 안전하고, 위험한 장소를 알고 구분하며, 질서를 지키는 등 안전하게 놀이할 수 있게 지도하는 내용이다. 만 4, 5세 유아에게 위험한 장소 및 그 이유에 대해 알아보고, 안전하게 놀이할 수 있는 규칙을 정하고 스스로 지키면서 놀이하도록 한다.
- TV, 인터넷, 통신기기 등을 바르게 사용한다3세 : 유아에게 올바른 전자미디어의 사용법을 알려주고 사용하도록 하는 내용이다. 만 3세 유아에게는 정해진 시간에만 바른 자세로 앉아 사용하는 등 전자미디어의 바른 사용법을 알고 생활 속에서 지킬 수 있도록 한다.
- TV, 인터넷, 통신기기 등의 위해성을 알고, 바르게 사용한다4~5세 : 전자미디어의 순기능뿐 아니라 역기능에 대해 인식하고 이를 바탕으로 자기조절능력을 가지고 올바르게 전자미디어를 사용하도록 하는 내용이다. 따라서 전자 미디어의 순기능과 역기능에 대해 올바르게 이해하고 유아들이 순기능을 적극적으로 활용할 수 있도록 방법을 안내한다. 그리고 전자미디어는 정해진 시간만 사용하고, 이후는 전자미디어에 대한 욕구를 조절하여 다른 대안활동을 할 수 있

도록 지도하며, 가정과의 연계교육을 통하여 바른 생활습관이 꾸준히 형성될 수 있도록 한다.

② 교통 안전규칙 지키기

유아가 교통 안전규칙의 중요성과 자동차사고의 위험을 알고 사고의 위험으로부터 자신을 보호하기 위해 필요한 지식, 기능, 태도를 형성하는 내용이다. 이 내용을 다루기 위한 연령별 세부 내용은 다음과 같다.

- 교통 안전규칙을 안다3세 : 유아에게 안전보행이나 도로횡단 등의 각종 교통 안전규칙을 알려주어 안전하게 생활할 수 있도록 하는 내용이다. 만 3세 유아에게는 등·하원 길의 안전과 골목길에서의 안전 보행에 대해 알려주고, 신호등이 있는 횡단보도, 신호등이 없는 횡단보도, 횡단보도가 없는 도로에서의 안전 횡단에 대하여 지속적으로 알려주고 실천해 보도록 한다.
- 교통 안전규칙을 알고 지킨다4~5세 : 교통규칙을 알려주고 경험하도록 하는 것에서 나아가, 교통 안전규칙을 왜 지켜야 하는지, 지키지 않을 경우 어떤 일이 생기는지 등에 대해 알고 지키도록 하는 내용이다. 만 4, 5세 유아에게 교통 안전규칙에 대해 알아보고 실천하면서 평가해볼 수 있는 경험을 제공하도록 한다.
- 교통수단을 안전하게 이용한다3~5세 : 유아가 기본적인 교통수단의 안전한 이용방법에 대해 인식하고 실천하는 내용이다. 만 3, 4, 5세 유아가 승용차, 버스, 지하철 등 실생활에서 경험할 수 있는 교통수단을 승차해 보는 경험을 제공하고, 그에 따른 안전수칙에 대해 알고 안전하게 이용하도록 한다. 또한 교통 안

표 3-5 '만 3~5세 교통 안전 지키기'의 내용 및 연령별 세부 내용

내용범주	내용	3~5세 연령별 누리과정 세부 내용		
		3세	4세	5세
안전하게 생활하기	교통 안전규칙 지키기	교통 안전규칙을 안다.	교통 안전규칙을 알고 지킨다.	
		교통수단을 안전하게 이용한다.		

전교육에 대한 부모교육을 실시하여, 가정에서도 교통 안전규칙에 대한 적절한 보호와 지도가 병행될 수 있도록 한다.

③ 비상 시 적절히 대처하기

학대, 성폭력, 실종, 유괴 상황과 재난 및 사고 등의 비상 상황을 알고 적절하게 대처함으로써 자신을 보호하는 데 필요한 지식, 기능, 태도를 형성하는 내용이다. 이 내용을 다루기 위한 연령별 세부 내용은 다음과 같다.

- 학대, 성폭력, 실종, 유괴 상황을 알고 도움을 요청한다**3세** : 유아에게 학대, 성폭력, 실종, 유괴 상황의 가능성을 알려주고, 만약의 경우에 도움을 요청하도록 알려주는 내용이다. 만 3세 유아는 위험에 처해 있을 때 적절히 대처하는 방법을 알지 못하므로 교사나 주변의 믿을만한 성인에게 도움을 요청하는 방법을 알려준다. 특히, 「아동복지법」에 성교육은 연간 8시간 이상 확보해야 함이 명시되어 있으므로, 교사는 성교육시간을 준수하여 지도한다.
- 학대, 성폭력, 실종, 유괴 상황 시 도움을 요청하는 방법을 알고 행동한다 **4~5세** : 유아가 학대, 성폭력, 실종, 유괴 발생 상황을 인식하고, 적절한 대처방법을 알아서 실천하도록 하는 내용이다. 만 4, 5세 유아에게는 영상물 홍보자료, 방송이나 신문기사, 그림자료, 동화 등을 통해 유아와 함께 왜 이런 상황이 생기는지, 이런 상황에서 어떻게 대처해야 하는지에 대해 의논하고, 의논한 대로 실천해 보도록 한다.
- 재난 및 사고 등 비상 시 적절하게 대처하는 방법을 안다**3세** : 유아에게 태풍,

표 3-6 '만 3~5세 비상 시 적절히 대처하기'의 내용 및 연령별 세부 내용

내용 범주	내용	3~5세 연령별 누리과정 세부 내용		
		3세	4세	5세
안전하게 생활하기	비상 시 적절히 대처하기	학대, 성폭력, 실종, 유괴 상황을 알고 도움을 요청한다.	학대, 성폭력, 실종, 유괴 상황 시 도움을 요청하는 방법을 알고 행동한다.	
		재난 및 사고 등 비상 시 적절하게 대처하는 방법을 안다.	재난 및 사고 등 비상 시 적절하게 대처하는 방법을 알고 행동한다.	

홍수, 지진해일, 화재, 폭염, 폭설, 한파, 방사능 등에 대비한 재난 대피방법 및 사고가 발생할 수 있는 위험한 상황을 알려주어 자신을 보호하도록 하는 내용이다. 이를 위해서는 비상시를 대비하여 정기적으로 훈련을 실시해야 한다. 또한 유아에게 생활 주변에서 발생할 수 있는 위험한 상황추락, 전기, 약물 등을 알려주고 위험한 상황에서 자신을 보호하도록 한다.

- 재난 및 사고 등 비상 시 적절하게 대처하는 방법을 알고 행동한다4~5세 : 유아가 지속적이고 반복적인 대피훈련을 통해 위급한 상황에 처했을 때 당황하지 않고 적절히 대처하도록 하는 내용이다. 재난대피훈련을 할 때에는 반드시 사전에 교사회의에서 훈련 일정과 방법을 논의하고, 가정에도 가정신문을 통해 재난대피훈련에 대해 알려 준다. 특히, 재난대피훈련은 정기적으로 실시하며, 가까운 곳부터 먼 곳까지 대피 장소와 방법을 변경하여 실시함으로써 상황에 따라 다양한 대피방법을 경험하게 한다.

CHAPTER

04

평가인증지표에서의 안전

1. 안전 평가인증지표의 구성 | 2. 안전 평가항목 및 요소

CHAPTER 04

2006년부터 시작된 평가인증의 가장 큰 변화는 안전의 중요성을 인식하게 되었고 실제 어린이집의 안전 부분이 매우 강화되었다는 점이다. 2017년 11월부터 어린이집과 유치원은 제3차 통합지표를 통해 평가인증을 받게 되므로, 이 장에서는 안전에 대한 통합지표를 살펴봄으로써 안전한 시설환경과, 안전한 생활을 위한 제반 조건 및 교육 등에 대해 알아보고자 한다.

1980년대 이후 우리나라는 경제발전과 더불어 여성의 사회경제활동 참여가 확대되면서 영유아보육에 대한 요구가 급속하게 증가하였다. 이에 정부는 1991년「영유아보육법」을 제정하였고 1995년부터 어린이집 확충계획을 추진하여 어린이집은 양적으로 팽창하였으며 보육의 질적 개선과 관리에 대한 필요성이 제기됨에 따라 정부는 보육 서비스의 질을 제고하기 위한 정책으로의 전환을 시도하여, 2003년 '어린이집 평가인증제 모형' 개발 및 2004년「영유아보육법」제30조 '어린이집 평가인증'의 법적 근거를 마련하고 2005년 시범운영을 거쳐 2006년도부터 평가인증제도를 본격적으로 확대 시행하기에 이르렀다(제3차 어린이집 평가인증 안내 통합지표, 2017).

1차 평가인증은 2006년부터 시작되어 2009년까지 완료되었으며, 2차 평가인증은 개정된 지표를 적용하여 2010년부터 시행되었다. 3차 지표는 2015년 시범사업을 거쳐 2016년 6월 '유치원 · 어린이집 평가체계 통합방안'이 발표되어 2017년 하반기부터 부처별로 시행되기에 이르렀다.

제3차 어린이집 평가인증 통합지표는 국무조정실 유보통합추진단의 '유치원 · 어린이집 평가체계 통합방안'을 기초로 어린이집 특성화지표를 반영하여 4영역 21개 지표 79개 평가항목으로 구성하고, 영아 및 소규모 어린이집 등 어린이집 특성에 맞게 세부 평정기준을 조정하였다. 통합지표영역은 2차 지표와 3차 시범지표 중 유사성이 높은 영역과 지표를 통합, 감축하여 보육과정 및 상호작용, 보육환경 및 운영관리, 건강 · 안전, 교직원의 4영역으로 구성되었다.

평가인증 통합지표의 영역과 지표는 표 4-1과 같다.

표 4-1 평가인증 통합지표의 영역과 지표

평가영역	평가지표	평가항목 수 (평가요소 수)
1. 보육과정 및 상호작용	1-1. 보육계획수립 및 실행	4
	1-2. 일과 운영	5
	1-3. 교수 · 학습방법 및 놀이 지원	6
	1-4. 교사 · 영유아 상호작용	6
	1-5. 영유아 간 상호작용 시 교사 역할	4
	1-6. 평가	4
	1-7. 일상생활	2
2. 보육환경 및 운영관리	2-1. 실내 공간 구성	5
	2-2. 실외 공간 구성	3
	2-3. 기관 운영	4
	2-4. 가정 및 지역사회와의 연계	5
	2-5. 어린이집 이용 보장	2
3. 건강 · 안전	3-1. 실내 · 외 공간의 청결 및 안전	4(14)
	3-2. 급 · 간식	3(16)
	3-3. 건강 증진을 위한 교육 및 관리	3(9)
	3-4. 등 · 하원의 안전	2(8)
	3-5. 안전교육 및 사고 대책	3(9)
4. 교직원	4-1. 원장의 리더십	4
	4-2. 교직원의 근무환경	3
	4-3. 교직원의 처우와 복지	3
	4-4. 교직원의 전문성 제고	4

통합지표는 평가영역 > 평가지표 > 평가항목 > 평가요소 순으로 구성되어 있고 (그림 4-1), 통합지표의 평가방법은 관찰, 면담, 기록 확인의 방법으로 이루어진다 (그림 4-2).

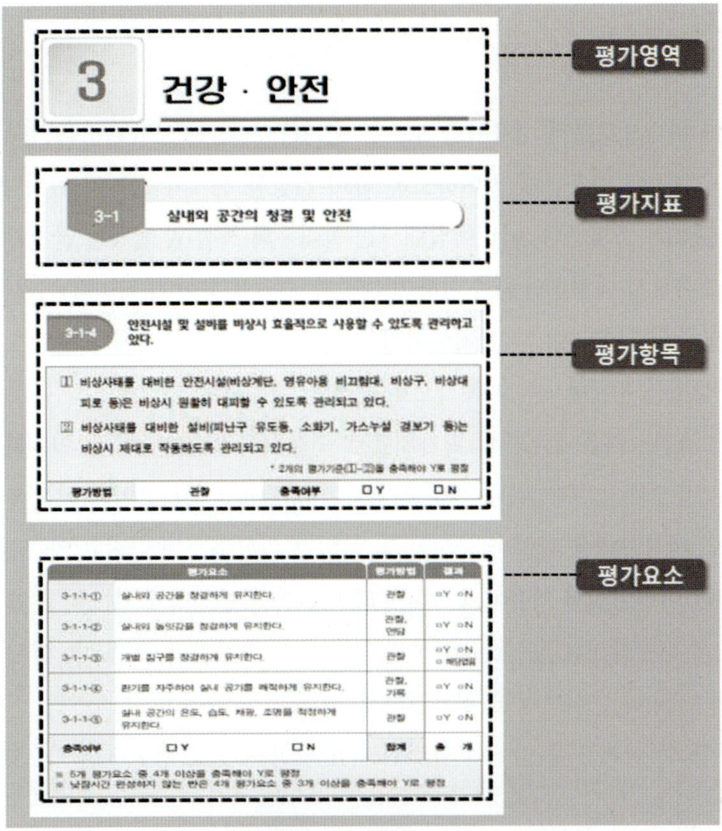

그림 4-1 통합지표 구성

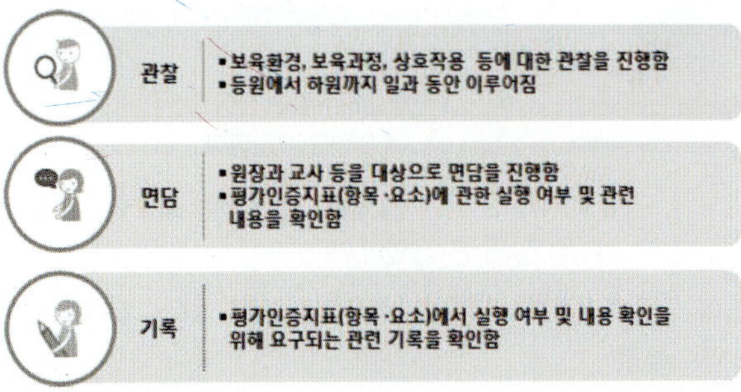

✻ 기록 관련 확인 기간

- 보육일지 : 현장평가월 이전 1개월부터
- 그 외의 기록 : 현장평가월 이전 3개월부터

※ 단, 1년 단위로 확인이 이루어지는 지표의 경우 전년도 기록을 확인할 수 있음

그림 4-2 통합지표 평가방법

1. 안전 평가인증지표의 구성

사고나 위험으로부터 영유아를 보호할 수 있는 안전한 보육환경은 영유아로 하여금 보육활동에 자유롭게 참여하도록 하여 건강한 신체와 심리적 안정감을 발달시킬 수 있도록 도와준다. 어린이집에서는 실내 · 외 시설 및 설비를 안전하게 설치, 관리하고 비상시 대처방안을 수립하여 예방과 훈련을 통한 대처능력을 키움으로써 영유아를 주의 깊게 보호하고 어린이집의 일과에 위험이 생기거나 사고가 날 염려가 없는 상태를 유지하도록 지속적으로 관리하여야 한다.

건강 · 안전영역은 총 5개의 평가지표로 구성되어 있으며, 이 중 안전과 관련된 지표는 보육실과 놀잇감, 실내 · 외 공간 등이 청결하고 위험요인 없이 안전하게 관리되는지, 비상사태를 위한 대피시설 및 설비는 원활하게 관리되고 있는지를 평가한다. 또한 어린이집의 영유아가 등원부터 하원까지 안전하게 보호되고 있는지, 차량 이용 시에는 안전요건을 갖추었는지, 영유아와 교직원의 안전교육 실시, 안전사고 대처방안의 마련 여부 등을 평가한다.

평가인증 통합지표 중 안전과 관련된 지표와 항목, 요소 등을 세부적으로 살펴보면 표 4-2와 같다.

표 4-2 안전 관련 지표와 항목, 요소

평가영역	평가지표	평가항목	평가요소	평가방법
3. 건강 · 안전	3-1. 실내 · 외 공간의 청결 및 안전	3-1-2 실내 · 외 공간을 영유아의 안전을 위해 위험요인 없이 관리하고 있다.	출입문, 창문, 천장, 바닥, 벽면 등이 안전하여 위험요인이 없다.	관찰
			전기설비 및 전선줄 등이 안전하여 위험요인이 없다.	관찰
			고정식 및 이동식 시설 · 설비가 안전하여 위험요인이 없다.	관찰
			세면대, 정수기 등에 온수조절장치가 적절하여 위험요인이 없다.	관찰
			성인이 주로 사용하는 실내 · 외 공간에 영유아가 출입하지 않는다.	관찰

평가영역	평가지표	평가항목	평가요소	평가방법
3. 건강·안전	3-1. 실내·외 공간의 청결 및 안전	3-1-3 실내·외 놀잇감이 안전하고, 위험한 물건을 안전하게 보관·관리하고 있다.	보육실 내 놀잇감에 파손된 부분이 없다.	관찰
			실내·외 공간에 비치된 놀잇감에 파손된 부분이 없다.	관찰
			보육실 내의 위험한 물건을 안전하게 보관·관리한다.	관찰
			실내·외 공간의 위험한 물건을 안전하게 보관·관리한다.	관찰
		3-1-4 안전시설 및 설비를 비상시 효율적으로 사용할 수 있도록 관리하고있다.		관찰
	3-4. 등·하원의 안전	3-4-1 영유아는 등원부터 하원까지 성인의 보호하에 있다.	영유아의 인계과정에 대한 규정이 있고, 규정에 따라 안전하게 이루어진다.	관찰 기록 면담
			영유아의 보호자에게 받은 귀가동의서를 구비하고 있다.	기록
			교직원은 영유아의 안전을 위해 항상 전체 상황을 주시한다.	관찰
			영유아를 두고 자리를 비울 때에는 책임 있는 성인에게 인계한다.	관찰
		3-4-2 등·하원 차량을 운행할 경우 안전요건을 갖추어 관리한다.	차량 내부에 안전수칙을 게시하고, 영아용 보호 장구, 차량용 소화기, 구급상자를 구비하고 있다.	관찰
			매일 차량 안전점검을 실시한다.	기록
			차량 운행 시 성인이 동승한다.	관찰 면담
			차량기사와 차량에 동승한 성인은 영유아를 안전하게 보호한다.	관찰면담

평가영역	평가지표	평가항목	평가요소	평가방법
3. 건강 · 안전	3-5. 안전교육 및 사고 대책	3-5-1 영유아를 대상으로 안전교육을 지속적으로 실시하고 있다.	영유아를 대상으로 발달에 적합한 안전교육을 정기적으로 실시한다.	기록 면담
			영유아가 정기 소방대피훈련에 참여한다.	기록 면담
			영유아가 놀이기구와 놀잇감을 안전하게 사용하도록 지도한다.	관찰
			계절 및 날씨 관련 놀이 안전수칙을 준수한다.	관찰 면담
		3-5-2 교직원은 안전교육을 받고 학대 예방 지침을 준수한다.	교직원을 대상으로 기본적인 안전교육을 정기적으로 실시한다(영유아 학대 예방교육 포함).	기록 면담
			교직원은 안전관리시설 및 설비(소화기 등)의 사용법을 숙지하고 있다.	면담
			비상시 교직원의 대처방안과 업무분장이 체계적으로 수립되어 있고 교직원은 자신의 역할을 숙지하고 있다.	기록 면담
			교직원 중에 응급처치(심폐소생술) 관련 교육에 참여한 직원이 있다.	기록 면담
			영유아 학대 예방지침(체벌 금지 포함)을 준수한다(필수).	기록 관찰 면담
		3-5-3 영유아 교직원 및 시설 보험에 모두 적합하게 가입하고 있다.		기록

2. 안전 평가항목 및 요소

1) 실내 · 외 공간 안전

영유아가 생활하는 보육실을 포함한 모든 실내 · 외 공간과 이에 설치된 고정식 및 이동식 시설 · 설비를 위험요인 없이 안전한 상태로 관리하여야 한다. 또한 영유아가 접근할 수 있는 전기 설비와 전선, 세면대와 정수기에서 나오는 온수 등이 안전하게 관리되어야 한다. 성인이 주로 사용하는 실내 · 외 공간은 영유아의 출입을 제한하고 위험요인이 없도록 관리한다.

표 4-3 실내 · 외 공간 안전의 평가항목 및 평가요소

평가항목	평가요소		평가방법
3-1-2 실내 · 외 공간을 영유아의 안전을 위해 위험요인 없이 관리하고 있다.	3-1-2-①	출입문, 창문, 천장, 바닥, 벽면 등이 안전하여 위험요인이 없다.	관찰
	3-1-2-②	전기설비 및 전선줄 등이 안전하여 위험요인이 없다.	관찰
	3-1-2-③	고정식 및 이동식 시설 · 설비가 안전하여 위험요인이 없다.	관찰
	3-1-2-④	세면대, 정수기 등에 온수조절장치가 적절하여 위험요인이 없다.	관찰
	3-1-2-⑤	성인이 주로 사용하는 실내 · 외 공간에 영유아가 출입하지 않는다.	관찰

평가요소별 세부 내용을 살펴보면 다음과 같다.

3-1-2-①	출입문, 창문, 천장, 바닥, 벽면 등이 안전하여 위험요인이 없다.

현관문은 영유아가 성인의 보호 없이 나갈 수 없고 외부인이 침입하지 못하도록 개폐장치가 설치되어 관리되어야 하며 모든 출입문**예 : 보육실 문, 화장실 문, 현관 중간문 등**에는 손끼임 방지장치가 부착되어 있어야 한다.

모든 출입문 문턱은 영유아가 발에 걸려 넘어질 위험이 없도록 마감되어 있어야 하고 창문 하단의 높이가 바닥으로부터 120cm 이하인 실내 공간의 모든 창문에

그림 4-3 손 끼임 방지 안전문

그림 4-4 문턱이 없도록 마감되어 있는 바닥

그림 4-5 미끄럼 방지를 위한 안전조치

는 영유아의 추락 방지를 위해 창문 보호대가 설치되어 있어야 한다. 특히, 창문 아래에 영유아가 딛고 올라갈 수 있는 기구가 있는 경우 등은 매우 위험하므로 반드시 창문 보호대를 설치하여야 한다. 이때 방충망은 창문 보호대에 포함되지 않는다.

천장, 바닥, 벽면 등에 균열이 없으며 날카로운 못 등이 돌출되어 있지 않아야 하고 바닥은 장판이 들뜨거나 울퉁불퉁하지 않고 고르게 설치되어 있어야 한다. 계단이나 화장실, 세면장 등의 바닥은 영유아가 넘어지지 않도록 미끄럼 방지를 위한 안전조치가 되어 있어야 한다.

3-1-2-②	전기설비 및 전선줄 등이 안전하여 위험요인이 없다.

영유아가 접근할 수 있는 모든 실내・외 공간의 전기 콘센트**이동식 콘센트 포함**는 영

그림 4-6 안전덮개가 덮인 전기 콘센트

그림 4-7 보육실 내 정리되어 있는 전선줄

그림 4-8 늘어지지 않도록 정리되어 있는 전선줄

유아의 손이 닿지 않는 곳에 설치되어 있거나 안전덮개로 덮여져 있고 영유아가 접근할 수 있는 모든 실내·외 공간의 전선줄 등은 영유아의 손이 닿지 않도록 처리되어 있어야 한다. 전선줄 등이 영유아의 손이 닿는 위치에 있는 경우, 영유아가 잡아당기거나 걸려 넘어지지 않도록 관리하고 컴퓨터 주변과 같이 전선줄이 다수 필요한 영역의 경우, 전선줄이 정리되어 관리되고 있어야 한다. 선풍기 등을 벽면에 설치한 경우, 전선이 벽면에 늘어지지 않도록 관리한다.

3-1-2-③ 고정식 및 이동식 시설·설비가 안전하여 위험요인이 없다.

벽면에 설치된 게시판, 선반 등은 떨어지지 않도록 안전하게 고정되어 있어야 하고 에어컨은 넘어지지 않도록 안전하게 설치되어 있어야 한다. 선풍기에는 안전덮개가 덮여져 있고 영유아의 손이 닿지 않는 곳에 안전하게 설치되어 있어야 한다.

블라인드는 줄이 영유아의 손이 닿지 않도록 안전하게 처리하고 온열기가 있는 경우, 영유아의 손이 닿지 않는 곳에 안전하게 설치되어야 한다. 돌출형 라디에이터가 있는 경우, 영유아의 손이 직접 닿지 않도록 계절에 관계없이 적절한 보호장치가 되어 있어야 하고 화기시설, 가스밸브 등에는 적절한 보호장치를 설치해야 한다.

세면대의 수도꼭지 등에 파손된 곳이 없고 표면은 거칠지 않아야 하며 샤워기 줄은 영유아가 걸려 넘어질 위험이 없도록 관리해야 한다.

유희실이나 실내놀이터의 고정식 놀이기구**예 : 고정식 미끄럼틀, 볼풀장 등**는 영유아가 사용하기에 안전하게 설치되어 있으며 파손된 곳이 없어야 하며, 보육실 내 실내 공간의 이동식 시설·설비는 안전하게 관리되어야 한다. 책상, 의자, 활동자료장 등의

그림 4-9 영유아의 손이 닿지 않도록 정리되어 있는 블라인드 줄

그림 4-10 샤워기 줄

그림 4-11 실내 유희실

그림 4-12 실외 놀이터

가구는 파손된 곳이 없고 모서리가 날카롭지 않거나 보호대를 설치해야 한다.

가전제품공기청정기, 제습기, 가습기 등은 파손된 곳이 없고 안전하게 설치해야 하고 흥미영역 등에 깔개가 있는 경우, 바닥이 평평하며 찢어진 곳이 없어야 한다.

실외 공간의 고정식 및 이동식 시설 · 설비가 안전하게 관리되고 있어야 한다. 옥외놀이터의 바닥면은 평평하며 웅덩이, 요철 등이 없고 옥외놀이터에 설치된 고정식 놀이기구는 파손된 곳이 없고 안전해야 한다. 어린이집 건물의 외부에 놓여 있는 에어컨 실외기, LPG 가스통 등은 영유아의 접근이 가능하지 않은 곳에 설치하거나 영유아의 접근이 가능한 곳에 위치해 있을 경우, 안전 덮개가 덮여져 있어야 하며 사고 유발 위험이 있는 적재물목재더미, 파손된 가구 등이 없거나, 있을 경우 영유아 활동 공간과 분리하여 안전하게 보관되어 있어야 한다.

3-1-2-④	세면대, 정수기 등에 온수조절장치가 적절하여 위험요인이 없다.

보육실 및 실내 공간에 설치된 세면대, 정수기에서 뜨거운 온수가 나와 화상을 입을 위험이 없도록 온수조절을 위한 안전조치가 되어 있어야 한다.

- 온수조절을 위한 안전조치방법의 예 : 온수의 양 조절, 온도조절, 잠금장치 설정 등

그림 4-13 온수조절장치 : 고정형 수도꼭지

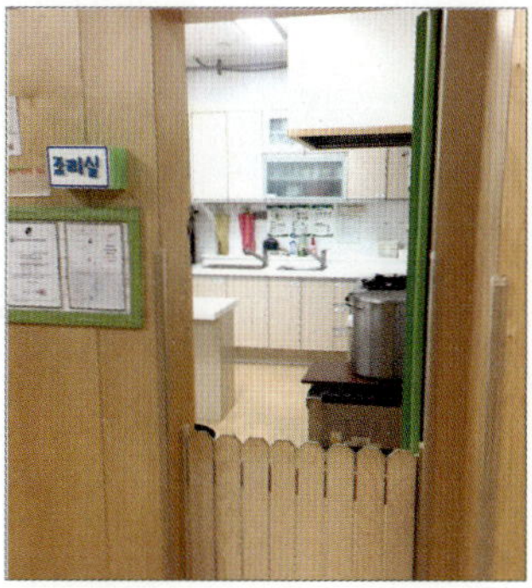

그림 4-14 안전문이 설치된 조리실

그림 4-15 문 손잡이가 높게 달린 교사용 라커룸과 교재교구실

3-1-2-⑤ 성인이 주로 사용하는 실내 · 외 공간에 영유아가 출입하지 않는다.

교사실, 원장실 등 성인이 주로 사용하는 장소는 영유아가 성인의 보호하에만 출입할 수 있도록 관리한다. 조리실, 보일러실, 자료실, 덤웨이터**요리 및 식기 운반용 소형 승강기** 등 위험요인이 있는 장소는 영유아가 출입하지 못하도록 관리해야 한다. 어린이집 구조상 부엌 등의 조리실과 영유아의 활동 공간이 분리되어 있지 않은 경우, 영유아의 접근을 막을 수 있는 안전장치를 설치하여 관리해야 한다.

2) 실내 · 외 놀잇감 안전

보육실과 실내 · 외 공간의 놀잇감은 파손된 부분이나 위험요인이 없어 영유아가 안전하게 사용할 수 있어야 한다. 특히, 영유아는 호기심이 강하여 위험한 물건임에도 이를 인지하지 못하고 탐색해 보거나 놀이대상으로 삼기 쉬우므로 보육실과 실내 · 외 공간에 구비해야 할 물건 중 영유아에게 위험할 수 있는 것은 영유아의 손에 닿지 않도록 관리하여야 한다.

표 4-4 실내 · 외 놀잇감 안전의 평가항목 및 평가요소

평가항목	평가요소		평가방법
3-1-3 실내 · 외 놀잇감이 안전하고, 위험한 물건을 안전하게 보관 · 관리하고 있다.	3-1-3-①	보육실 내 놀잇감에 파손된 부분이 없다.	관찰
	3-1-3-②	실내 · 외 공간에 비치된 놀잇감에 파손된 부분이 없다.	관찰
	3-1-3-③	보육실 내의 위험한 물건을 안전하게 보관 · 관리한다.	관찰
	3-1-3-④	실내 · 외 공간의 위험한 물건을 안전하게 보관 · 관리한다.	관찰

평가요소별 세부 내용을 살펴보면 다음과 같다.

3-1-3-① 보육실 내 놀잇감에 파손된 부분이 없다.

보육실 내 모든 놀잇감은 거친 표면이나 날카로운 모서리가 없으며, 파손된 부분이 없어야 한다. 보육실의 놀잇감 중에는 깨지거나 베일 수 있는 재질로 된 물건**예 : 끝이 깨진 사기 그릇, 안전 처리되지 않은 깡통 등**이 없으며, 특히 조개껍데기 등의 실물자료를 제시한 경우 깨지거나 날카롭지 않아야 한다. 놀잇감 보관함이나 바구니 등이 파손되어 날카로운 면이 드러나지 않은 것을 제공해야 한다.

3-1-3-② 실내 · 외 공간에 비치된 놀잇감에 파손된 부분이 없다.

실내 · 외 공간의 모든 놀잇감은 거친 표면이나 날카로운 모서리가 없으며 파손된 부분이 없어야 하고 실내 · 외 공간의 놀잇감 중 깨지거나 베일 수 있는 재질로 된 물건이 있어서는 안 된다. 놀잇감 보관함이나 바구니 등이 파손되어 날카로운 면이 드러나 있지 않아야 하고 실내 · 외 공간에 비치된 평균대, 뜀틀, 자전거, 탈것 등의 이동식 놀이기구는 파손된 부분이 없으며 영유아가 사용하기에 안전한 상태여야 한다.

3-1-3-③ 보육실 내의 위험한 물건을 안전하게 보관 · 관리한다.

보육실 내 모든 위험한 물건은 영유아 손이 닿지 않는 곳에 별도로 보관해야 하고 위험한 물건을 영유아 손이 닿는 위치에 보관하는 경우에는 잠금장치를 사용해야 한다. 만 2세 영아가 삼킬 수 있는 놀잇감이나 활동자료는 제공해서는 안 된다.

3-1-3-④ 실내 · 외 공간의 위험한 물건을 안전하게 보관 · 관리한다.

실내 · 외 공간의 모든 위험한 물건은 영유아 손이 닿지 않는 곳에 별도로 보관해야 하며 위험한 물건을 영유아 손이 닿는 위치에 보관하는 경우에는 잠금장치를 사용해야 한다.

위험한 물건의 예

- 칼, 성인용 가위, 송곳, 스테이플러, 칼날이 드러나 있는 테이프 커터기 등 작업 시 자르거나 찌르는 용도로 사용하는 도구
- 강력접착제, 목공용 본드, 글루건, 살충제, 방향제, 어항수질 개선제, 각종 스프레이, 침핀, 건전지, 놀잇감으로 제시된 화장품에 내용물이 들어 있는 경우(립스틱, 매니큐어 등) 등
- 화장실 내 각종 세제, 세척제, 표백제, 나프탈렌, 세척용 소독 스프레이 등
- 비상약품함, 영유아가 투약을 위해 가져온 약 등
- 만지면 다칠 수 있는 가시가 있는 식물(예 : 선인장, 밤송이 등)
- 삽, 호미 등 영유아가 다칠 위험이 있는 물건
- 영아(만 2세 이하)가 삼킬 수 있는 놀잇감이나 활동자료 : 직경 3.5cm 이하 작은 크기의 물건이나 놀잇감(예 : 블록이나 구슬, 솜공 등), 직접 활동자료로 제공되거나 영아가 쉽게 열 수 있는 통 안에 들어 있는 크기가 작은 자연물(예 : 콩, 팥, 은행, 도토리 등)

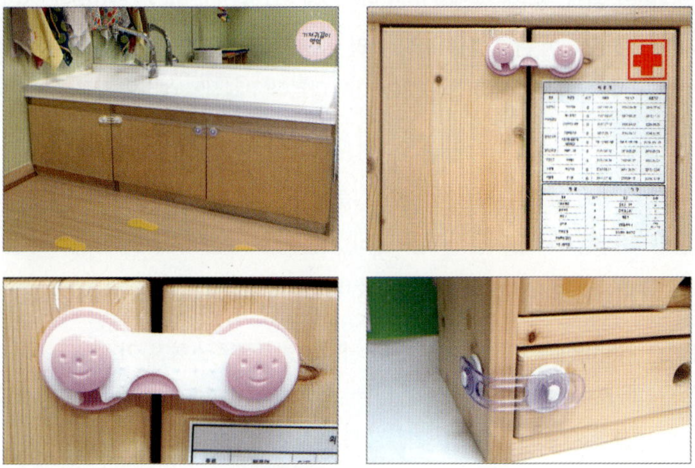

그림 4-16 잠금장치의 예

3) 안전시설 및 설비관리

비상사태를 대비한 안전시설, 즉 비상계단이나 영유아용 미끄럼대는 언제나 사용 가능하도록 유지관리되고 있어야 하며 비상구는 잠그지 않거나 평소 잠가두어도 잠금장치가 안쪽에 있어 성인이 쉽게 열 수 있는 상태여야 한다. 비상구나 비상계단에는 적재물 등이 없어 비상시 원활히 대피할 수 있어야 하고 위험한 물건이 없도록 관리되어야 한다.

피난구 유도등이 제대로 작동되어야 하며 구비되어 있는 모든 소화기는 안전핀이 고정되어 있고 소방약제가 충분하며, 압력이 정상 범위 내에 있도록 관리되어 있어야 한다. 가스누설 경보기는 제대로 작동하도록 전원이 항상 켜져 있어야 한다.

표 4-5 안전시설 및 설비관리의 평가항목 및 평가요소

평가항목	평가항목	평가방법
3-1-4	안전시설 및 설비를 비상시 효율적으로 사용할 수 있도록 관리하고 있다.	관찰

비상사태를 대비한 안전시설 및 설비

각종 대비시설은 관련 법규와 규정에 따라 안전하게 설치되어야 한다. 「화재예방, 소방시설설치 · 유지 및 안전 관리에 관한 법률」 등에 따라 어린이집에 해당하는 소방시설은 다음과 같으며 각 시설별 설치 기준은 어린이집 규모에 따라 다르다(구체적인 설비의 종류와 수준은 관련 법령과 규정에 따름).

- 소화 설비 : 소화기, 스프링클러, 간이 스프링클러 등
- 경보 설비 : 비상경보시설, 자동화재탐지설비, 자동화재속보설비, 가스누설 경보기 등
- 피난 설비 : 비상구, 비상계단 또는 영유아용 미끄럼대, 피난구 유도등 등

위 내용 중 어린이집에서 최소한 갖추어야 하는 소방시설은 소화기, 가스누설 경보기, 비상시 양방향 대피가 가능한 비상구, 비상계단 또는 영유아용 미끄럼대, 피난구 유도 등이다. 옥상 놀이터에도 비상재해 대비시설을 설치하는 것을 원칙으로 한다.

그림 4-17 소화기

그림 4-18 초록색 범위에 위치한 눈금

그림 4-19 투척용 소화기와 휴대용 조명등

그림 4-20 비상경보기

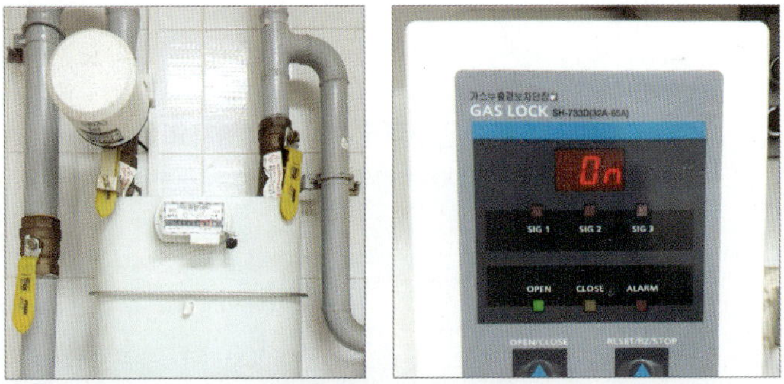

그림 4-21 가스누설 경보기

그림 4-22 비상유도등과 비상구

4) 등 · 하원 안전

어린이집에서는 등원부터 하원까지 영유아를 안전하게 보호할 책임이 있다. 영유아는 성인의 안전한 보호하에서 어린이집 일과를 즐겁게 경험하고 심신의 성장과 발달을 이루어나갈 수 있다.

어린이집에서는 등・하원 시 어린이집과 지정된 보호자 간에 영유아의 인계가 안전하게 이루어질 수 있도록 명확한 인계 절차와 관련 규칙을 수립하여 보호자에게 안내하고 이를 준수하여야 한다. 또한 교사는 일과 중 상시 모든 영유아를 살펴보아야 하며, 특히 공간 이동이나 일과 전이 시에는 영유아 안전에 대해 더욱 주의 깊게 살펴야 한다.

어린이집에서 가능한 차량을 운행하지 않는 것이 바람직하지만 부득이하게 차량을 운행할 경우**예 : 등・하원이나 견학 등**에는 매일 안전점검을 실시하여 안전하게 관리하고 요건을 갖춘 운전자 및 책임 있는 성인이 영유아를 안전하게 보호할 수 있도록 해야 한다.

표 4-6 등・하원 안전의 평가항목 및 평가요소

평가항목	평가요소		평가방법
3-4-1 영유아는 등원부터 하원까지 성인의 보호하에 있다.	3-4-1-①	영유아의 인계과정에 대한 규정이 있고, 규정에 따라 안전하게 이루어진다.	관찰 기록 면담
	3-4-1-②	영유아의 보호자에게 받은 귀가동의서를 구비하고 있다.	기록
	3-4-1-③	교직원은 영유아의 안전을 위해 항상 전체 상황을 주시한다.	관찰
	3-4-1-④	영유아를 두고 자리를 비울 때에는 책임 있는 성인에게 인계한다.	관찰

평가요소별 세부 내용을 살펴보면 다음과 같다.

3-4-1-① 영유아의 인계과정에 대한 규정이 있고, 규정에 따라 안전하게 이루어진다.

어린이집 등・하원 시 모든 영유아**차량 이용 영유아 포함**를 지정된 보호자에게 직접 인계하고 지정된 보호자가 아닌 다른 성인에게 인계할 때에는 사전에 보호자와의 통화나 서명으로 미리 확인을 받아야 하며, 혼자 등・하원하는 영유아가 없어야 한다.

영유아 인계과정에 대한 규정이 마련되어 있으며, 규정에는 다음의 필수기재사항이 모두 포함되어 있어야 한다.

영유아 인계과정 시 필수기재사항

- 영유아가 등 · 하원하는 구체적인 절차와 방법(예 : 등 · 하원용 차량 이용, 부모가 영유아를 직접 데리고 등 · 하원 등)
- 반드시 지정된 보호자(성인)에게 영유아를 인계한다는 내용
- (부모가 희망하더라도) 영유아를 혼자 귀가시키지 않는 내용

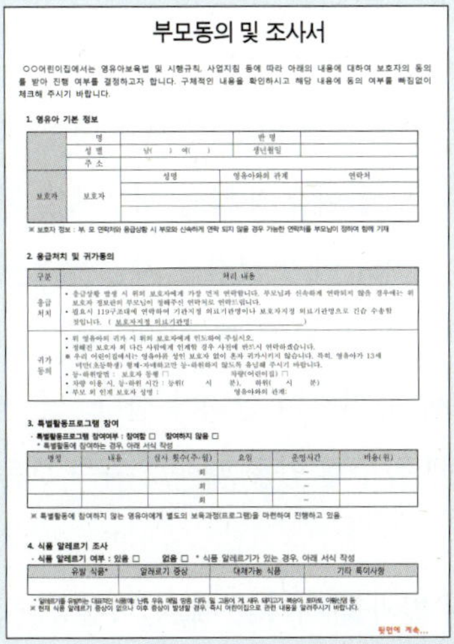

부모동의 및 조사서

○○어린이집에서는 영유아보육법 및 시행규칙, 사업지침 등에 따라 아래의 내용에 대하여 보호자의 동의를 받아 진행 여부를 결정하고자 합니다. 구체적인 내용을 확인하시고 해당 내용에 동의 여부를 빠짐없이 체크해 주시기 바랍니다.

1. 영유아 기본 정보

영유아	명		반 명	
	성 별	남( ) 여( )	생년월일	
	주 소			
보호자	보호자	성명	영유아와의 관계	연락처

※ 보호자 정보 : 부, 모 연락처와 응급상황 시 부모와 신속하게 연락 되지 않을 경우 가능한 연락처를 부모님이 정하여 함께 기재

2. 응급처치 및 귀가동의

구분	처리 내용
응급처치	• 응급상황 발생 시 위의 보호자에게 가장 먼저 연락합니다. 부모님과 신속하게 연락되지 않을 경우에는 위 보호자 정보란의 부모님이 정해주신 연락처로 연락드립니다. • 필요시 119구조대에 연락하여 기관지정 의료기관명이나 보호자지정 의료기관명으로 긴급 수송할 것입니다. (보호자지정 의료기관명:)
귀가동의	• 위 영유아의 귀가 시 위의 보호자에게 인도하여 주십시오. • 정해진 보호자 외 다른 사람에게 인계할 경우 사전에 반드시 연락하겠습니다. ※ 우리 어린이집에서는 영유아를 성인 보호자 없이 혼자 귀가시키지 않습니다. 특히, 영유아가 13세 미만(초등학생) 형제·자매하고만 등·하원하지 않도록 유념해 주시기 바랍니다. • 등·하원방법 : 보호자 동행 □ 차량(어린이집) □ • 차량 이용 시, 등·하원 시간 : 등원(시 분), 하원(시 분) • 부모 외 인계 보호자 성명 : 영유아와의 관계:

3. 특별활동프로그램 참여

· 특별활동프로그램 참여여부 : 참여함 □ 참여하지 않음 □
* 특별활동에 참여하는 경우, 아래 서식 작성

명칭	내용	실시 횟수(주·월)	요일	운영시간	비용(원)
		회		~	
		회		~	
		회		~	

※ 특별활동에 참여하지 않는 영유아에게 별도의 보육과정(프로그램)을 마련하여 진행하고 있음.

4. 식품 알레르기 조사

· 식품 알레르기 여부 : 있음 □ 없음 □ * 식품 알레르기가 있는 경우, 아래 서식 작성

유발 식품*	알레르기 증상	대체가능 식품	기타 특이사항

* 알레르기를 유발하는 대표적인 식품예: 난류, 우유, 메밀, 땅콩, 대두, 밀, 고등어, 게, 새우, 돼지고기, 복숭아, 토마토, 아황산염 등
※ 현재 식품 알레르기 증상이 없으나 이후 증상이 발생할 경우, 즉시 어린이집으로 관련 내용을 알려주시기 바랍니다.

뒷면에 계속...

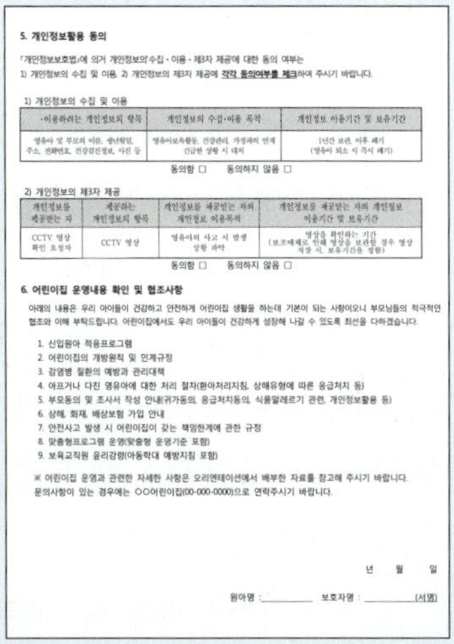

5. 개인정보활용 동의

「개인정보보호법」에 의거 개인정보의'수집 · 이용 · 제3자 제공'에 대한 동의 여부는
1) 개인정보의 수집 및 이용, 2) 개인정보의 제3자 제공에 **각각 동의여부를 체크**하여 주시기 바랍니다.

1) 개인정보의 수집 및 이용

·이용하려는 개인정보의 항목	개인정보의 수집·이용 목적	개인정보 이용기간 및 보유기간
영유아 및 부모의 이름, 생년월일, 주소, 전화번호, 건강검진정보, 사진 등	영유아보육활동, 건강관리, 가정과의 연계 긴급한 상황 시 대처	1년간 보관, 이후 폐기 (영유아 퇴소 시 즉시 폐기)

동의함 □ 동의하지 않음 □

2) 개인정보의 제3자 제공

개인정보를 제공받는 자	제공하는 개인정보의 항목	개인정보를 제공받는 자의 개인정보 이용목적	개인정보를 제공받는 자의 개인정보 이용기간 및 보유기간
CCTV 영상 확인 요청자	CCTV 영상	영유아의 사고 시 발생 상황 파악	영상을 확인하는 기간 (보조매체로 인해 영상을 보관할 경우 영상 저장 시, 보유기간을 정함)

동의함 □ 동의하지 않음 □

6. 어린이집 운영내용 확인 및 협조사항

아래의 내용은 우리 아이들이 건강하고 안전하게 어린이집 생활을 하는데 기본이 되는 사항이오니 부모님들의 적극적인 협조와 이해 부탁드립니다. 어린이집에서도 우리 아이들이 건강하게 성장해 나갈 수 있도록 최선을 다하겠습니다.

1. 신입원아 적응프로그램
2. 어린이집의 개방원칙 및 인계규정
3. 감염병 질환의 예방과 관리대책
4. 아프거나 다친 영유아에 대한 처리 절차(환아처리지침, 상해유형에 따른 응급처치 등)
5. 부모동의 및 조사서 작성 안내(귀가동의, 응급처치동의, 식품알레르기 관련, 개인정보활용 등)
6. 상해, 화재, 배상보험 가입 안내
7. 안전사고 발생 시 어린이집이 갖는 책임한계에 관한 규정
8. 맞춤형프로그램 운영(맞춤형 운영기준 포함)
9. 보육교직원 윤리강령(아동학대 예방지침 포함)

※ 어린이집 운영과 관련한 자세한 사항은 오리엔테이션에서 배부한 자료를 참고해 주시기 바랍니다.
문의사항이 있는 경우에는 ○○어린이집(00-000-0000)으로 연락주시기 바랍니다.

년 월 일

원아명 : ________ 보호자명 : ________(서명)

부모동의 및 조사서의 예

출처 : 2017년 어린이집 문서 간소화 서식(2017. 8). p. 3, 4.

면담

- 하원 차량 운행 시, 보호자가 지정된 장소에 나와 있지 않으면 어떻게 조치하는가?
- 보호자가 영유아를 혼자 하원시켜 달라고 요청하는 경우에 어떻게 하는가?
- 영유아가 혼자 등 · 하원하는 사례가 있는가?

3-4-1-②	영유아의 보호자에게 받은 귀가동의서를 구비하고 있다.

모든 원아의 귀가동의서가 구비되어 있으며 귀가동의서에는 필수기재사항인 영유아의 이름, 귀가 시 영유아를 인계받을 보호자의 이름, 관계 및 연락처, 보호자의

서명이 모두 포함되어 있다.

3-4-1-③ 교직원은 영유아의 안전을 위해 항상 전체 상황을 주시한다.

보육실 환경은 교사가 전체 영유아를 한눈에 볼 수 있도록 구성되어 있고 교사는 어느 장소에서든 가능한 많은 영유아를 관찰할 수 있는 자리에 위치하여 일부 영유아와 활동하고 있어도 주기적으로 전체 영유아를 살펴보는 등 전체 영유아가 어디에 있는지 수시로 확인하며 전반적인 상황을 주시해야 한다.

예를 들어, 영유아가 화장실에 다녀오는 등 보육실 밖으로 나갈 때는 교사가 이를 인지하고 있고 영유아가 일정 시간이 지나도 돌아오지 않을 경우에는 직접 살펴야 한다. 돌연사 등의 위험을 예방하기 위하여 영유아가 낮잠을 자는 경우에도 수시로 확인해야 한다. 산책이나 견학 등을 위해 영유아와 함께 어린이집 밖으로 나갈 때는 모든 영유아가 교사의 보호하에 있도록 유의하여 살펴야 한다. 영아의 경우, 기저귀를 갈거나 우유를 타는 등 특정 행동에 몰두해 있을 때에도 자주 모든 영아를 살펴야 한다.

교사는 장소나 일과가 바뀔 때, 예를 들어 일과를 시작할 때, 전이활동 후, 보육실에서 유희실, 화장실 등으로 이동 시, 실내에서 실외로 이동하였을 때 등 담당하고 있는 모든 영유아가 안전한지 확인한다.

3-4-1-④ 영유아를 두고 자리를 비울 때에는 책임 있는 성인에게 인계한다.

교사는 영유아만 남겨두고 활동 공간에서 자리를 비우지 않도록 하며, 교사가 등 · 하원 지도 등을 위해 일정 시간 이상 활동 공간에서 자리를 비워야 하는 경우에는 원장이나 다른 교사 등 책임 있는 성인과 교체한 후 자리를 비우도록 한다.

5) 등 · 하원 차량 안전

어린이집에서 등 · 하원 차량을 운행할 경우 차량 안전사고가 발생하지 않도록 안전하게 관리하여야 한다. 즉, 차량 내부에 영아용 보호 장구 등을 설치 기준에 맞게 구비하고 매일 안전점검을 통해 차량이 안전하게 운행될 수 있도록 관리한다. 차

표 4-7 등 · 하원 차량 안전의 평가항목 및 평가요소

평가항목	평가요소		평가방법
3-4-2 등 · 하원 차량을 운행할 경우 안전요건을 갖추어 관리한다.	3-4-2-①	차량 내부에 안전수칙을 게시하고, 영아용 보호 장구, 차량용 소화기, 구급상자를 구비하고 있다.	관찰
	3-4-2-②	매일 차량 안전점검을 실시한다.	기록
	3-4-2-③	차량 운행 시 성인이 동승한다.	관찰 면담
	3-4-2-④	차량기사와 차량에 동승한 성인은 영유아를 안전하게 보호한다.	관찰 면담

량을 운행할 때에는 반드시 책임 있는 성인이 동승하며 차량 기사와 동승한 성인 보호자는 차량 승 · 하차와 이동과정에서 모든 영유아가 안전할 수 있도록 주의 깊게 보호하여야 한다.

평가요소별 세부 내용을 살펴보면 다음과 같다.

3-4-2-①	차량 내부에 안전수칙을 게시하고, 영아용 보호 장구, 차량용 소화기, 구급상자를 구비하고 있다.

등 · 하원 차량 내부에 탑승자가 지켜야 할 안전수칙**운전자 및 동승 교사의 차량 운행 관련 준수 사항, 영유아 안전 준수 사항 등**이 부착되어 있고 차량 내부에 영아용 보호 장구, 개별 안전띠가 구비되어 있어야 한다.

차량 내부에 차량용 소화기가 구비되어 있으며 구비되어 있는 모든 소화기의 안전핀이 빠져 있지 않고 소방약제가 충분하며 압력이 정상범위 내에 있도록 관리되어야 한다. 또한 차량 내부에 사용**유효**기간 내 약품이 들어 있는 구급상자가 구비되어 있어야 한다.

차량 안전수칙

❶ 운전자 준수사항

[운행 전]

- 차량 외부의 이상 유무를 확인한다.

- 차량 시동 후 엔진 및 각종 계기판 이상 유무를 확인한다.
- 차량 출발 전 탑승자의 안전벨트 및 문단속을 확인한다.
- 엔진 및 차체의 잡음은 없는지 확인한다.

[운행 중]

- 창문 밖으로 머리, 손을 내미는 영유아는 주의시킨다.
- 안전운행을 위하여 교통 안전규칙을 철저히 지킨다.
- 차는 후방의 차량에 최대한 방해되지 않는 곳에 정차한다.
- 운행 중에는 휴대폰, 이어폰 등을 사용하지 않는다.

[운행 후]

- 타이어 압력 및 트랙은 양호한가 확인한다.
- 주차 브레이크는 정상인가 확인한다.

❷ 교사 준수사항

- 차량에는 영유아를 보호할 수 있는 교사가 탑승한다.
- 차량에 안전하게 탑승시키고 영유아와 교사는 안전벨트를 착용한다.
- 차량에는 탑승하는 영아의 수만큼 영아용 보호장구를 갖춘다.
- 차량 내 구급상자의 모든 약품의 유효기간을 확인한다.
- 차량 내에 비상소화기의 충전상태를 확인한다.
- 차를 출발 또는 후진시키기 전에 영유아가 어디 있는지 살핀다.
- 운행 중에는 영유아가 절대로 일어나지 않도록 한다.
- 영유아는 항상 보호자에게 직접 인계한다.

❸ 영유아 준수사항

- 차 안에서 뛰어다니거나 장난치지 않는다.
- 큰 소리를 내지 않는다.
- 자리에서 일어나거나 의자 위에 올라가지 않는다.
- 유리 창 밖으로 손이나 머리를 내밀지 않는다.
- 차에서 내릴 때에는 차가 완전히 멈춘 다음 문이 열릴 때까지 기다린다.
- 의자에 등을 대고 바른 자세로 앉아 안전띠를 매도록 한다.
- 앞좌석을 발로 차지 않는다.
- 차 안에 쓰레기를 버리지 않도록 한다.
- 차가 달리고 있을 때에는 차 문을 열지 않는다.

출처 : 보건복지부 · 한국보육진흥원(2016).

영아용 보호 장구, 개별 안전띠

- 36개월 미만 영아는 영아용 보호 장구를 착용하는 것을 원칙으로 하며 차량을 이용하는 영아의 수에 충분해야 한다.
- 파손된 부분이 없으며 정상적으로 작동해야 한다.
- 영아용 보호 장구는 안전 인증(KC)을 받고 영아에게 적합한 안전 인증 검사기준(W1, W2)을 충족하는 제품을 사용하고 있어야 하며, 안전 인증 마크와 인증 번호가 반드시 부착되어 있어야 한다. 단, 36개월 미만 영아가 15kg 이상인 경우에 한해 W3제품 사용이 가능하다.

[안전인증(KC)이란?]

안전인증번호 : 00000000

안전인증

2011년 이전에 실시한 공산품 안전인증 마크

「품질경영 및 공산품 안전 관리법」 제2조 제7항에 의하여 소비자의 생명, 신체에 대한 위해 재산상의 피해 등을 방지하기 위한 법으로 안전관리 대상 공산품을 지정 관리하는 제도로, 2011년부터 국가통합인증마크(KC)를 사용하고 있음

안전인증 검사기준

구분	체중 범위(kg)
W1	10kg 미만
W2	9~8kg 이하
W3	15~25kg 이하
W4	22kg 이상

※ 영아용 보호 장구는 자동차용 어린이 보호장치 중 영아의 체중 범위에 해당되는 안전인증 검사기준(W1, W2)을 선택 사용하여야 함

3-4-2-②	매일 차량 안전점검을 실시한다.

차량별로 안전점검표가 마련되어 있으며, 운전자는 매일 차량 안전상태를 점검한 기록이 있어야 한다.

차량 안전 점검표와 등 · 하원일지

❶ 차량 안전 점검표

구분	점검항목	점검 결과						조치 사항
		/	/	/	/	/	/	
		월	화	수	목	금	토	
운행 전 점검	차량 외부의 이상 유무를 확인한다.							
	차량 내 소화기 · 비상약품의 비치 여부 및 관리상태가 양호한지 확인한다.							
	차량 시동 후 엔진 및 각종 계기판 이상 유무를 확인한다.							
	엔진 및 차체의 잡음은 없는지를 확인한다.							
	차량 출발 전 탑승자의 안전벨트 및 문단속을 확인하고 전 · 후방 사각지대에 영유아 또는 장애물이 있는지 확인한다.							
운행 중 점검	차량에 영유아를 보호할 수 있는 사람(보육교사 등)이 탑승했는지 확인한다.							
	창문 밖으로 머리, 손을 내미는 영유아가 있는지 확인한다.							
	안전운행을 위하여 교통 안전규칙을 철저히 지킨다.							
	정차는 후방의 차량에 최대한 방해되지 않는 곳에 한다.							
	운행 중에는 휴대폰, 이어폰 등을 사용하지 않는다.							
운행 후 점검	타이어 압력 및 트랙은 양호한지 확인한다.							
	주차 브레이크는 정상인지 확인한다.							
	차량 내 영유아가 전원 하차하였는지 최종 확인한다.							

❷ 차량 등 · 하원일지

일자(요일)	구분	운영시간	탑승 영유아	동승 교사	확인(서명)
/ (월)	등원				
	하원				
/ (화)	등원				
	하원				
/ (수)	등원				
	하원				
/ (목)	등원				
	하원				
/ (금)	등원				
	하원				

3-4-2-③ 차량 운행 시 성인이 동승한다.

차량 운행 시 운전자 외에 책임 있는 성인원장, 교사 등이 동승한다.

면담

- 차량 운행 시 동승하는 성인은 누구인가?
- 차량 운행 시 동승하기로 예정된 성인에게 불가피한 상황이 생길 경우 어떻게 하는가?

3-4-2-④	차량기사와 차량에 동승한 성인은 영유아를 안전하게 보호한다.

차량에 탑승한 성인과 모든 영유아는 개별 안전띠 또는 영아용 보호 장구를 착용해야 한다. 탑승 교사 및 영유아가 모두 개별 안전띠를 착용한 후 차량이 출발해야 하고 운전자는 휴대전화 사용, 음주 등 운전 판단능력에 영향을 미치는 행위를 하지 않고 안전하게 운행해야 한다.

운전자와 차량에 동승한 성인은 차량을 완전히 정차시킨 후 영유아가 안전하게 하차할 수 있도록 돕고 영유아가 안전한 곳으로 이동한 것을 확인한 후 출발하며 차량에 탑승한 교사는 마지막에 모든 영유아가 차에서 내렸는지 확인하고 하차해야 한다.

면담

- 운전자가 음주상태로 운전을 하거나 운전 중에 휴대전화를 사용하는 것을 본 적이 있는가? 만약 발견되면 어린이집에서는 어떻게 조치를 하는가?
- 차량에 동승한 성인은 영유아가 차량에 타고 내릴 때 어떻게 도와주는가?

6) 영유아 안전교육

어린이집에서는 영유아가 여러 가지 위험으로부터 자신의 안전을 보호할 수 있는 능력과 기술을 가지도록 지도하여야 한다. 영유아와 교직원이 안전교육 등을 통해 안전사고를 예방하고 적절하게 대처할 수 있는 능력을 기른다면 영유아는 보다 안전한 환경에서 생활할 수 있게 된다.

어린이집에서는 영유아가 일상생활에서 안전하게 생활할 수 있도록 적합한 내용의 안전교육을 정기적으로 실시하여야 한다. 이를 위해 연령을 고려한 안전교육을 매년 계획하여 교육을 실시하고 정기적으로 소방훈련 등 비상대피훈련을 실시하여 영유아의 대피능력을 키울 수 있도록 해야 한다. 또한 영유아가 일과 중 놀이기구와 놀잇감을 안전하게 사용할 수 있도록 지도하며 계절이나 날씨에 맞게 놀이할 수 있도록 지원해 주어야 한다.

표 4-8 영유아 안전교육의 평가항목 및 평가요소

평가항목	평가요소		평가방법
3-5-1 영유아를 대상으로 안전교육을 지속적으로 실시하고 있다.	3-5-1-①	영유아를 대상으로 발달에 적합한 안전교육을 정기적으로 실시한다.	기록 면담
	3-5-1-②	영유아가 정기 소방대피훈련에 참여한다.	기록 면담
	3-5-1-③	영유아가 놀이기구와 놀잇감을 안전하게 사용하도록 지도한다.	관찰
	3-5-1-④	계절 및 날씨 관련 놀이 안전수칙을 준수한다.	관찰 면담

평가요소별 세부 내용을 살펴보면 다음과 같다.

3-5-1-① 영유아를 대상으로 발달에 적합한 안전교육을 정기적으로 실시한다.

「아동복지법」에서 규정한 안전교육의 기준교육 내용, 실시주기을 준수한 연간 영유아 안전교육계획이 수립되어 있고 보육일지 등에 안전교육을 실시한 기록이 있어야 한다.

어린이집에서 실시한 안전교육의 내용, 방법 등은 영유아의 발달수준에 적합해야 하고 영아의 경우, 대집단활동이나 교사 주도의 활동보다 개별 또는 소집단활동으로 안전교육을 진행해야 한다.

표 4-9 아동복지법 안전교육 기준(아동복지법 제31조 및 같은 법 시행령 제 28조)

구분	성폭력 및 아동학대 예방교육	실종 · 유괴의 예방 · 방지교육	감염병 및 약물의 오용 · 남용 예방 등 보건위생관리교육	재난 대비 안전교육	교통 안전교육
실시주기 (총시간)	6개월 1회 이상 (연간 8시간 이상)	3개월 1회 이상 (연간 10시간 이상)	3개월 1회 이상 (연간 10시간 이상)	6개월 1회 이상 (연간 6시간 이상)	2개월 1회 이상 (연간 10시간 이상)
교육 내용	• 내 몸의 소중함 • 내 몸의 정확한 명칭 • 좋은 느낌과 싫은 느낌 • 성폭력 예방법과 대처법	• 길을 잃을 수 있는 상황 이해하기 • 미아 및 유괴 발생 시 대처방법 • 유괴범에 대한 개념 • 유인 유괴 행동에 대한 이해 및 유괴방법	• 감염병 예방을 위한 개인위생 실천 습관 • 예방접종의 이해 • 몸에 해로운 약물 위험성 알기 • 생활 주변의 해로운 약물, 화학제품 그림으로 구별하기 • 모르면 먼저 어른에게 물어보기 • 가정용 화학 제품 만지거나 먹지 않기 • 어린이 약도 함부로 많이 먹지 않기	• 화재의 원인과 예방법 • 뜨거운 물건 이해하기 • 옷에 불이 붙었을 때 대처법 • 화재 시 대처법 • 자연재난의 개념과 안전한 행동 알기	• 차도, 보도 및 신호등의 의미 알기 • 안전한 도로 횡단법 • 안전한 통학버스 이용법 • 날씨와 보행 안전 • 어른과 손잡고 걷기
교육 방법	• 전문가 또는 담당자 강의 • 장소 상황별 역할극 실시 • 시청각 교육 • 사례 분석	• 전문가 또는 담당자 강의 • 장소 상황별 역할극 실시 • 시청각 교육 • 사례 분석	• 전문가 또는 담당자 강의 • 시청각 교육 • 사례 분석	• 전문가 또는 담당자 강의 • 장소 상황별 역할극 실시 • 실습교육 또는 현장학습 • 사례 분석	• 전문가 또는 담당자 강의 • 장소 상황별 역할극 실시 • 실습교육 또는 현장학습 • 일상생활을 통한 반복 지도 및 부모교육

출처 : 아동복지법 제31조 및 같은 법 시행령 제28조

면담

- 유아를 위한 안전교육으로는 주로 어떤 내용을 다루는가? 어떤 방법으로 이루어지는가?
- 안전교육을 통해 유아는 구체적으로 어떤 것을 익히게 되는가?
- 영아를 대상으로 실시하는 안전교육의 내용과 주제는 무엇인가?
- 영아를 위한 안전교육은 어떤 방법으로 이루어지는가?

영유아 발달수준에 적합한 안전교육

❶ 유아(만 3~5세)

- 안전교육이 강사 주도형 집단교육의 형태가 아니라 유아들이 직접 모의 상황에 참여하는 대 · 소집단 활동이나 역할극, 놀이, 동화, 이야기 나누기 등의 방법으로 진행된다.
- 안전교육의 내용은 지식 전달보다는 유아의 대처행동능력을 직접적으로 키워줄 수 있는 내용이다.
- 안전교육의 수준은 유아가 이해할 수 있도록 구체적이고 평이하다.

❷ 영아(만 0~2세)

- 대집단활동이 아닌 소집단이나 개별활동의 방법으로 안전교육을 진행한다.
- 영아의 안전교육은 일과 중 영아의 발달수준을 고려하여 일상생활, 놀이, 동화, 이야기 나누기 등의 방법으로 보육과정 내에서 자연스럽게 다루어지고 있다.
- 안전교육의 내용은 영아가 이해할 수 있는 것으로, 일상적인 양육활동이나 놀이활동 시 일어난 상황과 직접적으로 관련된 내용을 교사와의 상호작용을 통해 다룬다.

※ 영아의 경우, 발달특성상 대집단활동이나 교사 주도의 활동보다 영아의 개별적 요구, 발달적 특성을 고려하여 소집단 또는 개별활동으로 안전교육을 진행하는 것이 바람직하다. 예를 들어, 자유놀이 시 쌓기 영역에 횡단보도를 구성한 뒤 안전하게 횡단보도를 건너는 놀이를 해볼 수 있다. 영아에게 안전교육을 실시할 경우 일과 중 영아의 발달수준을 고려하여 일상생활, 놀이, 동화, 이야기 나누기 등의 방법으로 보육과정 내에서 자연스럽게 다루어지는 것이 바람직하다.

※ 안전교육 지표는 「아동복지법」에서 규정한 안전교육이 내용(종류), 실시주기를 평정하며 영아의 경우는 발달수준을 고려하여 만 2세반 위주로 평정한다.

3-5-1-②	영유아가 정기 소방대피훈련에 참여한다.

영유아가 소방대피훈련에 참여한 기록이 월 1회 이상 있어야 한다. 이때 비상사태에 대비하여 어린이집 건물 외부로 대피해야 하며 지진 등 재난대피훈련도 포함된다.

면담

- 소방대피훈련은 얼마나 자주 실시하는가? 어떤 방식으로 이루어지는가?
- 비상벨이 울릴 때 영유아의 반응은 어떠한가?

영유아 발달수준에 적합한 안전교육

❶ 유아(만 3~5세)

화재 등 비상사태가 발생하면 교사의 안내에 따라 정해진 대피로와 비상구 및 비상계단(또는 영유아용 미끄럼대)을 이용하여 신속하게 대피한 후 약속된 지점(건물 외부)에 모이도록 한다.

❷ 영아(만 0~2세)

영아들에게도 소방훈련을 실시하여야 하며, 성인들이 손을 잡고 도와주거나 잘 걷지 못하는 영아의 경우 성인이 안고 정해진 대피로를 따라 신속하게 건물 외부로 대피해 보는방법으로 실시한다.

※ 영아의 경우, 어린이집에서는 비상사태에 대비하여 정기적으로 소방대피훈련을 실시하여 교직원과 영유아의 대피능력을 키울 수 있도록 해야 하므로 실제 비상 상황과 동일하게 어린이집 외부까지 대피훈련을 실시해야 한다. 어린이집에서는 소방대피훈련이 반드시 월 1회 이상 실시될 수 있도록 날씨, 행사 등을 고려하여 훈련 일정을 조정한다.

3-5-1-③ 영유아가 놀이기구와 놀잇감을 안전하게 사용하도록 지도한다.

교사는 영유아가 놀이기구를 정해진 방법으로 안전하게 사용할 수 있도록 시범을 보이거나 안내를 해주는 방법으로 지도한다. 또한 영유아가 놀잇감을 던지거나 모래를 또래에게 뿌리는 등의 위험행동으로 안전사고를 초래하지 않도록 하며 이를 긍정적인 방법으로 지도하고 영아가 놀이기구나 놀잇감을 위험하게 사용하지 않는지 항상 주시하고 긍정적인 방법으로 지도한다.

3-5-1-④ 계절 및 날씨 관련 놀이 안전수칙을 준수한다.

어린이집에서는 놀이안전수칙을 마련하여 실외활동을 하는 영유아에게 계절이나 날씨에 따라 필요한 조치를 취해야 한다.

면담

- 햇볕이 강하고 더운 시간대에 바깥놀이를 나갈 경우 어떠한 조치를 하는가?
- 황사가 있거나 미세먼지 농도가 높은 날에는 어떻게 조치하는가?(관찰이 어려운 경우)

계절 및 날씨 관련 놀이 안전수칙의 예

- 여름철에는 날씨가 너무 더운 시간을 피해 실외활동시간을 조정하도록 한다.
- 햇볕이 강하고 더운 시간대에는 영유아가 모자를 쓰거나 차양 막 또는 그늘에서 놀이할 수 있도록 한다.
- 햇볕이 강하고 더운 시간대에 영유아가 실외놀이나 물놀이를 장시간 할 경우 자외선 차단제를 바른다.
- 비가 많이 내리는 날씨에 산책을 할 경우, 영유아는 필요에 따라 우산, 비옷, 장화 등을 갖춘다.
- 추운 겨울날 실외놀이를 할 때 영유아는 따뜻한 겉옷과 장갑 등을 갖추고 있다.
- 황사가 있거나 미세먼지 농도가 나쁨 이상일 경우, 실외활동을 자제하고 실내 신체활동으로 대체한다.

7) 교직원 안전교육

어린이집에서는 비상사태 발생 시 대처할 수 있는 지침과 업무분장이 수립되어 있으며 모든 교직원은 자신의 역할을 숙지하고 안전관리시설 및 소화기 등의 설비를 적절하게 작동시킬 수 있어야 한다. 어린이집의 교직원은 안전교육을 정기적으로 받아야 하며 영유아 학대 예방 지침을 알고 이를 준수해야 한다. 교직원 중에는 응급사태 시 심폐소생술을 실시할 수 있는 교육을 받은 사람이 있어 불가피한 사고가 발생하였을 때보다 안전하게 영유아를 보호할 수 있어야 한다.

표 4-10 교직원 안전교육의 평가항목 및 평가요소

평가항목	평가요소		평가방법
3-5-2 교직원은 안전교육을 받고 학대 예방지침을 준수한다.	3-5-2-①	교직원을 대상으로 기본적인 안전교육을 정기적으로 실시한다(영유아 학대 예방교육 포함).	기록 면담
	3-5-2-②	교직원은 안전관리시설 및 설비(소화기 등)의 사용법을 숙지하고 있다.	면담
	3-5-2-③	비상시 교직원의 대처방안과 업무분장이 체계적으로 수립되어 있고 교직원은 자신의 역할을 숙지하고 있다.	기록 면담
	3-5-2-④	교직원 중에 응급처치(심폐소생술) 관련 교육에 참여한 직원이 있다.	기록 면담
	3-5-2-⑤	영유아 학대 예방지침(체벌 금지 포함)을 준수한다(필수).	기록 관찰 면담

평가요소별 세부 내용을 살펴보면 다음과 같다.

3-5-2-① 교직원을 대상으로 기본적인 안전교육을 정기적으로 실시한다(영유아 학대 예방교육 포함).

영유아 학대 예방교육을 포함한 교직원의 연간 안전교육계획이 수립되어 있고 모든 교직원이 안전교육과 영유아 학대 예방교육을 각각 연 1회 받은 기록이 있어야 한다.

- 대상 : 안전교육 – 종일제 보육교사
  영유아 학대 예방교육 – 임용된 모든 보육교직원(원장, 기타 보육교직원 포함)
- 방법 : 어린이집 자체 교육, 외부 집합교육, 온라인 교육 등

※ 현장평가월 기준 1년 이내 실시 기록 확인

면담

- 언제, 어떤 내용의 안전교육을 받았는가?
- 영유아 학대 예방교육을 받은 후 영유아를 대하는 것에 어떤 변화가 있었는가?

아동학대 예방교육

어린이집 원장은 보육교직원(「아동복지법」 제26조 제3항에 따라 소속 신고의무자)에게 아동학대 예방 및 신고의무와 관련된 교육을 매년 1시간 이상 실시하여야 한다(「아동복지법 시행령」 제26조).

※ 교육 시 중앙아동보호전문기관 홈페이지 정보실에 등재된 표준교육자료(전단지, PPT, 동영상)를 적극 활용하여 기관별 자체교육 실시가 가능하다.

중앙아동보호전문기관 홈페이지

아동학대 예방 신고의무자용 교육자료

3-5-2-②	교직원은 안전관리시설 및 설비(소화기 등)의 사용법을 숙지하고 있다.

교사는 소화기의 위치, 사용방법, 비상구의 위치와 개폐방법, 비상시 미끄럼대의 사용법 등을 잘 알고 실천할 수 있어야 한다.

3-5-2-③	비상시 교직원의 대처방안과 업무분장이 체계적으로 수립되어 있고 교직원은 자신의 역할을 숙지하고 있다.

어린이집에 비상시 대처방안이 마련되어 있고 비상시 대처방안에는 필수기재사항**비상사태에 대비한 교직원의 역할분담표, 비상대피로, 대피요령**이 모두 포함되어 있어야 한다.

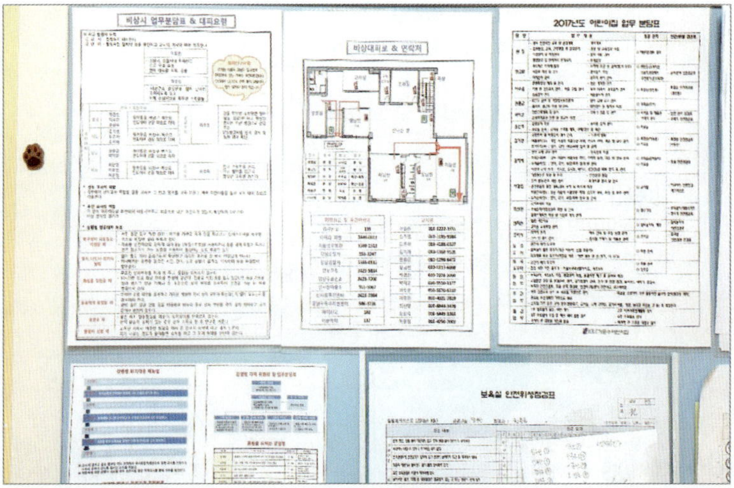

그림 4-23 역할분담표, 비상대피로, 대피요령 등이 게시되어 있는 교실 게시판

면담

- 지금 이 장소에서 가장 가까운 소화기는 어디에 비치되어 있는가?
- 소화기는 어떻게 사용하는가?
- 비상구는 어디에 있으며 어떻게 여는가?
- 비상시 영유아용 미끄럼대는 어떻게 사용하는가? 평소 이를 위해 어떤 훈련을 하는가?

비상시 대처방안 관련 서식의 예

❶ 보육교직원 업무분장

담당	일반 업무 내용	환경정리 구역	비상 시 업무 내용
원장	[예시] • 원의 전반적인 교육 및 운영계획 / 견학 및 행사계획 • 업무분장, 감독, 근무평정 등 업무관리 • 시설설비 및 재정관리 / 운영 및 교육 정보 수집	전체 청소, 구역 관리	
교사 공통	[예시] • 보육활동 진행 및 준비 / 보육일지 작성 • 각 보육실의 환경 구성 및 청결관리 / 학부모 상담 • 영유아에 대한 관찰 일지 및 보고서 작성	담당 교실관리	
교사 1	[예시] • 영아반의 전반적인 교육 내용 관리 • 연간보육계획안, 주간보육계획안, 일일보육계획안 작성 • 원아 관리 및 관찰지도 / 소모성 교재 점검 및 신청	계단 청소	
교사 2	[예시] • 입학상담 및 자원봉사자 담당 / 위생 소독 • 식단표 작성 및 주문 담당 / 화분 관리	• 화장실 청소 • 화장실 수건 관리	
교사 3	[예시] • 시청각 기자재관리 (OHP, 빔프로젝터, 비디오 카메라 등) • 안전관리(소화기 점검), 비상대피훈련 담당	외부 청소	

❷ 비상시 대피요령

- 침착하게 대처한다.
- 총 지휘자에게 보고한다.
- 119 등 필요한 기관에 도움을 요청한다.
- 비상대피로를 확보한다.

- 교직원은 비상 시 역할 분담에 따라 행동한다.
- 원아를 신속하게 인솔해서 안전지역으로 대피한다.
- 남은 원아가 있는지 반드시 확인한다.
- 필요한 응급조치를 취한다.
- 보호자에게 연락한다.
- 영유아들을 안정시킨다.

원장
총괄

교사(　　)	교사(　　)	교사(　　)	교사(　　)	교사(　　)
• 비상벨 및 원내 전달 • 전원차단 • 관계기관 통보	• 비상문 개방 • 대피로 확보	• 초기 진화 • 원아 대피	• 원아 대피 • 보호자 연락	• 원아 대피 • 응급조치

교직원의 역할분담표

3-5-2-④	교직원 중에 응급처치(심폐소생술) 관련 교육에 참여한 직원이 있다.

- 응급처치**심폐소생술** 관련 교육을 이수하고 이수증**또는 자격증**을 소지하고 있어야 한다.
- 교육과정 내에 실습이 포함되어 있어야 하며 이수증은 당해연도 또는 전년도에 발급된 것에 한해 인정. 단, 유효기간이 기재된 경우 해당기간에 한해 인정한다.

면담

- 교육받은 내용 중 가장 유용한 정보는 무엇인가?
- 응급처치 시 반드시 지켜야 할 원칙은 무엇인가?
- 영유아 질식 시 응급처치(심폐소생술)를 어떻게 실시하는가?

3-5-2-⑤ 영유아 학대 예방지침(체벌 금지 포함)을 준수한다(필수).

영유아 학대 예방지침이 수립되어 있으며 지침에는 필수기재사항**영유아 학대의 정의와 유형, 신고의무 등**이 포함되어 있어야 한다.

어떠한 경우에도 교직원이 영유아를 체벌하지 않아야 한다.

면담

- 영유아 학대 예방지침의 주요 내용은 무엇인가?
- 영유아 학대 신고가 의무인 것을 알고 있는가?
- 영유아 학대 신고 전화번호는 무엇인가?(아동학대 신고 번호 : 국번 없이 112)
- 영유아 학대가 의심되는 상황(예 : 멍, 상처 등 신체적 상흔, 무단 결석, 명확한 사유 없이 퇴소 신청 등)이 발생하면 어떻게 대처해야 하는가?
- 영유아를 학대로부터 보호하기 위한 자신의 역할범위는 어디까지인가?
- 영유아를 학대로부터 보호했던 경험이 있는가?

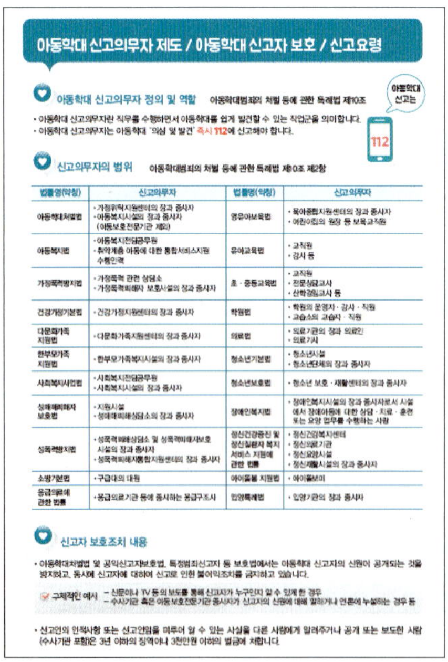

아동학대 신고의무자 제도 / 아동학대 신고자 보호 / 신고요령

아동학대 신고의무자 정의 및 역할 아동학대범죄의 처벌 등에 관한 특례법 제10조

아동학대 신고는 112

- 아동학대 신고의무자란 직무를 수행하면서 아동학대를 쉽게 발견할 수 있는 직업군을 의미합니다.
- 아동학대 신고의무자는 아동학대 '의심 및 발견' 즉시 112에 신고해야 합니다.

신고의무자의 범위 아동학대범죄의 처벌 등에 관한 특례법 제10조 제2항

법률명(약칭)	신고의무자	법률명(약칭)	신고의무자
아동학대처벌법	·가정위탁지원센터의 장과 종사자 ·아동복지시설의 장과 종사자 (아동보호전문기관 제외)	영유아보육법	·육아종합지원센터의 장과 종사자 ·어린이집의 원장 등 보육교직원
아동복지법	·아동복지전담공무원 ·취약계층 아동에 대한 통합서비스지원 수행인력	유아교육법	·교직원 ·강사 등
가정폭력방지법	·가정폭력 관련 상담소 ·가정폭력피해자 보호시설의 장과 종사자	초·중등교육법	·교직원 ·전문상담교사 ·산학겸임교사 등
건강가정기본법	·건강가정지원센터의 장과 종사자	학원법	·학원의 운영자·강사·직원 ·교습소의 교습자·직원
다문화가족지원법	·다문화가족지원센터의 장과 종사자	의료법	·의료기관의 장과 의료인 ·의료기사
한부모가족지원법	·한부모가족복지시설의 장과 종사자	청소년기본법	·청소년시설 ·청소년단체의 장과 종사자
사회복지사업법	·사회복지전담공무원 ·사회복지시설의 장과 종사자	청소년보호법	·청소년 보호·재활센터의 장과 종사자
성매매피해자보호법	·지원시설 ·성매매피해상담소의 장과 종사자	장애인복지법	·장애인복지시설의 장과 종사자로서 시설에서 장애아동에 대한 상담·치료·훈련 또는 요양 업무를 수행하는 사람
성폭력방지법	·성폭력피해상담소 및 성폭력피해자보호시설의 장과 종사자 ·성폭력피해자통합지원센터의 장과 종사자	정신건강증진 및 정신질환자 복지서비스 지원에 관한 법률	·정신건강복지센터 ·정신의료기관 ·정신요양시설 ·정신재활시설의 장과 종사자
소방기본법	·구급대의 대원	아이돌봄 지원법	·아이돌보미
응급의료에 관한 법률	·응급의료기관 등에 종사하는 응급구조사	입양특례법	·입양기관의 장과 종사자

신고자 보호조치 내용

- 아동학대처벌법 및 공익신고자보호법, 특정범죄신고자 등 보호법에서는 아동학대 신고자의 신원이 공개되는 것을 방지하고, 동시에 신고자에 대하여 신고로 인한 불이익조치를 금지하고 있습니다.

구체적인 예시
– 신문이나 TV 등의 보도를 통해 신고자가 누구인지 알 수 있게 한 경우
– 수사기관 혹은 아동보호전문기관 종사자가 신고자의 신원에 대해 말하거나 언론에 누설하는 경우 등

- 신고인의 인적사항 또는 신고인임을 미루어 알 수 있는 사실을 다른 사람에게 알려주거나 공개 또는 보도한 사람(수사기관 포함)은 3년 이하의 징역이나 3천만원 이하의 벌금에 처합니다.

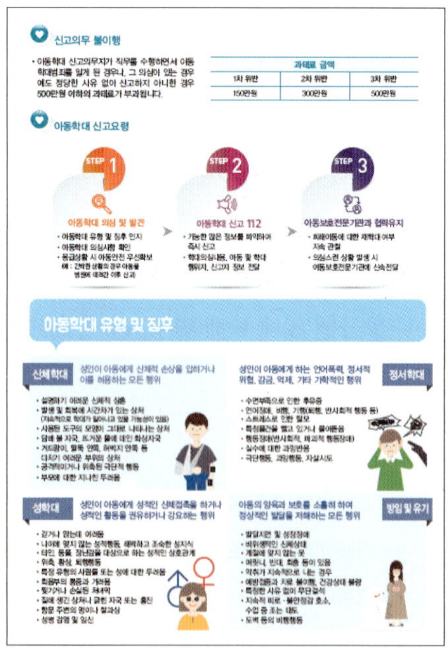

신고의무 불이행

- 아동학대 신고의무자가 직무를 수행하면서 아동학대범죄를 알게 된 경우나, 그 의심이 있는 경우에도 정당한 사유 없이 신고하지 아니한 경우 500만원 이하의 과태료가 부과됩니다.

과태료 금액		
1차 위반	2차 위반	3차 위반
150만원	300만원	500만원

아동학대 신고요령

STEP 1 아동학대 의심 및 발견
- 아동학대 유형 및 징후 인지
- 아동학대 의심사항 확인
- 응급상황 시 아동안전 우선확보
예 : 긴박한 상황의 경우 아동을 병원에 데려간 이후 신고)

STEP 2 아동학대 신고 112
- 가능한 많은 정보를 파악하여 즉시 신고
- 학대의심내용, 아동 및 학대행위자, 신고자 정보 전달

STEP 3 아동보호전문기관과 협력유지
- 피해아동에 대한 재학대 여부 지속 관찰
- 의심스런 상황 발생 시 아동보호전문기관에 신속전달

아동학대 유형 및 징후

신체학대 성인이 아동에게 신체적 손상을 입히거나 이를 허용하는 모든 행위
- 설명하기 어려운 신체적 상흔
- 발생 및 회복에 시간차가 있는 상처
(지속적으로 학대가 일어나고 있을 가능성이 있음)
- 사용된 도구의 모양이 그대로 나타나는 상처
- 담배 불 자국, 뜨거운 물에 데인 화상자국
- 겨드랑이, 팔뚝 안쪽, 허벅지 안쪽 등 다치기 어려운 부위의 상처
- 공격적이거나 위축된 극단적 행동
- 부모에 대한 지나친 두려움

정서학대 성인이 아동에게 하는 언어폭력, 정서적 위협, 감금, 억제, 기타 가학적인 행위
- 수면부족으로 인한 후유증
- 언어장애, 비행, 기행(퇴행, 반사회적 행동 등)
- 스트레스로 인한 탈모
- 특정물건을 빨고 있거나 물어뜯음
- 행동장애(반사회적, 파괴적 행동장애)
- 실수에 대한 과잉반응
- 극단행동, 과잉행동, 자살시도

성학대 성인이 아동에게 성적인 신체접촉을 하거나 성적인 활동을 권유하거나 강요하는 행위
- 걷거나 앉는데 어려움
- 나이에 맞지 않는 성적행동, 해박하고 조숙한 성지식
- 타인, 동물, 장난감을 대상으로 하는 성적인 상호관계
- 위축, 환상, 퇴행행동
- 특정 유형의 사람들 또는 성에 대한 두려움
- 회음부의 통증과 가려움
- 찢기거나 손실된 처녀막
- 질에 생긴 상처나 긁힌 자국 또는 출혈
- 항문 주변의 멍이나 찰과상
- 성병 감염 및 임신

방임 및 유기 아동의 양육과 보호를 소홀히 하여 정상적인 발달을 저해하는 모든 행위
- 발달지연 및 성장장애
- 비위생적인 신체상태
- 계절에 맞지 않는 옷
- 머릿니, 빈대, 회충 등이 있음
- 악취가 지속적으로 나는 경우
- 예방접종과 치료 불이행, 건강상태 불량
- 특정한 사유 없이 무단결석
- 지속적 피로·불안정감 호소, 수업 중 조는 태도
- 도벽 등의 비행행동

그림 4-24 영유아 학대 예방지침의 예

8) 영유아 교직원 및 시설안전보험

표 4-11 영유아 교직원 및 시설안전보험의 평가항목과 평가요소

평가항목	평가요소	평가방법
3-5-3	영유아 교직원 및 시설 보험에 모두 적합하게 가입하고 있다.	기록

상시 50인 이상 식사를 하는 집단급식소로 신고 · 운영하는 어린이집은 가스 사고 배상책임공제에 가입되어 있어야 한다.

어린이놀이시설 관리 주체인 어린이집은 놀이시설 배상책임공제에 가입해야 하고 어린이집에서 등 · 하원용 차량을 운행하는 경우, 자동차 보험에 가입되어 있어야 한다.

어린이집은 교직원을 위한 4대 보험인 국민연금, 건강보험, 고용보험, 산재보험에 가입되어 있어야 한다.

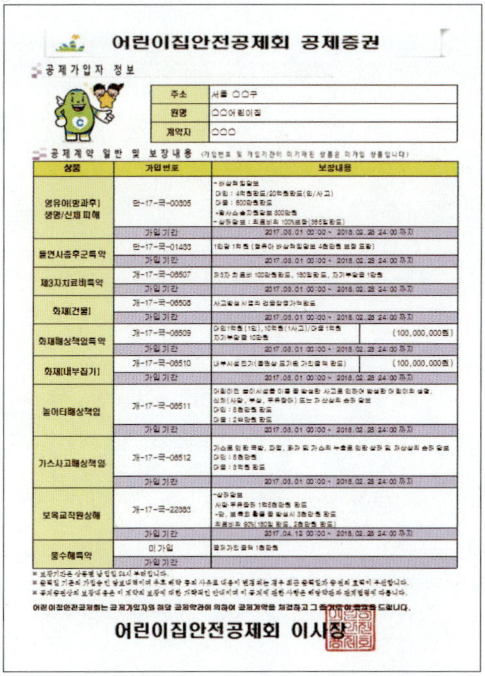

어린이집안전공제회 공제증권

공제가입자 정보

주소	서울 ○○구
원명	○○어린이집
계약자	○○○

공제계약 일반 및 보장내용 (가입번호 및 가입기간이 미기재된 상품은 미가입 상품입니다)

상품	가입번호	보장내용
영유아(방과후) 생명/신체 피해	단-17-국-00305	[illegible]
	가입기간	2017.03.01 00:00 ~ 2018.02.28 24:00 까지
돌연사증후군특약	단-17-국-01433	[illegible]
	가입기간	2017.03.01 00:00 ~ 2018.02.28 24:00 까지
제3자치료비특약	개-17-국-08507	[illegible]
	가입기간	2017.03.01 00:00 ~ 2018.02.28 24:00 까지
화재(건물)	개-17-국-08508	[illegible]
	가입기간	2017.03.01 00:00 ~ 2018.02.28 24:00 까지
화재배상책임특약	개-17-국-08509	[illegible] (100,000,000원)
	가입기간	2017.03.01 00:00 ~ 2018.02.28 24:00 까지
화재(내부집기)	개-17-국-08510	[illegible] (100,000,000원)
	가입기간	2017.03.01 00:00 ~ 2018.02.28 24:00 까지
놀이터배상책임	개-17-국-08511	[illegible]
	가입기간	2017.03.01 00:00 ~ 2018.02.28 24:00 까지
가스사고배상책임	개-17-국-08512	[illegible]
	가입기간	2017.03.01 00:00 ~ 2018.02.28 24:00 까지
보육교직원상해	개-17-국-22383	[illegible]
	가입기간	2017.04.12 00:00 ~ 2018.02.28 24:00 까지
풍수해특약	미가입	[illegible]
	가입기간	

[illegible]

어린이집안전공제회는 공제가입자와 해당 공제약관에 의하여 공제계약을 체결하고 그 증거로 이 증권을 드립니다.

어린이집안전공제회 이사장

그림 4-25 통합보험의 공제증권 예시

CHAPTER 04 평가인증지표에서의 안전

CHAPTER

05 안전관리 및 사고 시 교사의 역할

CHAPTER

05

본 장에서는 안전관리 및 사고 시 교사의 역할에 대해 살펴보고자 한다. 먼저 안전관리 및 사고에 대처하기 위한 일반적인 교사의 역할을 소개하고, 하루 일과와 놀잇감 제공 시 고려해야 할 교사의 구체적인 역할에 대해 정리하였다. 무엇보다 안전은 사고 예방이 최우선적으로 이루어져야 하므로 안전사고 예방대책을 소개하며, 안전사고 발생 시 교사로서 취할 수 있는 응급처치방법을 살펴봄으로써 피해를 최소화할 수 있는 교사의 역량을 강화하고자 한다.

1. 영유아 안전을 위한 교사의 역할

1) 안전한 환경구성자

영유아의 안전사고를 예방하기 위해 가장 우선적으로 해야 하는 교사의 역할은 무엇보다도 영유아의 성장과 발달을 위한 안전한 환경을 제공하는 것이다. 교사는 영유아의 발달특징을 알고 환경 속에 존재하는 위험요소를 파악하여 안전한 환경을 제공해야 할 책임과 의무가 있다. 영유아에게 발생하는 불의의 사고는 대부분 예방 가능하고 예측될 수 있는 것이므로 안전한 환경을 제공하는 것은 사고 예방을 위해 절대적일 수밖에 없다. 영유아의 연령에 따라 실내시설 및 설비기준 등에 대한 안전기준이 달라지므로 교사는 이에 대한 지식과 능력을 갖추어야 한다.

2) 안전교육자

안전사고를 예방하기 위해 교사는 영유아와 부모를 위한 안전교육을 실시해야 할 뿐 아니라 교사 자신을 위해서도 안전교육을 받아야 한다. 영유아, 학부모, 보육교직원 등 다양한 대상과 방법으로 안전교육을 실시하여 안전사고 예방을 위한 교육자로서의 기능을 해야 한다.

(1) 영유아를 위한 안전교육

영유아를 위한 안전교육은 첫째, 교사가 영유아들에게 안전한 행동이 무엇인지 가르쳐 안전에 민감한 태도를 갖고, 안전하게 행동함으로써 자신을 스스로 보호하는 능력을 키우는 것이다. 이를 위해 매년 영유아발달에 적합한 안전교육을 수립하여 교육을 실시하고, 효과적인 교수방법을 통해 영유아가 사고 위험으로부터 자신을 보호하고 대처할 수 있는 지식, 기술, 태도를 형성하도록 한다.

둘째, 안전규칙을 만들어 영유아들이 안전하게 행동하도록 함으로써 안전한 습관을 형성하도록 돕는 것이다. 교사는 영유아의 안전을 위한 합리적인 제한이나 규칙을 제시하고 지키도록 격려한다. 규칙은 안전한 행동이 무엇인지 명확하게 인식하는 데 도움이 되며 이러한 규칙을 통해 영유아들은 안전한 생활을 유지할 수 있다. 교사는 영유아가 지켜야 할 중요한 제한이나 규칙을 명확하고 일관되게 반복하여 제시해야 한다.

(2) 부모를 위한 안전교육

영유아의 안전한 생활습관 형성을 위하여 가정과의 정보공유와 소통을 통한 지속적인 연계가 필요하다. 교사는 학부모까지 교육 대상에 포함하여 안전, 아동학대 예방 등의 교육을 실시해야 한다. 부모를 위한 안전교육방법은 가정통신문, 게시판, 알림장, 홈페이지 등을 활용할 수 있다. 또한 원장은 영유아의 건강, 위생, 아동학대, 안전, CCTV 열람 등과 관련된 내용에 대해 부모와 충분히 협의 · 고지해야 한다.

(3) 교직원을 위한 안전교육

교사는 지속적으로 안전교육을 받고 안전에 대한 지식과 태도를 갖추어 영유아를 지도해야 한다. 영유아를 위한 안전교육이 아무리 중요하다 할지라도 교사가 제대로 안전의 중요성과 내용에 대하여 인식하지 못하면 유아교육기관에서 효과적인 안전관리는 기대하기 어렵다. 이를 위해 원장은 모든 교직원에게 안전교육을 실시하고, 온 · 오프라인으로 전문적인 안전교육에 적극 참여하도록 해야 한다. 또한 화재 등 긴급사태에 대비한 계획 수립 및 정기적인 점검 · 훈련을 실시한다. 원장은 안전관리책임관 역할을 수행하여 직면할 수 있는 재난, 재해에 대해 비상대응계획을 연 1회 수립, 월 1회 비상대응훈련계획을 수립 · 실시한다.

3) 모델 제공자

교사는 안전한 행동을 수행함으로써 영유아에게 모범을 보이는 역할을 해야 한다. 특히, 영유아 시기는 발달특성상 성인의 행동을 모방하는 특성을 가지고 있으므로 평소 안전한 생활을 실천하는 교사의 행동은 직 · 간접적으로 영유아의 안전생활습관과 태도 형성에 영향을 미친다. 그러므로 교사는 안전한 행동을 실천함으로써 영유아에게 바람직한 역할 모델자로서의 기능을 해야 한다.

4) 영유아 보호자

모든 위험이나 사고로부터 영유아를 보호하는 것이 교사의 최우선적인 임무이다. 교사는 영유아의 행동을 관찰하고 모니터함으로써 위험한 행동을 수정하고 위험으로부터 영유아를 보호하는 보호자로서의 기능을 수행해야 한다. 이를 위해 매 순간 주의 깊은 관찰과 민감성을 가지고 안전사고를 예방하고 영유아들이 위험한 상황에서 즉각적으로 상황을 통제하는 예방적 행동을 수행해야 한다.

5) 의사결정자

교사는 유아교육기관에서 발생하는 사고를 줄이고 안전을 증진시키기 위해서 정책과 방침을 세우고 결정하는 의사결정자 역할을 한다. 유아교육기관에서 발생하는 사고를 줄이고 안전방침을 수립하여 대책을 세우는 사람은 결국 교사이기 때문이다.

6) 안전사고 대처자

유아교육기관에서 안전은 예방하는 것이 우선이지만, 사고는 예측이 어려운 상황에서도 발생할 수 있으므로 교사는 응급 상황에 대한 준비와 이를 대처해 나가는 능력을 갖춰야 한다. 사고 시 교사의 신속하고 적절한 상황판단과 응급처치는 대처 능력이 없는 영유아에게 중요하므로 교사는 사고에 능동적으로 대처해 나갈 수 있는 지식과 능력을 갖춰야 한다.

교사는 조직적이고 체계적인 인적·물적 대비책을 마련하여 안전사고 발생 시 신속히 처리하여 2차 피해를 줄이기 위해 노력해야 한다. 이를 위해 모든 교직원은 사고 시 무엇을 해야 할지 업무 분담이 되어 있어야 하고, 긴급사태에 대비한 교직원 훈련을 할 필요가 있다.

7) 지역사회 연계자

교사는 유아교육기관과 지역환경과의 상관관계를 알고 영유아 안전을 위해 지역사회와 지속적인 연계를 해야 한다. 영유아 안전사고 발생 시 지역사회기관에 도움을 받고, 요청을 해야 하며 유아안전의 중요성을 지역사회에 홍보하는 역할도 요구된다.

2. 하루 일과 내에서의 교사의 역할[1)]

유아교사들은 안전사고를 예방하는 데 필요한 지식을 습득하며, 이를 적절히 활용하여 매일의 일과 속에서 안전사고 예방을 위한 지도를 해야 한다. 영유아의 안전사고 발생을 예방하기 위해 하루 일과 시간대별 교사의 역할과 이때의 영유아 행동지침은 다음과 같다.

1) 자유선택활동시간

(1) 교사의 지도 시 유의점

- 항상 영유아들의 놀이를 주의 깊게 관찰한다.
- 위험한 놀이를 방관하지 않고 위험한 행동이 보이면 즉시 중지시킨다.
- 놀잇감 수, 공간의 크기 등을 고려하여 각 영역에 놀이할 적절한 인원을 정하여 놀이할 수 있도록 중재한다.
- 가정에서 사용하는 개인용품**예 : 목걸이, 반지 등**은 교육기관에 가져오지 않도록 한다.
- 의자나 책상과 같은 무거운 가구를 운반할 때는 사전에 안전수칙을 설명한다.
- 교실에 영유아들만 두고 자리를 비우지 않는다.
- 영유아들을 돌보면서 사무적인 일처리를 하지 않는다.

1) 중앙보육정보센터(2008)에서 발췌하여 재구성함

- 사물함 서랍을 열고 닫을 때 손을 서랍 옆이나 안에 넣지 않도록 이야기 나눈다.
- 영유아들의 손톱을 수시로 검사하고 길면 자를 수 있도록 부모님께 이야기하거나 교육기관에서 소독된 손톱깎이로 잘라 준다.

(2) 영유아 행동지침

① 친구와 놀이 시

- 친구에게 놀잇감을 던지거나 놀잇감으로 친구를 때리지 않는다.
- 좁은 공간이나 친구가 놀이하는 곳에 갑자기 뛰어들지 않는다.
- 친구와 자리싸움을 하지 않는다.
- 친구와 놀잇감을 나누어 놀이한다.
- 친구의 놀잇감을 뺏지 않는다.
- 친구의 놀잇감을 밟고 넘어가지 않는다.
- 친구 팔이나 옷을 심하게 잡아당기지 않는다.
- 친구를 물거나 꼬집거나 때리지 않는다.
- 이동하면서 친구를 밟지 않는다.
- 칼싸움이나 전쟁놀이를 하지 않는다.

② 교구 사용 시

- 뚜껑이 있는 악기나 교구는 조심스럽게 열고 닫는다.
- 가위 등 위험한 물건으로 장난하지 않는다.
- 작은 블록이나 모형 음식 등을 입에 넣지 않는다.
- 필기도구, 얇은 종이, 칼, 가위 등을 사용할 때는 주의한다.
- 볼풀장 안으로 뛰어내리지 않는다.

③ 교실 내에서

- 높은 곳에 있는 물건은 만지지 않는다.
- 의자, 책상, 교구장 위에 올라가지 않는다.
- 의자, 책상, 교구장 위에서 뛰어내리지 않는다.

- 베란다 난간이나 창문에 올라가지 않는다.
- 교실에서 뛰거나 달리지 않는다.
- 놀이 도중 아무 곳이나 눕지 않는다.
- 놀이 도중 교실이나 유희실 밖으로 나가게 될 경우화장실, 물 먹기 교사의 허락을 받는다.

2) 정리정돈시간

(1) 교사의 지도 시 유의점

- 놀이한 후에는 놀잇감을 반드시 정리하고 이동하도록 한다.
- 놀이 정리나 이동 시 영유아들에게 미리 예고한다.
- 고장 나거나 파손된 놀잇감을 발견하면 즉시 치운다.

(2) 영유아 행동지침

- 놀잇감을 던지면서 정리하지 않는다.
- 놀잇감이 원래 놓여져 있는 위치에 바르게 정리한다.
- 미완성된 친구의 작품을 임의로 정리하지 않는다.
- 정리 도중 교실이나 유희실 밖으로 나가게 될 경우 교사의 허락을 받는다.

3) 급 · 간식시간

(1) 교사의 지도 시 유의점

- 급식이나 간식 등의 음식은 바르게 앉아서 먹도록 한다.
- 주방에서 미리 음식을 식혀 배식한다.
- 항상 음식은 안전한 장소에 놓고 배식한다.
- 배식 시 가급적 영유아들이 정해진 자리에 앉아서 기다리도록 한다.
- 영유아들이 뜨거운 국을 들고 이동하지 않도록 한다.
- 영유아가 자리에 앉아 있는 상태에서 교사가 국을 배식한다.

(2) 영유아 행동지침

- 배식 시 돌아다니지 않는다.
- 포크나 숟가락으로 장난하거나 던지지 않는다.
- 가시 있는 음식은 주의하여 먹는다.
- 친구의 음식을 뺏지 않는다.

4) 집단활동시간

(1) 교사의 지도 시 유의점

- 연간 안전교육계획에 따른 주제와 상황에 맞는 안전교육을 실시한다.
- 영유아들의 다툼으로 인해 발생되는 꼬집기, 물기, 던지기, 때리기 등의 부정적인 행동은 바르지 못한 행동임을 교육한다.
- 다른 사람의 의견을 받아들이고 이해할 수 있도록 중재하고 부정적인 감정을 언어로 표현할 수 있도록 지도한다.
- 영유아를 한 공간에서 함께 교육해야 할 경우 좀 더 세심히 영유아의 놀이를 관찰한다.

(2) 영유아 행동지침

- 의자에 앉아 있을 때 의자를 이용하여 장난하지 않는다.
- 친구와 자리싸움을 하지 않는다.
- 집단활동 시 임의로 돌아다니지 않는다.

5) 이동 및 전이활동시간

(1) 교사의 지도 시 유의점

- 한 번에 많은 인원을 이동시키지 않도록 조절한다.
- 줄 서서 차례차례 이동하도록 한다.
- 계단을 오르내릴 때 위험한 행동**뛰기, 장난하기, 친구 잡아당기기, 밀기 등**을 하지 않도록 한다.
- 복도나 계단에서 우측통행을 하도록 지도한다.
- 베란다에서 영유아들이 혼자 놀지 않도록 주의깊게 관찰한다.
- 전이활동시간에 교사가 다른 준비로 자리를 비우는 일이 없도록 한다.
- 현관 앞에 항상 교사가 있는 상태에서 안전을 지도한다.
- 행동이 느리며 신체조절능력이 미숙한 영유아는 신발을 신고 벗을 수 있도록 지도한다.

(2) 영유아 행동지침

- 교실 문 앞에서 장난하지 않는다.
- 뛰지 않고 항상 걸어다닌다.
- 이동 시 장난감이나 손을 입에 물고 다니지 않는다.
- 이동하면서 음식을 먹지 않는다.
- 친구 손을 잡고 뛰지 않는다.
- 줄 서서 이동할 때 앞 친구와 간격을 유지한다.
- 현관에서 문 열고 닫으며 장난하지 않는다.
- 차례 지켜 신발을 신고 벗는다.
- 신발장, 진열장 등에 매달리지 않는다.

6) 화장실 이용 시

(1) 교사의 지도 시 유의점

- 화장실은 개별 또는 2~3명씩 나누어 다녀오도록 한다.
- 영유아들의 손에 닿으면 위험한 락스 등의 청소용품은 별도의 안전한 장소에 보관한다.
- 화장실 바닥이 미끄럽지 않도록 한다.

(2) 영유아 행동지침

- 화장실에서 차례를 지키고 친구와 장난하지 않는다.
- 세면대에 매달리지 않는다.
- 변기 위에 올라가지 않는다.
- 세탁기 안에 들어가지 않는다.
- 혼자서 욕조에 들어가지 않는다.
- 화장품이나 세제, 샴푸 등을 만지거나 삼키지 않는다.

7) 실외놀이시간

(1) 교사의 지도 시 유의점

- 실외놀이에 나가기 전에 안전수칙에 대해 항상 상기시킨다.
- 옷에 걸려 넘어지지 않도록 영유아들의 안전한 옷차림을 점검한다긴 목도리, 겨울 모자 등.
- 실외놀이 공간의 크기에 맞는 적절한 인원이 놀이할 수 있도록 각 반의 실외놀이시간을 조정한다.
- 항상 영유아들의 놀이를 관찰한다.
- 위험한 행동에 대해서는 적극 중지시킨다.
- 위험한 곳에 올라간 경우 갑작스럽게 내려오도록 지시하지 않고 교사가 영유아 가까이에 가서 이야기한다.

- 차례를 지켜 놀이기구를 이용하도록 수시로 이야기한다.
- 높이가 있는 놀이기구**예 : 미끄럼틀 등**를 타는 영유아들을 항상 가까이에서 관찰한다.
- 실외놀이 종료시간을 사전에 알려주어 정리를 서두르다 다치지 않도록 한다.
- 실외놀이기구와 주변 환경에 대해 매일 안전점검을 한다. 입에 넣을 만한 것이나 손이 베일만 한 위험한 물건이 없는지 수시로 확인한다.
- 미끄럼틀 판이 스테인리스인 경우, 여름철에는 복사열로 인해 뜨거워질 수 있으므로 교사는 영유아들이 미끄럼틀을 이용하기 전에 온도를 확인하고 필요하면 물을 뿌려 온도를 조절한다.
- 동네 놀이시설을 이용할 경우 혼자 떨어져 놀이하지 않도록 주의한다.
- 유아들과 놀이기구 이용규칙을 만들어 안전한 놀이습관이 형성되도록 지도한다.
- 사고 발생 시 즉시 자세히 살피고 응급조치한다.
- 그네를 앉아서 타도록 지도한다.
- 놀이터의 기구에 날카로운 부분, 갈라진 부분, 못이 나와 있는 것을 살펴야 한다.
- 위험한 장소에서 영유아들이 장난치지 않도록 경고 메시지**예 : 위험!, 손 조심! 등**를 부착한다.

(2) 영유아 행동지침[2)]

- 차례를 기다려 놀이기구를 탄다.
- 나무나 의자 등 높은 곳에 오르거나 뛰어내리지 않는다.
- 친구에게 모래를 던지지 않는다.
- 교육기관에서 기르는 동물을 함부로 만지지 않는다.
- 장소 이동 시 교사와 항상 함께 움직인다.

① 그네

- 완전히 정지한 후에 타고 내린다.
- 줄을 양손으로 잡고 타며 그네가 움직이는 도중에 뛰어내리지 않는다.
- 한가운데에 앉아서 탄다.

2) 어린이안전넷(www.isafe.go.kr) 어린이안전사고(놀이안전)에서 재구성함

- 배를 깔고 엎드려서 타거나 서서 타지 않는다.
- 사슬을 꼬지 않는다.
- 다른 사람이 타고 있을 때 그네에 부딪히지 않도록 떨어져서 걷는다.
- 다른 친구가 타는 그네를 억지로 멈추게 하지 않는다.
- 그네를 탈 때는 한 사람씩 이용한다.

② 시소

- 함께 타는 친구와 마주보고 탄다.
- 반동으로 튕겨나갈 수 있으므로 손잡이를 꼭 잡고 탄다.
- 시소를 탄 채 자리에서 일어나거나 뛰지 않는다.
- 내릴 때는 같이 타는 친구에게 미리 말하고 조심하여 내린다.
- 시소 밑에 발을 둔 채로 내리지 않는다.
- 같이 타고 있는 친구에게 충격을 주므로 시소 끝을 땅에 세게 내리지 않는다.

③ 미끄럼틀

- 미끄럼판으로 올라가지 않고 반드시 계단을 이용한다.
- 앞사람이 올라간 다음 올라간다.
- 손잡이를 꼭 잡고 한 계단씩 올라간다.
- 다른 사람을 밀거나 당기지 않는다.
- 아래에 아무도 없는지 확인하고 내려온다.
- 한 사람씩 앉아서 내려온다.
- 엎드려 타거나 서서 타지 않는다.
- 내려온 뒤에는 다음 사람이 내려오다 부딪치지 않도록 빨리 비켜준다.
- 먼저 미끄럼을 탄 사람이 미끄럼틀을 완전히 사용하고 일어선 다음 내려온다.
- 미끄럼을 탈 때는 앉아서 타고 다리를 앞으로 향하게 한다.

④ 철봉

- 자신의 키보다 너무 높은 철봉에 매달리지 않는다.
- 거꾸로 매달리지 않는다.

• 내려올 때는 발에 충격이 올 수 있으므로 주의한다.

⑤ 오르기 기구

• 가로대를 양손으로 잡고 올라간다.
• 다른 사람이 내려오는 방향으로 올라가지 않는다.
• 위에 있는 사람의 발을 잡거나 흔들지 않는다.
• 내려올 때는 아래를 잘 살핀다.
• 젖어 있는 기구에서는 놀지 않는다.
• 복합놀이시설을 오를 때 밧줄을 잡고 올라간다.
• 복합놀이시설의 밧줄 하나를 한 명이 잡고 탄다.

⑥ 자전거

• 안전모와 보호대 등 보호장구를 착용한다.
• 핸들을 양손으로 잡고 바른 자세로 탄다.
• 자전거 전용도로에서 탄다.
• 내리막길에서는 가속되어 위험하므로 내려서 걷는다.
• 자전거 뒤에 친구를 태웠을 경우 항상 뒤의 친구를 살핀다.
• 다른 영유아들과 부딪치지 않도록 주의하여 탄다.

⑦ 인라인스케이트, 롤러스케이트, 스케이트보드, 킥보드

• 안전모와 보호대 등 보호장구를 착용한다.
• 차가 다니지 않는 안전한 장소에서 탄다.
• 길을 건너거나 계단을 오르내릴 때는 벗는다.

3. 안전한 놀잇감 제공 시 교사의 역할

1) 놀잇감 구입 시

• 안전을 제일 우선 고려한다. 뾰족하거나 날카로운 부분이 있어 다칠 가능성이

있는 놀잇감은 구입하지 않으며 모서리가 둥글게 제작된 놀잇감을 구입한다.

- 영유아의 연령 및 발달단계에 적합한 크기의 견고한 놀잇감을 구입한다. 영아에게는 대략 직경 3.5cm 이하의 작은 놀잇감은 질식의 위험이 있으므로 구입하지 않는다.
- 품질인증 마크를 확인한다.
- 놀잇감의 라벨과 사용설명서를 꼼꼼히 살펴보고 주의사항을 확인한다.
- 입에 들어갈 수 있는 놀잇감은 무독성을 구입한다.
- 착색료가 빠져 나오는지, 소리가 나는 놀잇감의 경우 소리의 크기 정도를 확인한다.
- 빛이 반사되어 눈에 부담이 되거나 장시간 현란한 빛을 발생하는 놀잇감은 피한다.
- 불량제품을 발견하면 제품을 구매한 곳에서 수리, 보상, 교환 또는 환불 처리를 요구한다. 피해보상이 제대로 해결되지 않을 경우에는 한국소비자원과 한국생활안전연합에 상담받는다.

표 5-1 자율안전표시제도(한국소비자원)

종류	마크	표시	대상 품목
안전인증 제도	안전인증번호 KC마크 안전인증번호	안전인증 대상 공산품의 제조업자 또는 외국제조업자(대리인 포함)가 출고 전 또는 통관 전에 모델별로 안전인증기관으로부터 안전성을 증명받아 안전인증 대상 공산품에 표시하는 제도	물놀이기구, 비비탄총, 어린이놀이기구, 자동차용 어린이보호장치 등
자율안전 확인제도	자율안전확인신고필증번호 KC마크 자율안전확인 신고필증번호	자율안전확인 대상 공산품의 제조업자 또는 수입업자가 출고 또는 통관 전에 공산품의 모델별로 안전성에 대한 시험 · 검사를 받아 공산품의 안전기준에 적합한 것임을 스스로 확인한 후 이를 안전인증기관에 신고하는 제도	유아용 섬유제품, 유아보호용품완구, 유아용 삼륜차, 유아용 의자, 유아용 캐리어, 일회용 기저귀, 학용품(크레용 · 크레파스, 문구용품, 문구용 찰흙 포함), 물휴지(물티슈), 보행기, 유모차, 유아용 침대, 수유패드 등

종류	마크	표시	대상 품목
어린이 보호포장 제도	어린이보호포장신고필증번호 KC마크 어린이보호포장신고필증번호	성인이 개봉하기는 어렵지 않지만 만 5세 미만의 어린이가 일정 시간 내에 내용품을 꺼내기 어렵게 설계 · 고안되어 포장된 공산품을 제조 또는 수입업자가 출고 또는 통관 전에 모델별로 어린이보호포장을 하였음을 안전인증기관에 신고하는 제도	방향제, 세정제, 접착제, 얼룩 제거제, 광택제 등
안전 · 품질표시 제도	KC마크	안전 · 품질표시 대상 공산품의 제조업자 또는 수입업자가 판매 전에 안전 · 품질 표시기준에 따라 해당 공산품의 안전 및 품질에 관한 표시를 해야 하는 제도	면봉, 물안경, 침대 매트리스, 우산 및 양산, 롤러스케이트, 바퀴 달린 운동화, 어린이용 장신구, 인라인 롤러스케이트, 킥보드 등

출처 : 어린이안전넷(www.isafe.go.kr).

2) 놀잇감 사용 시

- 또래와의 갈등과 공격적인 행동을 감소시키기 위해 놀잇감의 수와 공간구성에 주의를 기울인다.
- 놀잇감의 올바른 사용법에 대한 안내를 하고 용도에 맞게 사용하도록 지도한다.
- 위험한 부분이 없는지, 파손 여부 등을 수시로 확인한다. 예를 들어, 건전지나 자석, 기타 작은 부속물이 빠지지 않았는지 확인한다.
- 파손된 놀잇감은 즉시 폐기하고 새 것으로 교환한다.
- 수리가 필요한 것은 방치하지 않고 즉시 수리한다.
- 놀잇감에 걸려 넘어지거나 다치지 않도록 수시로 정리정돈을 한다.
- 칼, 총, 뾰족한 것, 틈이 있는 것, 독성이 있는 것, 작은 부품이 있는 것, 리본이나 끈이 있는 것, 갇힐 우려가 있는 놀잇감 등 위험한 놀잇감을 제공하지 않는다.
- 유리제품**교구 포함**은 비산 방지용 필름이나 테이프를 붙여둔다.
- 영아의 경우 입에 들어갈 만한 작은 크기의 구슬, 봉제완구의 눈이나 코가 단추나 유리로 장식되어 있는 놀잇감은 제공하지 않는다**지름 3.5cm 이상 크기가 안전.**
- TV나 가전제품은 영유아들이 조작할 수 없도록 조작 버튼을 가려 두고, TV의

뒷부분에 영유아들의 손이 닿지 않도록 설치한다.

- 바퀴 달린 큰 장난감은 바닥이 미끄럽지 않은 실외에 두거나 매트가 깔려 있는 넓은 공간유희실 등에 두어 미끄러짐 사고를 미연에 방지한다.
- 놀잇감의 비닐 포장지는 질식의 원인이 되므로 사용 전에 반드시 제거한 후 제공한다.
- 놀잇감이 위험한 놀이로 진행되지 않도록 놀잇감의 올바른 사용방법을 수시로 지도한다.

3) 놀잇감 사용 후

- 놀잇감을 정기적으로 안전 점검한다.
- 놀잇감 등을 위생적으로 관리하기 위해 정기적으로 소독을 실시한다.
- 보행기, 자동차 등 탈 것을 두는 자리를 정한다.
- 놀잇감을 보관할 때는 육안으로 식별하기 쉽게 종류별로 정리하여 보관한다.
- 무거운 놀잇감은 아래쪽에 정리한다.
- 놀잇감이나 시계, 계산기 등에 들어 있는 원반형 수은이나 리튬전지를 영유아가 삼키면 매우 위험하므로 전지를 교환할 때 못 쓰게 된 전지는 즉각 버린다.

4. 안전사고 예방대책[3)]

1) 비상연락체계 구축

안전사고에 대응하기 위하여 인근 소방서, 경찰서 및 가스, 유류 등 안전상태를 점검하는 유관기관 등과 비상연락체계를 구축한다. 비상시에 대비하여 업무 분담을 정하고 비상연락체계에는 교직원 비상연락망, 응급 시 도움을 요청할 수 있는 유관기관소방서, 병원, 의료, 경찰, 지방자치단체의 전화번호, 부모와의 비상 연락망을 확보하여

3) 어린이집 안전공제회(2017)에서 발췌하여 재구성함

전화기 옆에 비치한다.

또한 사고에 대비하여 응급처치 동의서를 비치한다. 응급처치 동의서에는 보호자의 비상 연락망, 의료기관명이 기재되어 있어야 하며 귀가 동의서에 영유아의 이름, 귀가 시 영유아를 인계받을 보호자의 이름, 관계 및 연락처, 보호자의 서명이 필수로 작성되어 있어야 한다. 그 밖에 소방대피훈련일지, 차량운행일지 등을 비치하고 관리한다.

2) 사고보고체계 확립

원장은 사고발생 24시간 이내에 사고보고서를 작성하며 어린이집의 경우 시장 · 군수 · 구청장에게 보고한다. 중대사고중상 이상의 안전사고, 감염병 및 식중독 등 집단 질병, 화재 · 침수 · 붕괴 등 재난사고 등는 사고발생 즉시 유선 통보 후 서식에 의하여 보고한다.

3) 영유아교육기관 자체 안전점검 실시

원장은 자체 안전점검계획을 수립하여 매월 4일에 안전점검을 실시한다. 자체점검 시 안전점검 체크리스트에 매일, 매월 주기에 따라 점검을 실시하여 화재, 상해 등 위험발생요인을 사전에 제거해야 한다.

4) 위험 대비 보험 가입

유아교육기관에서는 만일의 위험에 대비하기 위해 보험에 가입해야 한다. 의무가입을 해야 하는 보험으로는 영유아 생명, 신체 피해보상 관련가스사고 배상책임, 놀이시설 배상책임공제에도 가입해야 함 보험, 화재보험, 자동차보험, 보육교직원 관련 보험 등이다.

5) 안전사고 발생 시 대처방법

첫째, 당황하지 않고 어떤 사고인지 파악한다. 안전사고가 발생하면 우선 교사

자신이 당황하지 않는 것이 무엇보다 중요하다. 교사가 당황하게 되면 사고를 당한 영유아나 나머지 영유아들이 함께 당황하거나 더 불안해 할 수 있기 때문이다.

둘째, 사고를 파악할 때에는 누가 어떻게 다쳤는지, 그 현장에 남아 있는 위험이나 또 다른 사고의 위험은 없는지 판단한다.

셋째, 다친 영유아의 부상 정도를 파악하여 적절한 조치를 취한다.

넷째, 구조대나 응급실에 구조를 요청한다.

다섯째, 부모에게 연락한다.

여섯째, 남은 영유아를 안심시킨다.

일곱째, 사고보고서를 작성한다. 사후 언제, 어디서, 누가, 무엇에 의해 어떤 사고를 당했으며 어떤 조치를 했는지에 대해 자세히 기록하여 미래의 사고를 예방한다.

5. 응급처치

1) 영유아를 위한 응급처치

응급처치는 응급의료행위의 하나로서 응급환자의 기도를 확보하고 심장박동의 회복, 그 밖에 생명의 위험이나 증상의 현저한 악화를 방지하기 위해 긴급히 필요로 하는 처치를 말한다「응급의료에 관한 법률」 제2조 제3호. 위에서 살펴본 바와 같이 응급처치의 목적은 갑자기 사고를 당하거나 재해, 질병 등으로 인하여 환자가 발생했을 때 환자의 생명을 유지 보전하고, 2차적 손상을 예방하기 위해 환자가 치료를 받기 전까지의 즉각적이고 임시적인 조치이다. 즉, 응급처치는 응급 상황에 대처하는 처치자의 신속, 정확한 행동 여부에 따라서 환자의 삶과 죽음이 좌우되기도 하며 회복기간에도 영향을 미치게 된다(김일옥 · 이정은 · 박현정, 2016).

응급 상황은 언제 어디서나 일상생활에서 발생할 수 있다. 더구나 유아들이 있는 유아교육기관의 영유아들은 신체조절능력과 사고판단능력이 미숙하기 때문에 예기치 못한 안전사고나 긴급 상황을 일으킬 수 있는 가능성이 크다. 따라서 영유아를 돌보는 경우에 응급 상황이 발생했을 때 교사가 응급처치에 대한 지식이 부족하거나 당황하여 효과적으로 대처하지 못하면 상태가 악화되어 치명적인 결과를 초래할 수 있다. 그러므로 교사들은 안전사고 시 대처하기 위한 응급처치에 대해 숙지하고 익숙하게 처리할 수 있어야 한다.

(1) 응급처치 시 기본 사항

영유아 안전사고 발생 시 응급처치 상황에서 가장 중요한 것은 교사 스스로 침착함을 유지하는 것이다. 교사가 당황하면 최선의 응급처치를 못 할 수도 있고, 사고를 당한 영유아를 포함한 전체 영유아들이 불안해 할 수 있기 때문이다. 따라서 차분하게 사고를 당한 영유아의 부상 정도와 원인을 파악하여, 신속하고 정확하게 사고 상황에 적절한 응급조치를 해야 할 것이다(김영실 · 윤진주 · 김정주, 2015).

① 응급 연락처 비치 및 역할 분담하기

- 응급 상황 발생 시 가장 빨리 도움을 받을 수 있는 지정 병원**소아과, 정형외과, 성형외과, 치과 등**의 연락처, 경찰서, 소방서 등의 전화번호를 손쉽게 찾을 수 있도록 준비한다.
- 응급 상황 시 교사의 역할을 분담해 둔다. 1차적 응급조치하기, 보호자에게 연락하기, 영유아 안정시키기 등으로 미리 분담되어 있어야 한다. 특히, 영유아를 편안하게 해주는 것이 처치자가 제공할 수 있는 매우 중요한 부분이므로 영유아가 가장 편안해 하는 교사가 1차적 응급조치를 하는 것이 필요하다.

② 영유아의 개인 정보와 부모의 비상 연락처 확인하기

- 학기 초에 영유아의 개인 정보**특정 치료약, 음식 등에 대한 알러지 반응 등**와 영유아 개인별 특이사항 등 정보를 알아둔다.
- 부모와 연락이 되지 않을 때를 대비하여 부모 다음으로 부모의 역할을 대신해 줄 수 있는 친지의 연락처 등을 준비해 둔다.

③ 응급처치에 관한 지식과 기술 숙지하기

- 응급 상황 발생에 대비하여 교사들은 구체적인 응급처치법을 정기적으로 교육받도록 한다.
- 교육 이수 후에 모의 상황을 만들어 실제적인 응급처치방법을 익히도록 한다.

④ 구급상자 준비 및 관리하기

- 직사광선이 닿지 않는 곳, 습기가 없는 곳, 신선한 곳, 영유아의 손이 닿지 않는 곳에 보관한다.
- 구급상자는 교사가 쉽게 찾아서 활용할 수 있는 곳에 두어야 하며, 사용 후에는 반드시 지정 장소에 두도록 한다.
- 한 학기에 한 번씩 내용물을 점검하여 유효기간을 확인하고 새 것으로 보충하며 날짜를 기록해 둔다.
- 냉장 보관이 필요한 약제해열제(좌약), 시럽제와 얼음주머니 등는 냉장고에 보관하고, 냉장고 문에 보관되어 있는 약제의 이름과 용법 등을 기록하여 붙여둔다.
- 현장견학, 산책 등 실외활동을 할 경우에 교사는 간단하게 응급처치를 할 수 있는 구급약을 작은 가방구급낭에 넣어 반드시 휴대한다.

표 5-2 구급상자에 준비할 구급용품 및 약품

의료용 재료	바르는 약	먹는 약
• 붕대, 거즈, 소독솜, 삼각붕대, 탄력붕대 • 가위, 칼, 핀셋, 면봉, 족집게, 반창고 • 설압저, 체온계 • 일회용 장갑, 일회용 밴드 • 각종 부목, 얼음주머니, 소형 전등 • 쿠션(다리를 올려놓는 용도)	• 상처용 소독약 • 상처용 외용연고 • 화상용 바세린 거즈 • 생리식염수 • 벌레 물린 데 바르는 약 • 안연고	• 해열제(아스피린 제외) • 소화제 • 진통제 • 어린이용 설사약

(2) 응급처치의 일반적인 순서

응급환자가 발생하면 우선 처치자는 다음에 대한 신속한 판단을 내릴 수 있어야 한다(김일옥 · 이정은 · 박현정, 2016).

① 무엇을 관찰할 것인가?

일단 환자를 발견한 사람은 주변 상황이 안전한가를 살피고 환자가 가장 고통스러워하는 곳을 중심으로 상태를 파악하고 손상 발생 경위를 알아본다.

② 무엇을 해야 할 것인가? 무엇을 하지 말아야 할 것인가?

- 우선 의식 유무, 호흡 및 맥박, 기도 유지상태를 파악한다.
- 1차 관찰 중 발견되는 생명을 위협하는 상태나 심한 출혈이 있는 경우는 반드시 응급처치를 하고 나서 그 다음 단계를 조치한다.

③ 어떻게 처치할 것인가?

- 호흡정지나 심정지 환자의 처치는 즉각적으로 이루어지도록 구급차를 부르며 부상자의 기도 개방, 호흡과 순환을 확인하는 환자 평가를 계속 실시하며 응급처치를 해야 한다.
- 일반적인 상처나 사고일 경우에는 상황별 사례에 맞는 응급처치를 한다.

(3) 심폐소생술

심폐소생술CPR : Cardiac Pulmonary Resucitation은 심장마비나 그 밖의 사유로 심장과 폐의 활동이 멈췄을 때 심장, 뇌, 그 밖의 장기에 산소를 공급하는 것이다. 환자의 의식상태를 파악하고 도움을 요청한 후 심장박동이 없거나 호흡이 없을 때 시행한다.

① 호흡과 맥박 확인

2015년 한국 심폐소생술 지침에서 개정된 것은 119 신고 후 환자의 호흡을 확인하는 것이다. 심정지 환자의 반응을 확인하면서 호흡을 확인하는 것이 아니라 반응 확인 및 119 신고 후에 환자의 호흡을 확인하는 것으로 변경되었다. 이 내용의 변화는 호흡의 확인과정이 매우 어려우며, 특히 심정지 호흡이 있는 경우 심정지 상황에 대한 인지가 늦어져 가슴압박의 시작이 지연되기 때문이다. 심정지 호흡은 심정지 환자에게서 첫 수 분간 흔하게 나타나는데, 호흡의 빈도가 적으면서 하품을 하듯이 깊게 숨을 들이쉬는 것처럼 보이는 경우가 흔하다. 이러한 심정지 호흡의 징후를 놓치게 되면, 심정지 환자의 생존 가능성은 낮아지기 때문에, 신고자는 119 응급의료 전화상담원의 도움을 받아 이를 확인한다.

전문적인 교육을 받지 않은 일반인이 심정지 환자의 맥박을 확인하는 것은 정확도가 떨어지기 때문에 시행하지 않으며, 환자의 반응이 없고 호흡이 없거나 비정상적인 경우에는 심폐소생술을 바로 시작하는 것이 바람직하다.

② 심폐소생술 권고사항

일반인 구조자는 가슴압박소생술을 권고하고 있다. 가슴압박소생술이란 심폐소생술 중 인공호흡은 하지 않고 가슴압박만을 시행하는 방법이다. 일반인이 환자를 목격하게 되는 심정지 초기에는 가슴압박소생술을 한 경우와 심폐소생술인공호흡과 가슴압박을 한 경우에 생존율의 차이가 없으며, 가슴압박만 시행하더라도 심폐소생술을 전혀 하지 않은 경우보다 생존율을 높일 수 있다고 알려져 있다. 더구나 일반인은 심폐소생술 교육을 받은 후에도 인공호흡을 정확히 수행하지 못하는 경우가 많고, 인공호흡하기를 꺼려 하여 심폐소생술을 아예 시도하지 않는 경우도 보고되고 있다. 가슴압박소생술의 생존율 기여 효과에 대한 과학적 근거와 우리나라의 낮은 심폐소생술 보급률을 고려하여, 2015년 한국 심폐소생술 지침에서 일반인 구조자는 가슴압박소생술을 하도록 권고하였다.

③ 자동심장충격기

심장 정지가 갑자기 발생할 경우 보통 4분이 지나면 뇌 손상이 오고 10분 이상이 경과되면 뇌 손상이 심각해지거나 뇌사상태에 빠지게 된다. 최초 응급처치가 환자의 소생 여부를 결정짓게 되는 셈인데, 심장 기능이 정지하거나 호흡이 멈추었을 때 심장 박동을 정상화하기 위해 전기 충격을 가하여 쓰는 의료 장비를 일컬어 자동제세동기AED : Automated External Defibrillator라고 한다(다음 백과). 그러나 이름이 어려워서 최근에는 자동심장충격기로 명칭을 바꿔 쓰고 있어 여기에서는 자동심장충격기로 쓴다.

심정지는 전기충격제세동이 가능한지 여부에 따라 크게 두 가지로 나뉘게 된다. 하나는 심실세동 등의 충격 가능 리듬이고, 다른 하나는 충격 불가능 리듬이다. 이 두 가지를 구분하기 위해서는 심전도에서 나타나는 심장 리듬을 분석하여야 하는데, 이를 분석하여 충격 가능 리듬인지제세동이 필요한지 충격 불가능 리듬인지제세동이 불필요한지 알려 주고, 필요하면 바로 전기충격을 시행할 수 있는 장비가 바로 자동심장충격기이다(다음 백과).

즉, 자동심장충격기는 심실세동심장의 박동에 의해서 심실의 각 부분이 불규칙적으로 수축하는 상태환자들에게 극히 짧은 순간에 강한 전류를 심장에 통과시켜서 대부분의 심근에 활동 전위를 유발하여 심실세동이 유지될 수 없도록 함으로써 심실세동을 종료시키고, 다시 정상적인 전기활동을 할 수 있도록 유도하는 것이다. 따라서 심폐소생술 교육을 받지 않은 일반인도 사용할 수 있으며, 주변에 심정지 환자가 발생한 경우 적극적으로 사용하여야 한다. 「응급의료에 관한 법률」 제47조의 2**심폐소생을 위한 응급 장비의 구비 등의 의무**에 해당하는 설치 의무 대상 공공기관이나 다중이용시설에는 반드시 비치되어 있어야 한다.

(4) 기도 폐쇄

기도 폐쇄는 이물질**혈액, 음식물, 구토물 등**이나 혀 또는 후두개가 이완되어 기도가 막히는 현상이다. 기도 폐쇄의 증상으로는 두 손으로 목 부분을 쥐면서 기침을 하거나, 목 부분에서 심한 천명음**'쌕~쌕~'하는 소리**이 들리거나, 얼굴이 파랗게**청색증** 변하기도 한다.

대개 기도가 완전히 폐쇄된 경우에는 3~4분 이내 의식을 잃게 되고, 4~6분이 경과하면 뇌세포의 영구적인 손상이 발생하여 생명이 위험에 빠질 수 있으므로 빠른 시간 내에 응급처치를 시행해야 한다.

표 5-3 영아 기도 폐쇄 응급처치(하임리히법) 실시방법

구분	방법	
① 자세 취하기 및 119 신고요청	• 주변에 119 신고를 요청한다. • 영아의 얼굴이 오른쪽으로 향하도록 영아를 자신의 팔 위에 올려놓고, 손으로 영아의 머리와 경부가 고정되도록 잡는다. • 다음에는 다른 팔을 이용해 영아의 얼굴이 아래로 향하도록 뒤집어서(돌려서) 턱을 잡은 손으로 영아를 떠받친다.	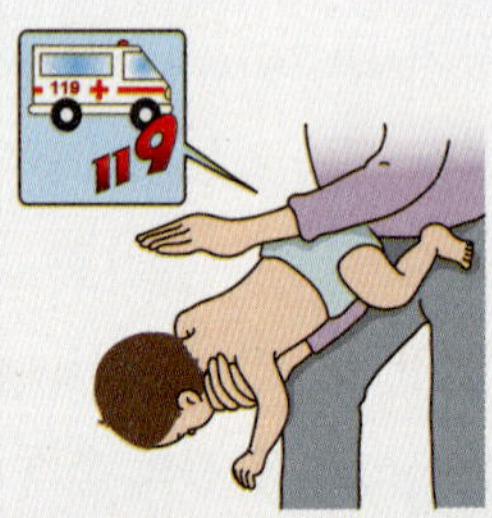
② 등 두드리기 5회	영아의 머리를 가슴보다 낮게 하고, 영아를 안은 팔을 허벅지에 고정시킨 뒤 손바닥으로 영아의 어깨죽지 사이(견갑골)를 5회 두드린다.	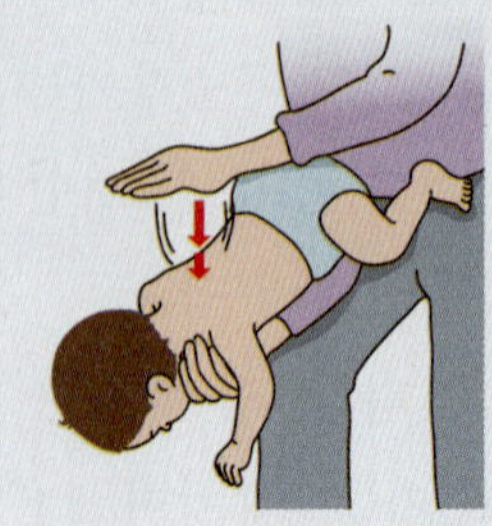

구분	방법	
③ 흉부 압박 5회	• 영아의 등을 받치고, 머리를 가슴보다 낮게 하여, 영아를 안은 팔을 무릎 위에 놓는다. • 영아의 유두 사이에 가상선을 긋고, 검지와 중지를 흉골에 올려놓고(심폐소생술과 비슷하나 속도는 조금 천천히 처치) 분명하고 확실하게 5회의 압박을 시행한다(압박 시 손가락은 가슴에서 떼지 않는다).	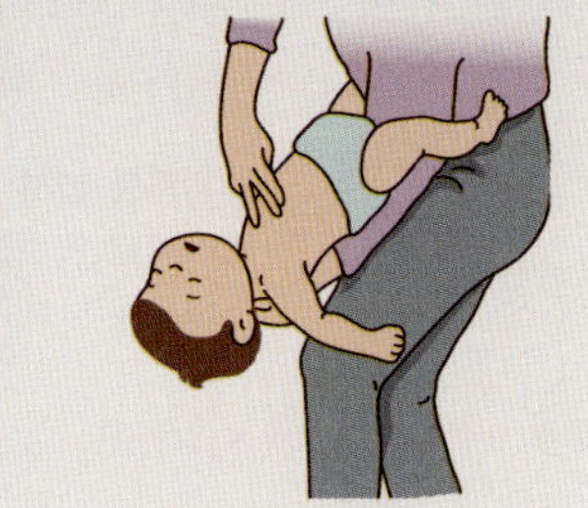
④ 입 안의 이물질 제거	• 영아의 구강 내 이물질을 확인하여 제거한다(손에 닿지 않은 이물질은 일부러 제거하지 않는다). • 영아가 의식을 잃거나, 이물질이 배출되거나, 힘차게 숨을 쉬거나, 기침을 할 때까지 계속 반복 실시한다(119 구급대원이 도착할 때까지 위의 과정을 반복 시행한다).	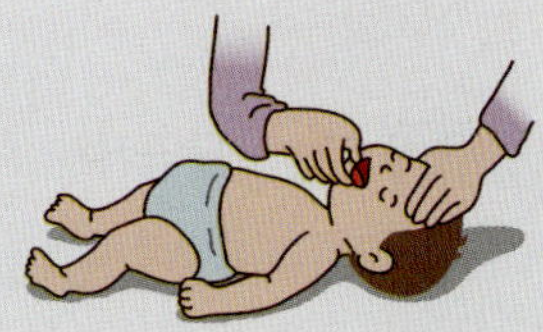

* 영아 : 1세 이하, 혹은 2세라도 체중이 10kg 이하인 경우

표 5-4 소아(성인) 기도 폐쇄 응급처치(하임리히법) 실시방법

구분	방법	
① 상태 확인 및 119 신고 요청	환자가 숨쉬기 힘들어 하거나 목을 감싸 괴로움을 호소할 경우 기도 폐쇄로 판단하고 주변에 119 신고를 요청한다.	
② 하임리히법 실시(의식이 있는 경우)	• 환자의 등 뒤에 서서 주먹을 쥔 손의 엄지 손가락 방향을 배 윗부분에 대고 다른 한 손을 위에 겹친다. • 환자의 배꼽에서 명치 사이의 배 부위를 두 손으로 위로 쓸어 올리듯 강하게 밀어 올려서 이물을 제거한다. • 이물질이 밖으로 나왔는지 확인한다(임신한 여성이나 비만이 심한 사람의 경우 가슴부위를 밀어낸다).	

구분	방법	
③ 하임리히법 실시(의식이 없는 경우)	환자를 눕혀 놓고 명치와 배꼽 사이에 손바닥으로 강하게 밀어 올린다(손바닥의 손목 부분을 복부에 밀착시킨다).	

출처 : 중앙응급의료센터(http://www.e-gen.or.kr).

표 5-5 일반적 응급처치

의식이 없는 경우 처치	의식이 있는 경우 처치
• 의식이 없는 영유아는 공기가 통하는 길(숨통)이 막혀 있는 경우가 많으므로 숨통 확보를 위해 수평으로 반듯하게 눕게 한다. • 안색이 창백할 때는 발쪽을, 붉을 때는 머리 쪽을 높인다. • 머리가 부딪쳤을 때는 수평으로 반듯이 눕히거나, 머리를 약간 높인다. • 구토가 있을 때는 토한 것 때문에 질식하는 경우가 있으므로 옆으로 눕힌 혼수체위로 한다. **[혼수체위]** • 오른쪽 팔다리를 뻗치고 왼쪽 무릎은 90도 이상 힘껏 굽힌다. 그리고 왼쪽 어깨와 허리에 손을 대어 앞쪽으로 밀어서 몸을 옆으로 눕힌다. • 오른팔 위에 머리를 얹고 왼손의 손등으로 턱을 고인다. • 안정과 보온에 유의한다. • 물 같은 마실 것을 주어서는 안 된다.	• 교사는 침착하게 영유아를 격려하고 안심시킨다. • 영유아가 가장 편한 자세를 취하게 한다. • 안정시키고 보온에 유의한다. **[보온시키는 방법]** • 전신을 모포 등으로 덮어준다. • 젖은 옷가지는 갈아입힌다. • 영유아에게 상처나 혈액, 구토물을 보이지 않게 한다. • 물은 원칙적으로 주지 않고, 줄 필요가 있을 경우라도 한꺼번에 많은 양을 마시게 해서는 안 된다. − 물을 몹시 원할 때는 컵의 1/3 정도를 스푼 등으로 떠서 주고, 구토증 등 상태를 보아 가면서 간격을 두고 또 1/3가량을 준다. − 예외로서 일사병, 열사병, 심한 설사 등에 의한 탈수상태, 화상 등에는 주의하면서 오히려 대량으로 수분을 취하게 할 필요가 있다. • 머리를 부딪쳤을 때는 반듯하게 바로 눕히거나 아니면 머리 부분을 약간 높여준다. • 안색이 창백할 때는 발을 높게 한다. • 안색이 붉을 때는 머리 부분을 높게 한다.

출처 : 이규섭 · 이규래(2005).

(5) 구조 요청하기

구조를 요청할 때는 사고 상황을 간단하게 설명하여 필요한 응급처치의 지시를 받을 수 있다. 병원으로 동행한 교사는 응급처치 상황에 필요한 여러 가지 서류를 준비하여야 하며, 의사에게 사고에 대한 정보를 자세히 설명해준다(이규섭 · 이규래, 2005).

- 국번 없이 119로 전화를 건다.
- 연결이 되면 '응급입니다'라고 말하고 아래의 사항을 분명히 말한다.
  - 구급차가 가야 할 장소와 그 목표물**몇 층, 몇 호실, 주위의 특별한 건물, 주소 등**
  - 전화를 건 사람의 성명
  - 사고의 내용**언제, 어디서, 어떻게 해서, 어떤 상태인가 등**
  - 환자의 성별, 용태, 수 등
- 구급차가 도착할 때까지 필요한 준비
  - 필요한 응급조치는 계속 한다.
  - 가족에게 연락을 한다.
  - 야간에는 손전등의 불빛으로 구급차를 유도한다.
- 구급차가 도착하면
  - 구급차가 도착하기까지 환자의 상태와 그 간의 처치 내용을 말한다.
  - 영유아가 지병이 있는 경우 평소 다니던 병원과 주치의의 이름을 말한다.

2) 영유아를 위한 상황별 응급처치

영유아를 위한 상황별 응급처치는 '어린이 안전넷', '중앙응급의료센터', 김영실 · 윤진주 · 김정주(2015), 김일옥 · 이정은 · 박현정(2016), 박은혜 · 조혜선 · 이성희 · 황보영(2015), 이기숙 · 장영희 · 정미라 · 윤선화(2014)의 응급처치 내용을 참고하여 재구성하였다.

(1) 상처가 났을 때

① 긁힌 상처(찰과상)

넘어지거나 길을 가다가 벽 등에 닿아서 마찰로 인해 피부나 진피의 일부가 긁힘으로써 벗겨져 쓸려서 생기는 상처이다. 상처 부위는 조직액이 스며 나오며 쓰라린 통증이 있다. 찰과상은 표피만의 상처 정도 가벼운 것이면 기관에서 응급처치로도 충분하다. 그러나 초기에 잘 조치하지 않으면 병균 등에 감염될 우려가 있으므로 아래의 방법으로 조치한다.

- 흙이나 더러운 것이 묻었을 때, 또는 출혈이 있는 부위를 흐르는 깨끗한 물로 씻어준다.
- 옥시풀 등으로 상처를 소독한다 과산화수소 등은 피부 조직이 손상될 수 있으므로 피한다.
- 항생 연고를 바른 후 청결한 거즈를 댄 후 반창고로 고정시킨다 상처 자리에 탈지면을 대어주면 나중에 떼어 내기 어려우므로 탈지면은 상처에 직접 대지 않는 것이 좋다.

② 찔린 상처(자상)

예리하고 가는 물건 못, 나무의 가시, 부러진 나무 조각, 바늘, 철사 등에 의해 찔린 좁고 깊은 상처를 말한다. 상처 부위를 보기 힘들며 즉시 출혈이 있지 않으므로 상처 부위를 깨끗하게 하기 힘들다. 가볍게 찔렸을 때는 간단하게 응급처치를 할 수 있으나, 길이가 긴 조각이 박혔을 때는 주위의 피부까지 손상시키거나 파상풍을 일으킬 수 있기 때문에 병원에 가서 치료하는 것이 필요하다. 찔린 상처에 대한 응급처치는 다음과 같다.

- 비교적 가볍게 찔렸을 경우에는 소독한 핀셋이나 족집게로 간단하게 제거한다.
  - 박힌 조각의 끝이 남아 있으면 바늘 끝으로 피부를 파헤쳐서 한쪽 끝을 나오게 하여 핀셋으로 박힌 조각을 빼어낸다. 이때 얼음 조각을 조금 얹어 두었다가 바늘로 헤치면 통증을 조금 덜어 줄 수 있다.
- 옥시풀 등으로 상처를 소독한다 과산화수소 등은 피부 조직이 손상될 수 있으므로 피한다.
- 항생 연고를 바른 후 청결한 거즈를 댄 후 반창고로 고정시킨다.

③ 멍이 든 상처(타박상)

폐쇄성 손상으로 피부에 둔한 흉기 등으로 외상을 받은 상태를 말한다. 유아교육기관에서 가장 많이 접하기 쉬운 타박상멍이 든 상처에 대한 응급처치는 다음과 같다.

- 팔다리의 가벼운 타박으로 피부에 상처가 없을 때는 환부를 찬 물수건으로 습포하면 통증이 경감된다.
- 피부에 상처가 있을 때는 상처 부위를 흐르는 물로 잘 씻고 옥시풀 등으로 소독한다과산화수소 등은 피부 조직이 손상될 수 있으므로 피한다.
- 청결한 거즈를 댄 후 반창고로 고정시킨다.
- 상처 부위를 상승시키고 얼음 주머니를 대준다. 혈액 순환상태를 자주 점검한다.
- 상처가 있거나 부기가 심해지는 경우에는 빨리 정형외과로 가도록 한다.

④ 베인 상처(절상)

날카로운 칼이나 종이 등으로 베인 상처는 먼저 지혈시킨 후 상처를 소독한다. 그러나 깊은 상처인 경우에는 지혈시킨 다음 병원으로 가는 것이 바람직하다.

- 얕은 상처의 응급처치
  - 거즈를 대고 가볍게 압박하여 지혈한다. 보통 2~3분이면 지혈된다.
  - 소독약으로 소독하고 거즈를 댄 후 반창고를 붙이거나 붕대를 감는다.
- 깊은 상처의 응급처치
  - 거즈나 깨끗한 천 등을 대고 상처 부위를 세게 압박하여 지혈한다.
  - 상처를 압박한 채 상처부위를 심장보다 더 높게 한다.
  - 출혈이 심한 경우에는 지압점을 찾아 압박한다.
  - 거즈 위를 붕대나 삼각건 등으로 고정시킨 후 곧바로 병원으로 간다.
  - 상처가 개방되어 있는 경우 봉합을 해야 한다. 그러므로 벌어진 상처에 연고를 바르면 봉합해도 잘 붙지 않으므로 상처가 개방된 경우에는 연고를 바르지 않는다.

(2) 열이 날 때

영유아에게 가장 많이 나타나는 증상이다. 발열은 감염에 의한 경우가 대부분이지만, 일사병, 탈수증에 의해서도 일어난다. 정상 이상의 체온은 급성질환이 있거나 급성질환이 임박함을 나타내는 가장 중요한 징후의 하나이다. 영유아들은 고온을 견딜 수 있지만 소수 영유아의 경우 열로 인해 발작열성 경련이 일어날 수 있다. 발작을 초래하는 것은 온도 자체라기보다는 체온의 급상승이다. 영유아가 저체온증이 되지 않도록 하면서 냉각시키는 것이 중요한 처치의 목표이다.

- 영유아의 옷을 벗긴다. 만약 옷 벗는 것을 싫어한다면 얇은 옷이나 속옷을 입게 한다.
- 온 몸에 갑자기 열이 날 때는 이마에 냉찜질을 해주고, 미지근한 물을 적신 수건으로 겨드랑이나 등을 마사지하여 식혀준다.
- 손 · 발이 차고 머리와 가슴 부분만 열이 나는 경우에는 해열제를 먹이고 담요를 덮어서 땀을 내도록 한다. 열이 38℃ 이상일 때는 해열제를 먹일 수 있으나 가능한 의사의 처방이 없는 해열제는 투약하지 않는 것이 좋다.
- 경련이 없는지 확인하고 저체온을 방지한다. 경련이 시작되면 체온을 떨어뜨리는 행위는 중지하고 영유아를 가벼운 담요로 덮어준다.
- 의식이 있다면 구강으로 물을 주거나 얼음을 물고 있게 한다. 탈수를 예방하기 위한 것이 아니라 안정시키기 위함이다.
- 미열은 치명적이거나 심각한 문제를 의미하는 고열로 변할 수 있다. 영유아를 만졌을 때 따뜻하거나 뜨겁게 느껴지면 병원에 가는 것이 좋다. 환자의 체온이 극도로 오르지 않도록 보호하면서 경련이 있다면 가능한 빨리 전문가의 처치를 받도록 한다.
- 영유아의 체온을 떨어뜨리기 위해서 얼음물이나 알코올로 몸을 문지르지 않는다.
  - 약을 주거나 체온을 재기 위해 잠을 자는 영유아는 수면이 더 중요하므로 깨우지 않는다.

(3) 저체온증일 때

저체온증은 35℃ 이하의 아주 낮은 체온으로서 극단적인 경우 생명이 위험하다.

옷이 젖어 있을 때, 바람에 노출되었을 때, 차가운 물속에 잠겼을 때 더 빨리 열을 잃는다. 특히, 영유아들은 몸에 비해 넓은 체표면을 가지고 있기 때문에 차가운 기후와 찬물에 노출되면 어른보다 쉽게 저체온증이 될 수 있다. 저체온증은 영유아를 따뜻하게 보온하는 것이 중요하므로 더 이상 신체의 열손실이 없도록 영유아를 덮어준다. 머리는 열손실이 일어나는 주요한 부위이므로 머리를 덮는 것에 특별히 주의해야 한다.

그리고 쇼크 상태에 빠졌는지 영유아를 관찰하면서 영유아가 어지러워하고 기절을 하거나 피부가 창백하고 차가우며 축축하게 변하는지, 빠르고 얕은 호흡, 빠르고 약한 맥박이 되면 쇼크에 대한 처치를 한다.

- 영유아를 따뜻한 실내로 데리고 들어간다.
- 젖은 옷을 벗기고 영유아가 잠들지 않도록 자극을 준다.
- 따뜻한 담요나 천으로 영유아를 감싸고 머리에 모자를 씌운다.
- 뜨거운 물병이나 히팅 패드로 몸통을 데워주고 교사의 몸과 밀착하여 영유아를 따뜻하게 해 준다.

(4) 화상을 입었을 때

화상은 흔한 소아 외상으로서 화재나 뜨거운 증기, 기름, 물, 주방기구, 화학약품, 전기 등에 의해 발생한다. 화상은 손상의 정도에 따라 다음과 같이 분류한다.

- 1도 화상 : 피부 표피층에 화상을 입은 경우로 피부는 붉게 변하나 수포는 없다.
- 2도 화상 : 피부 표피층이 완전히 손상되고 내피층까지 손상을 입은 경우로 수포가 생기고 통증이 심하다.
- 3도 화상 : 모든 피부층은 물론 피하지방과 근육층까지 손상된 심한 화상으로 피부색은 회백색이나 검은색을 띠고 신경이 손상된 경우 감각이 마비된다.

화상의 원인에 따른 응급처치법은 다음과 같다.

① 열에 의한 화상

찬물이나 물수건으로 30분 이상 식혀주고, 영유아들은 화상 부위를 찬물에 10분

이상 담그지 않는다.

- 차가운 흐르는 물로 10분 정도 상처의 열을 식힌다입고 있는 옷을 억지로 벗기지 말고 떨어지지 않는 옷은 떼지 말고 그대로 식힌다.
- 흐르는 수돗물로 상처를 식힐 때 물줄기가 너무 세면 상처에 흠집이 생기므로 물을 약하게 한다.
- 소독된 거즈나 손수건으로 상처 부위를 넓게 덮어준다.
- 상처에 크림이나 로션 등은 절대로 발라 주지 않는다. 이러한 것들은 살균되어 있지 않아 감염의 위험이 있고 열기를 내보내지 못해 상처를 악화시킨다.
- 물집은 세균에 감염을 일으키므로 임의대로 터트리지 않도록 하여 감염을 예방한다.
- 부어오르기 전에 반지, 팔찌 등 신체에 있는 장신구는 제거한다.

② 전기에 의한 화상

영유아들은 전기 플러그에 젓가락이나 금속성 장난감을 꽂다가 감전되거나 전깃줄을 만져 감전되는 경우가 있다. 특히, 전기에 의한 화상은 손상 부위가 좁고 깊기 때문에 화상을 입은 부위가 반대편까지 이어져 있는지 유심히 살펴본다.

- 전류를 멈추게 하기 위해 퓨즈 박스에서 퓨즈를 제거하거나 플러그를 뽑는다.
- 전류를 멈추게 할 수 없으면 빗자루, 의자, 깔개 고무 발판과 같은 부도체를 이용해서 영유아가 전원으로부터 떨어지도록 밀어낸다젖어 있거나 금속인 물건은 절대 사용하지 않는다. 가능하면 깔개, 신문 등 건조한 부전도체 물건 위에 서서 한다.
- 화상 입은 곳에 통증이 계속될 경우, 깨끗하고 건조하며 보풀이 일지 않는 붕대로 화상 부위를 싼다.
- 손과 발에 화상을 입었다면 천이나 거즈를 손가락, 발가락 사이에 끼워 서로 닿지 않도록 한다. 그런 다음 깨끗한 붕대로 손과 발을 느슨하게 싸준다.

③ 불에 의한 화상

- 영유아 몸에 불이 붙어 타고 있으면 가능하면 물을 끼얹거나 모직이나 면직으로 된 덮개, 담요, 코트 등으로 덮는다합성섬유가 아닌 물질로 한다.

- 영유아를 평평한 곳에 눕히고 굴린다.
- 불을 끄면 차가운 물로 통증이 감소될 때까지 화상 부위를 씻어 낸다.
- 얼굴과 같이 물에 담글 수 없는 부위일 경우, 젖은 수건이나 옷으로 화상 부위를 덮어 식힌다.
- 깨끗하게 건조된 보풀이 없는 붕대로 화상 부위를 덮어 준다.
  - 화상 부위가 손이나 발일 경우 손가락이나 발가락 사이에 천이나 거즈를 끼워서 서로 떨어뜨려 놓는다. 그런 다음 깨끗한 붕대로 손과 발을 느슨하게 싸준다.
- 화상의 정도가 가벼운 경우에는 24~48시간 동안 감염의 증후가 있는지 화상 부위를 관찰한다발적이 커지거나 부종, 통증 등.

(5) 경련을 할 때

경련은 인플루엔자와 같은 바이러스 감염에 의해 체온 상승으로 발생하는 것이 일반적인 경우이다. 발열은 영아와 소아 경련의 가장 흔한 원인이다. 영유아가 경련을 일으킬 때의 응급처치는 경련을 멈추도록 하는 것이 아니라, 경련 중에 상처를 입지 않도록 도움을 주는 것이다.

경련의 증상은 멈출 수 없는 몸의 움직임이 있고, 입에서 거품이 나오거나 눈이 뒤로 넘어가는 경우가 있으며, 간혹 대 · 소변의 실수를 하기도 하고, 심한 경우에는 의식을 잃는 경우도 있다. 이때 교사는 무엇보다 침착해야 한다. 대부분의 경련은 5~10분 이내에 멈춘다. 따라서 영유아의 움직임을 억제하지 말고, 입을 강제로 열어 영유아의 혀를 잡으려고 시도하지 않는다. 그러나 경련이 10분 이상 계속될 경우, 영유아에게 경련이 처음 일어났거나 경련이 멈추었거나 다시 시작된 경우, 구급대를 부른다. 경련이 시작되면 다음의 방법대로 처치한다.

- 필요하다면 안전한 위치로 눕힌다.
- 영유아의 웃옷의 단추를 풀러주고, 허리 부분의 옷을 느슨하게 해 준다.
- 영유아가 혀를 물지 않도록 젓가락이나 숟가락에 거즈나 수건을 감아서 입 옆으로 집어 넣어 이와 이 사이에 물린다당황해서 손가락을 넣으면 다치기 쉬우므로 피한다.
- 구토를 할 경우 질식되는 것을 막기 위해 영유아 고개를 옆으로 돌려서 토한

것이 기도로 넘어가지 않도록 한다.

- 경련을 멈추고 고열이 있으면 찬물로 몸을 여러 번 닦아 열을 내린다.

(6) 염좌, 탈구, 골절이 있을 때

① 염좌(삐었을 때)

염좌는 관절 주위의 인대나 조직이 갑자기 뒤틀렸을 경우 발생하는 손상으로 흔히 삐었다고 하는 것이다. 부상자가 가장 편안한 자세로 관절을 지탱해 주고 손상받은 부분을 높게 해 준다. 처치방법은 다음과 같다.

- 편한 자세로 쉬게 한다.
- 가능하면 혈류를 느리게 하고 부종을 감소시키기 위해 손상받은 부위를 심장보다 높은 위치로 상승시킨다.
- 부종과 통증을 감소시키기 위해 10~15분 동안 냉찜질을 해준다. 부종이 다시 있을 경우, 부종이 감소될 때까지 20~30분간 냉찜질을 해 준다.

② 탈구

탈구는 관절에서 원래 있던 뼈가 빠져 나가는 것으로 어깨, 팔꿈치, 손가락, 턱 등에 발생할 수 있다. 영유아의 경우에는 외상 없이 외부적인 힘에 의해, 즉 영유아의 팔을 잡아 당겨 어깨 탈구가 흔히 발생한다. 탈구가 되었을 때는 관절을 움직일 수 없고 탈구된 부위에 심한 통증이 동반된다. 따라서 탈구와 골절을 구별하기 힘들 때의 처치는 골절과 같은 처리를 한다.

- 베개나 쿠션을 사용하여 영유아를 가장 편한 자세로 유지해 준다.
- 붕대나 삼각 붕대로 고정시켜 움직이지 않도록 하여 골절이나 삔 경우처럼 응급처치를 하여 병원으로 데려간다.

③ 골절

골절은 뼈가 부러지는 것으로 뼈의 주위 피부가 찢어지지 않은 폐쇄성 골절과 피부 표면에 상처가 나거나 깨진 뼈가 피부를 뚫은 경우의 개방성 골절로 나눌 수 있다. 영유아의 경우 자신의 증상을 정확하게 표현하지 못하거나 영유아 골절의 특징은 불완전 골절로 이러한 증상이 나타나지 않을 수 있으므로 주의를 요한다. 골절인 경우 일반적 치료 원칙은 다음과 같다.

- 골절된 영유아를 함부로 옮기거나 다친 곳을 건드려 부러진 뼈 끝이 신경, 혈관 또는 근육을 손상시키거나 피부를 뚫어 복합 골절이 되게 하는 일이 없도록 조심한다.
- 골절 부위에 출혈이 있으면 직접 압박법으로 처치한 후 깨끗한 붕대로 상처를 감싼다.
- 둔부, 골반, 허벅지에 손상을 입고 구급차를 기다리는 중이라면 수건, 담요 또는 옷을 말아 양쪽 다리 사이에 놓아 손상된 부분을 고정시킨다. 영유아가 다리를 움직이지 않도록 한다.
- 영유아가 불쾌해하면, 통증과 부종을 감소시키기 위해 손상 부위에 차가운 것 얼음주머니을 대준다.

(7) 벌, 동물, 뱀에게 물렸을 때

① 벌에 쏘인 경우

영유아들은 야외 활동소풍, 야외 견학을 하는 동안 단 음료를 먹는 경우가 많아 벌들의 표적이 될 수 있다. 벌에 쏘였을 때 가벼운 증상은 약간의 통증과 물린 부위에서 2.5~5cm가량의 부종이 24~48시간 동안 남아 있다. 그러나 심한 경우는 가려움증을 동반하거나 두드러기, 호흡 곤란 등이 있으므로 영유아의 호흡을 관찰하고 맥박을 점검한다. 가벼운 증상의 응급처치는 다음과 같다.

- 꿀벌에 쏘였을 경우에는 벌침을 제거한다. 벌침을 잡기가 어려우면 플라스틱 카드 등으로 부드럽게 눌러 밀어서 침을 빼낸다.
- 비누와 미지근한 물로 쏘인 부위를 씻는다. 불쾌감을 완화시키기 위해 상처 부위에 칼라민 로션을 약간 두드려 발라 준다.
- 쏘인 부분에 깨끗하고 차가운 수건 또는 깨끗하고 습기 있는 붕대로 덮어 주어 부종과 불쾌감을 완화시킨다.

② 동물에 물린 경우

구멍이 난 상처일반적으로 사람이나 개, 고양이에게 물렸을 경우는 감염의 위험이 높다. 물린 곳은 정상적인 조직까지 손상시킬 수 있으므로 알코올이나 과산화수소로 소독하지 않는다.

- 비누와 흐르는 미지근한 물로 5~10분 동안 깨끗이 씻어낸다.
- 깨끗한 붕대로 물린 부분을 감싼다.
- 물린 곳에 피가 많이 날 경우, 깨끗하고 건조한 천으로 피가 멈출 때까지 압박해 준다.
- 영유아에게 상처를 입힌 개나 고양이를 동물병원으로 데리고 가서 광견병의 유무를 확인하고 영유아도 예방 주사를 맞을 것인지 결정한다.

③ 뱀에 물린 경우

뱀에 물렸을 때는 피부에 한 개 또는 두 개의 송곳니 자국이 있으며, 물린 자리가 화끈거리고, 부종이 있으며 변색된다. 독사의 경우 독액이 혈류에 들어갔을 경우에는 오심, 구토가 일어나고 쇼크 상태로 진행된다축축한 피부, 빠르고 얕은 호흡, 빠르고 약한 맥박.

특히, 유아교육기관에서 자연관찰 등 야외 활동이 증대되고 있어, 뱀에 물렸을 때 처치할 수 있는 방법을 미리 강구해두어야 할 것이다. 뱀에 물렸을 때 응급처치는 다음과 같다.

- 독사에게 물린 경우에는 우선 영유아의 활동을 최소화시키고 안정되게 눕힌다. 움직이면 혈액순환이 좋아져서 독소가 빨리 퍼지기 때문이다.
- 상처 부위의 옷과 장신구를 제거한다.
- 물린 부위를 물로 씻는다.
- 물린 부위를 심장보다 낮게 하고 상처 부위 위쪽을 넓은 천으로 가볍게 묶어 준다.
- 신속하게 병원으로 영유아를 이송한다가능하면 도착했을 때 항사독소가 준비될 수 있도록 미리 병원에 전화를 한다.

(8) 치아를 다쳤을 때

유아의 영구치가 빠졌을 경우 재이식을 잘 받을 수 있도록 조치를 하는 것이 중요하다. 재이식은 잘 보관된 치아를 빠른 시간 안에 재이식해야 좋은 결과를 얻을 수 있다.

① 빠진 치아

- 빠진 치아는 함부로 다루지 않는다.
- 빠진 치아는 물이나 구강세정액, 알코올, 베타딘 등에 넣지 않는다우유에 담가둔다.
- 빠진 치아는 문지르거나 치아에 붙어 있는 조직들을 제거하지 않는다.
- 반쯤 빠진 치아는 빼지 않는다. 제자리에 붙이고 치과에 찾아가 느슨한 치아를 고정시킨다.

② 부러진 치아

- 소독거즈나 깨끗한 천 조각으로 상처 부위의 먼지나 혈액을 따뜻한 물을 사용해 부드럽게 닦아낸다.
- 부상 당한 치아 부위의 얼굴에 얼음주머니를 대어 부기를 가라앉힌다.
- 턱뼈 골절이 의심되면 턱 아래에서 머리 위까지 붕대로 감아서 턱뼈를 고정시킨다.
- 즉시 치과의사를 찾아가 진료를 받는다.

(9) 열 손상을 입었을 때

열 손상은 열사병, 일사병, 열실신, 열부종, 열경련 질환을 말한다.

열 손상에 관련된 열사병, 일사병, 열실신, 열부종, 열경련 질환을 비교하면 표 5-6과 같다.

표 5-6에 제시된 열 손상 질환을 예방하기 위해서는 더울 때는 목이 마르기 전에 물을 마시는 등 자주 물을 마신다. 더운 날씨에는 모자를 쓰고, 목을 감싸는 옷을 피하며 헐렁한 옷을 입는다. 특히, 가장 뜨거운 한낮의 뜨거운 햇볕은 피한다.

표 5-6 열 손상 질환의 증상 및 응급처치

관련 질환	원인과 증상	응급처치
열사병	• 원인 : 직접 태양에 노출 또는 뜨거운 차 안 등에서 강한 열에 장기간 노출됨으로써 발생 • 증상 – 뜨겁고 건조한 피부(땀이 나지 않음) – 초기는 빠르고 강한 맥박, 점차 약해짐 – 두통, 어지러움, 오심 – 의식 저하, 심하면 혼수상태 빠짐	• 시원한 장소로 이동 조치 후 119 도움 요청 • 젖은 물수건, 에어컨, 선풍기 또는 찬물을 이용하여 빠른 시간 내에 체온을 냉각시킴 • 머리를 다리보다 낮추고 구급대를 기다리는 시간이 길면 시원한 물이 담긴 욕조에 잠기도록 함 ※ 주의 : 물과 음식은 함부로 주지 말아야 함
일사병	• 원인 : 강한 햇볕에 장기간 노출됨으로써 혈액의 저류와 체액과 전해질이 땀으로 과다 배출 • 증상 – 피부가 차갑고 끈끈하며 젖어 있음 – 현기증, 정신착란 등 의식 변화	• 시원한 장소에서 휴식을 취하게 함 • 의식이 있으면 이온음료 섭취 • 젖은 물수건으로 얼굴을 닦고, 차가운 수건으로 손발을 식히면서 부채질함
열실신	일시적 의식소실	평평한 곳에 눕히도록 함
열부종	발이나 발목이 부음	시원한 장소에서 발을 높인 자세로 휴식
열경련	• 원인 : 과다한 땀의 배출로 전해질이 고갈되어 발생 • 증상 : 근육의 경련, 피로감	• 시원한 장소에서 휴식을 취하게 함 • 이온음료 섭취

(10) 이물질이 들어갔을 때

① 눈에 이물질이 들어갔을 때

영유아들은 놀이를 하다가 모래나 흙 등이 눈에 들어가는 경우가 많다. 이물질이 눈에 들어가게 되면 통증을 느끼게 되며 잘못하면 시력에 문제가 생길 수 있으므로 적절한 응급처치가 필요하다.

- 눈을 비비지 않도록 하고 이물질이 움직이는지 박혀 있는지 확인한다.
- 이물질이 움직일 경우에는 눈을 깜박이거나, 눈을 가만히 감고 있으면 대부분의 이물질은 눈물과 함께 자연히 나오게 된다.
- 이 방법으로 제거되지 않으면 식염수나 정수된 물을 사용하여 눈꺼풀을 뒤집어서 눈의 안쪽에서 바깥쪽으로 물을 흘려 이물질을 씻어낸다.

- 그래도 제거되지 않으면 안대로 가리고 병원에 간다가능하면 이물질이 들어가지 않은 눈 모두 안대를 대주어 안구가 움직이지 않도록 하고 병원으로 간다.

② 귀에 이물질이 들어갔을 때

귓속에 이물질이 들어가는 경우는 드물지만 간혹 곤충이 들어가는 경우가 있다. 이럴 때 적절한 응급처치는 다음과 같다.

- 귓속에 베이비 오일이나 올리브 오일을 한두 방울 떨어뜨린다.
- 귀를 아래쪽으로 향하게 하여 이물질이 밖으로 나오게 한다.
- 바퀴벌레인 경우에는 빛을 피해 도망가므로 곤충의 종류를 모르는 경우에는 오일을 이용하는 방법을 쓴다.
- 고막에 염증 등으로 구멍이 있을 경우에는 오일을 사용하면 안 된다.

CHAPTER

안전교육계획 및 실행

CHAPTER

06

영유아교육기관은 영유아들이 스스로 사고나 위험한 상황을 파악하고 상황에 적절하게 대처할 수 있는 능력과 기술을 갖출 수 있도록 이와 관련된 내용을 교육 프로그램 속에 반영할 수 있어야 한다. 따라서 본 장에서는 영유아교육기관에서 안전교육을 계획하고 실행하는 데 필요한 법령에 기반한 안전교육 수립, 연간안전교육 및 실행, 현장학습 안전교육 및 지도에 대해 살펴보고자 한다.

1. 법령에 의한 안전교육 수립

1) 유치원 안전교육 7대 표준안[1)]

교육부에서는 교육 분야 안전종합대책의 일환으로 2015년 2월 학교 안전교육 7대 표준안을 발표하였다. 학생의 안전의식과 학교 현장의 위기대응능력을 강화하기 위해 발달단계별로 체계적인 안전교육을 실시하기 위해 7대 영역**생활안전, 교통 안전, 폭력 · 신변안전, 약물 · 사이버안전, 재난안전, 직업안전, 응급처치 등**으로 구성되어 있다. 유치원부터 고등학교까지 학교급별로 구분되어 학생들의 발달단계와 특성을 고려해 교육내용을 제시하였으나 여기서는 '유치원'을 중심으로 하여 학교 안전교육 7대 표준안에 대해 상세히 살펴보고자 한다.

(1) 학교 안전교육 7대 표준안 내용체계

① 생활 안전(–은 단위활동 및 1차시를 의미함)

영역	중분류	소분류	활동 요소	세부 내용	유치원(39개 활동)
생활 안전	시설 및 제품 이용 안전	시설 안전	시설 이용 안전수칙	실내 안전수칙 (낙상 및 추락 예방 등)	– 교실에서 안전하게 활동해요 1 – 교실에서 안전하게 활동해요 2 – 끼임 사고를 조심해요 – 계단을 안전하게 오르내려요 – 미끄러운 곳은 조심해요 – 화장실을 안전하게 이용해요
				다중 이용시설의 안전수칙	– 급식실을 안전하게 이용해요 – 대형마트를 안전하게 이용해요 – 영화관을 안전하게 이용해요 – 환풍구와 맨홀을 조심해요 – 승강기와 에스컬레이터를 안전하게 이용해요
				감전사고 대처	– 전기감전을 조심해요 1 – 전기감전을 조심해요 2

1) 학교안전정책, http://www.schoolsafe.kr

영역	중분류	소분류	활동 요소	세부 내용	유치원(39개 활동)
생활 안전	시설 및 제품 이용 안전	제품 안전	공산품 안전	공산품 안전	– 연필을 안전하게 사용해요 – 가위를 안전하게 사용해요 – 미술도구를 안전하게 사용해요
			식품 안전	식품 선택 및 보관방법	– 몸에 좋은 음식과 나쁜 음식이 있어요 – 식중독 예방법을 알아보아요
				식품 첨가물의 이해	– 식품첨가물의 유해성을 알아보아요
		실험 · 실습 안전	실험 · 실습 안전	실험 · 실습 안전수칙	
	신체 활동 안전	체육 및 여가 활동 안전	체육 및 여가활동 안전 일반		– 준비운동을 해요 – 안전하게 공놀이를 해요 – 안전하게 줄넘기를 해요
			놀이 활동 안전		– 안전한 장소에서 안전한 방법으로 놀이해요 – 미끄럼틀을 안전하게 타요 – 시소를 안전하게 타요 – 그네를 안전하게 타요
			계절 놀이 안전		
			물놀이 안전		– 안전하게 물놀이를 해요 – 구명조끼를 입어요 – 물놀이 안전수칙을 지켜요
			등산 안전		
			탈것 안전		– 킥보드를 안전하게 타요 – 인라인스케이트를 안전하게 타요 – 자전거를 안전하게 타요
			현장체험학습 안전 (캠핑 안전 포함)		– 현장체험을 안전하게 다녀와요 – 안전하게 캠핑활동에 참여해요 – 안전하게 숲 체험활동을 해요 ※〈선택학습〉 현장체험을 안전하게 다녀와요 2 ※〈선택학습〉 현장체험을 안전하게 다녀와요 3

<table>
<tr><th>영역</th><th>중분류</th><th>소분류</th><th>활동
요소</th><th>세부
내용</th><th>유치원(39개 활동)</th></tr>
<tr><td rowspan="2">생활
안전</td><td colspan="2" rowspan="2">유괴 · 미아
사고 예방</td><td colspan="2">유괴 예방 일반수칙</td><td>– 실종 · 유괴 상황을 알고 도움을 요청해요
※〈선택학습〉 실종 · 유괴 상황을 알고 도움을 요청해요 2</td></tr>
<tr><td colspan="2">미아사고 대처 방안</td><td>– 길을 잃었을 때 도움을 요청해요 1
– 길을 잃었을 때 도움을 요청해요 2
– 길을 잃었을 때 도움을 요청해요 3</td></tr>
</table>

② 교통 안전

<table>
<tr><th>대분류</th><th>중분류</th><th>소분류</th><th>활동요소</th><th>유치원(30개 활동)</th></tr>
<tr><td rowspan="4">교통
안전</td><td rowspan="3">보행자
안전</td><td>교통표지판
구별하기</td><td>• 신호등 보기
• 교통 표지판 알기</td><td>– 교통 안전 표지판을 알아보아요
– 교통 안전 표지판의 의미를 알 수 있어요
– 신호등이 말해요
– 신호등을 보고 건널 수 있어요</td></tr>
<tr><td>길을 건너는
방법</td><td>• 안전하게 길 건너기
• 횡단보도, 지하도, 육교 이용하기</td><td>– 횡단보도로 건너요
– 횡단보도로 안전하게 건너요
– 육교는 왜 만들었을까요?
– 육교로 안전하게 건너요
– 지하도로 안전하게 건너요
※〈선택학습〉 지하도를 이용해요</td></tr>
<tr><td>보행안전</td><td>• 안전하게 길 걷기
• 도로에서 놀지 않기
• 주차 중인 자동차 확인하기
• 보행사고의 사례
• 도로를 걸을 때 기본자세</td><td>– 안전하게 길을 걸어요
– 비(눈)가 오는 날에도 안전하게 걸어요
– 안전한 장소에서 놀아요 1
– 안전한 장소에서 놀아요 2
– 자동차에는 사각지대가 있어요
– 내륜차와 외륜차의 특징을 알아보아요</td></tr>
<tr><td>자전거
안전</td><td>안전한 자전거
타기</td><td>• 자전거 탈 때 안전 장구 갖추기
• 안전하게 자전거 탈 곳 알기</td><td>– 자전거를 타기 위해 준비해요
– 안전한 장소에서 자전거를 타요
※〈선택학습〉 자전거를 타기 위해 준비해요 2
※〈선택학습〉 안전한 장소에서 자전거를 타요 2</td></tr>
</table>

대분류	중분류	소분류	활동요소	유치원(30개 활동)
교통 안전	자전거 안전	안전한 자전거 관리	핸들, 페달, 바퀴, 브레이크 등의 구조 알기와 탑승 전 확인하기	– 안전하게 자전거를 타는 방법을 알아보아요 ※〈선택학습〉 안전하게 자전거를 타는 방법을 알아보아요 2
	오토바이 안전	오토바이 사고의 원인과 예방	• 보호 장구 착용, 안전속도 지키기 • 교통신호 지키기	
		오토바이 운전 중 주의사항	• 이륜차의 특징 • 운전면허제도 • 상황별 위험 예측 • 사고현황과 원인	
	자동차 안전	자동차 사고의 원인 · 피해	• 자동차 특성의 이해 • 자동차 사고의 원인과 피해	– 자동차의 특징을 알아보아요 – 자동차 사고는 위험해요 1 – 자동차 사고는 위험해요 2 ※〈선택학습〉 자동차의 특징을 알아보아요 2
		자동차 사고예방법	• 안전띠를 매야 하는 이유 알기 • 안전띠의 올바른 착용방법 • 통학버스의 안전한 이용	– 안전띠를 매요 1 – 안전띠를 매요 2 – 통학버스를 안전하게 이용해요 ※〈선택학습〉 통학버스를 안전하게 이용해요 2
	대중 교통 안전	대중교통 이용안전수칙	• 대중교통 이용방법 • 대중교통 승 · 하차 방법 • 대중교통 이용 중 유의사항 • 버스 및 지하철 안에서 손잡이 잡기, 뛰지 않기	– 대중교통이란 무엇일까요? – 대중교통을 안전하게 이용해요 – 버스를 안전하게 이용해요 – 지하철을 안전하게 이용해요 – 비행기를 안전하게 이용해요 – 선박을 안전하게 이용해요 ※〈선택학습〉 버스를 안전하게 이용해요 2 ※〈선택학습〉 지하철을 안전하게 이용해요 2

③ 폭력 및 신변 안전

<table>
<tr><th>영역</th><th>중분류</th><th>소분류</th><th colspan="2">주요 내용</th><th>유치원(24개 활동)</th></tr>
<tr><td rowspan="19">폭력
예방
및
신변
보호
교육</td><td rowspan="12">학교
폭력</td><td>학교폭력</td><td colspan="2">학교폭력의 이해</td><td>– 사이좋게 지내요</td></tr>
<tr><td rowspan="3">언어/
사이버
폭력</td><td colspan="2">언어/사이버폭력의 이해</td><td>– 바른말, 고운말을 사용해요</td></tr>
<tr><td colspan="2">언어/사이버폭력의 유형 및 사례</td><td>– 친구를 놀리지 말아요</td></tr>
<tr><td colspan="2">언어/사이버폭력의 예방
언어/사이버폭력의 대처법</td><td></td></tr>
<tr><td rowspan="5">물리적 폭력</td><td rowspan="3">신체
폭력</td><td>신체폭력의 이해</td><td>– 친구를 때리지 말아요</td></tr>
<tr><td>신체폭력의 유형 및 사례</td><td></td></tr>
<tr><td>신체폭력 예방 및 대처</td><td>– 친구가 때리면 이렇게 해요</td></tr>
<tr><td rowspan="2">금품
갈취, 강요</td><td>금품갈취의 이해</td><td>– 친구의 물건은 소중해요</td></tr>
<tr><td>금품갈취 예방과 대처</td><td></td></tr>
<tr><td rowspan="3">집단따돌림</td><td colspan="2">• 집단따돌림의 의미 이해
• 관계자 이해</td><td>– 친구는 소중해요</td></tr>
<tr><td colspan="2">집단따돌림 유형 및 사례</td><td>– 친구를 괴롭히지 말아요</td></tr>
<tr><td colspan="2">예방 및 대처법 알기</td><td></td></tr>
<tr><td rowspan="7">성폭력</td><td rowspan="4">성폭력
예방 및
대처방법</td><td colspan="2">성과 성인식</td><td>– 나의 몸은 소중해요</td></tr>
<tr><td colspan="2">성폭력의 정의 및 유형</td><td>– 나쁜 말과 행동을 알아보아요
– 기분이 나빠요, 어떻게 할까요?</td></tr>
<tr><td colspan="2">성폭력 예방 및 대처방법</td><td>– 위험한 상황을 알아보아요
※〈선택학습〉 위험할 땐 어떻게 할까요?</td></tr>
<tr><td colspan="2">신고 접수 및 상담</td><td></td></tr>
<tr><td rowspan="3">성매매 예방</td><td colspan="2">성매매의 정의와 유형(원조교제 등)</td><td></td></tr>
<tr><td colspan="2">사례와 관련 법률 이해하기</td><td></td></tr>
<tr><td colspan="2">인권 생각해보기</td><td></td></tr>
</table>

영역	중분류	소분류	주요 내용	유치원(24개 활동)
폭력 예방 및 신변 보호 교육	아동 학대	아동학대 예방 및 대처방법	아동학대에 대해 인식하고 예방, 대처하기	– 나를 아프게 하지 마세요 – 어른들이 나를 아프게 하면 어떻게 할까요? – 안전하게 생활해요
	자살	자살 예방 및 대처방법	청소년 자살의 원인과 심각성	
			자살의 징후와 예방	
			자살 관련 상담, 신고 및 대처법	
			생명 존중 교육	– 생명은 소중해요 – 나는 특별해요 – 모두가 특별해요
			스트레스 대처 및 해소	
	가정 폭력	가정폭력 예방 및 대처방법	가족의 이해	– 가족의 소중함을 알아 볼까요? – 가족구성원의 역할은 무엇일까요? – 사랑의 표현은 어떻게 해야 할까요?
			가정폭력(학대) 정의 및 유형	– 가정폭력이란 무엇일까요?
			가정폭력(학대) 사례 및 예방	
			가정폭력 피해 시 증상 및 대처법	– 가정폭력의 피해 증상을 알아볼까요?
			가정폭력(학대) 신고 및 대처방법 (피해자 지원제도)	– 가정폭력에 어떻게 대처할까요?

④ 약물 · 사이버 안전

영역	중분류	소분류	활동요소	유치원(30개 활동)
약물 및 사이버 중독 예방 교육	약물 중독	마약류 폐해 및 예방	• 약물 오남용 • 마약 폐해 및 예방 • 마약에서 벗어나기	– 제대로 먹으면 약, 잘못 먹으면 독 〈2차시〉 – 내 몸을 위한 약! 제대로 먹을 수 있어요 〈2차시〉
		흡연 폐해 및 예방	• 담배의 유해성분 • 흡연의 중독과 폐해 • 청소년 흡연 예방 대책	– 엄마, 아빠 담배는 싫어요 〈2차시〉 – 하얀 연기 속의 비밀 〈2차시〉 – 담배는 우리 몸에 해로워요 〈2차시〉
		음주 폐해 및 예방	• 술의 물리화학적 특성 • 알코올의 중독과 폐해 • 청소년 음주 예방 대책	– 술은 우리 몸을 건조하게 해요 〈2차시〉 – 술을 마시면 우리 몸이 아파요 〈2차시〉 – 엄마, 아빠 술은 안돼요 〈2차시〉
		고카페인식품 폐해 및 예방	• 고카페인식품의 일일 섭취 권장량 • 고카페인 식품 과다섭취로 인한 부작용	
	사이버 중독	인터넷게임 중독 예방	• 인터넷 게임중독의 개념 및 하위 요인 • 중독의 개념 • 중독의 특성 • 중독으로부터 벗어나는 법	– 인터넷을 사용하는 올바른 습관을 가져요 〈2차시〉 – 인터넷 게임 중독은 위험해요 〈2차시〉 – 인터넷 예절을 알아보아요 〈2차시〉 – 인터넷을 건전하게 사용할 수 있어요 〈2차시〉
		스마트폰 중독 예방	• 스마트폰중독의 원인 • 스마트폰중독이 미치는 영향 • 스마트폰중독으로부터 벗어나는 방법	– 스마트폰을 사용하는 올바른 습관을 가져요 〈2차시〉 – 스마트폰 중독은 위험해요 〈2차시〉 – 스마트폰의 건강한 사용습관을 만들어요 – 스마트폰을 바르게 사용할 수 있는 방법을 찾아봐요

⑤ 재난 안전

영역	중분류	소분류	활동요소	유치원(18개 활동)
재난 안전	화재	화재 발생	• 화재의 개념 • 화재의 주요 발생 장소 • 화재의 발생 원인 • 화재의 주요 피해사례	– 불의 이로움에 대해 알아보아요 – 불은 위험해요 – 불이야! 불이야 〈2차시〉 – 숨지 마세요 〈2차시〉
		화재 발생 시 안전수칙	• 화재 발생 시 대피방법 • 화재 발생 시 대피장소 • 화재 발생 시 신고방법 • 화재 발생 시 전파방법 • 화재 유형별 대처요령	– 비상구의 위치를 알아보아요 – 안전하게 대피해요 〈2차시〉 – 연기를 피해요 – 멈춰요, 엎드려요, 뒹굴어요 〈2차시〉 – 119에 신고해요
		소화기 사용 및 대처방법	• 초기 진화의 중요성 • 소화기의 종류 및 작동원리 • 소화기의 사용방법 • 옥내 소화전의 사용방법	
	사회 재난	폭발 및 붕괴의 원인과 대처방법	• 폭발과 붕괴사고 원인 • 폭발과 붕괴사고 사례 • 폭발 및 붕괴사고 시 대처요령 • 폭발 및 붕괴사고 시 대피장소	– 꽝! 폭발은 무서워
		각종 테러사고 발생 시 대처요령	• 폭탄 폭발 시 대피요령 • 인질 상황 시 대응요령 • 생화학테러 · 방사능사고 발생 시 대응방법 • 테러 유형과 피해사례	
	자연 재난	홍수 및 태풍 발생 시 대처요령	• 홍수와 태풍의 발생원인과 특징 • 홍수 및 태풍 발생 예보 청취 및 학습 • 홍수 및 태풍 발생 시 대처요령	– 비가 너무 많이 와요 – 바람이 너무 세요
		지진 · 대설 · 한파 · 낙뢰 발생 시 대처요령	• 자연재난 유형별 발생 원인과 특징 • 자연재난 발생예보 청취와 학습 • 자연재난 발생 시 대처요령	– 땅이 흔들려요 – 눈이 많이 내리고 날씨가 너무 추워요

⑥ 직업 안전

영역	중분류	소분류	활동요소	유치원(6개 활동)
직업 안전	직업 안전 의식	직업안전의식의 중요성	• 직장에서의 안전의식 • 직장에서 안전관리의 중요성	– 안전한 유치원을 함께 만들어요
		직업안전문화	• 직업 안전문화의 필요성 • 직업 안전의식의 고취 • 직업 안전문화운동의 전개	– 일터의 안전시설을 알아보아요 〈2차시〉
	산업 재해의 이해와 예방	산업재해의 의미와 발생	• 산업재해의 의미와 특성 • 산업재해의 유형과 발생 • 산업재해 현황	– 안전하게 일할 수 있어요 – 안전이 최고예요 〈2차시〉
		산업재해의 예방과 대책	• 산업재해 발생 요인과 예방 • 산업재해의 대책과 보상	
	직업병	직업병의 의미와 발생	• 직업병의 의미와 특성 • 직업병의 종류 • 직업병의 진단과 발생 요인	
		직업병의 예방과 대책	• 직업병의 예방과 대책 • 근로자의 건강증진활동	
	직업 안전의 예방 및 관리	산업재해 관리	• 산업안전에서 과실이나 부주의 예방 • 직장의 안전 대책 • 고소작업의 재해와 예방	
			• 사업주와 근로자의 의무 • 산업안전보건법과 근로기준법	
		정리정돈	• 작업장 정리정돈의 필요성과 안전기준 • 작업장 정리정돈방법	
		보호구 착용	• 보호구의 정의와 구비요건 • 작업장 안전장비 사용법	

⑦ 응급처치

영역	중분류	소분류	활동요소	유치원(6개 활동)
응급처치	응급처치의 이해와 필요성	응급처치의 목적과 일반원칙	응급처치의 중요성 알기	– 다쳤어요, 도와주세요
			응급 상황 알기	※〈선택학습〉 응급이 뭐예요?
		응급 상황 시 행동요령	119 신고와 주변에 알리기	– 도와주세요, 119
			응급 상황 시 행동수칙	※〈선택학습〉 안전한 습관을 익혀요
			환자(부상자)의 상태 확인 및 보호법 알기	
			환자이송이 필요한 경우와 이송 시 주의점 알기	
		응급처치 전 유의사항 및 준비	감염 예방	– 감염병 예방을 위해 손을 씻어요
			선한사마리아법 등	
	심폐소생술	심폐소생술	심폐소생술의 중요성 알기	
			심폐소생술 방법 알기	
		자동제세동기의 사용	제세동 시행의 중요성	
			제세동기 사용법 알기	
	상황별 응급처치	기도 폐쇄	기도 폐쇄의 원인과 증상 알기	– 숨쉬기가 어려워요
			기도 폐쇄 응급처치법 배우기	
		지혈 및 상처처치	상처의 종류와 응급처치 알기	– 손가락을 다쳤어요
			출혈이 심한 상처의 지혈법 알기	※〈선택학습〉 피가 나요
		염좌 및 골절처치	염좌, 탈구, 골절 증상 구분하기	
			응급처치 알기	
		화상 응급처치	화상의 종류와 증상	※〈선택학습〉 화상은 위험해요
			화상 예방법과 응급처치	

영역	중분류	소분류	활동요소	유치원(6개 활동)
응급 처치	상황별 응급처치	갑작스런 상황에서 응급처치	생활 속 사고 상황별 응급처치방법 알기	– 동물에게 물렸어요 ※〈선택학습〉 열사병(일사병)은 위험해요 ※〈선택학습〉 동상과 저체온은 위험해요
			야외활동 시 응급처치방법 알기	※〈선택학습〉 눈(귀)에 이물질이 들어갔어요 ※〈선택학습〉 물에 빠졌어요 ※〈선택학습〉 안전하게 운동해요

(2) 학교 안전교육 7대 표준안 유치원 안전교육시간

① 유치원 안전교육시간 및 횟수

(단위 : 단위활동, 차시)

구분	생활 안전 교육	교통 안전 교육	폭력 예방 및 신변보호 교육	약물 및 사이버 중독 예방 교육	재난 안전 교육	직업 안전 교육	응급 처치 교육
유치원 교육시간	13	10	8	10	6	2	2
횟수	학기당 2회 이상	학기당 3회 이상	학기당 2회 이상	학기당 2회 이상	학기당 2회 이상	학기당 1회 이상	학기당 1회 이상

주: 1) 학교 안전교육 실시시간의 단위 : 유치원은 단위활동
2) 횟수는 영역별 안전교육시간을 학기당 제시된 횟수 이상으로 분산 · 실시해야 함

② 유치원 안전교육 내용 및 방법

구분	생활안전 교육	교통 안전 교육	폭력 예방 및 신변보호교육	약물 및 사이버 중독 예방교육	재난안전 교육	직업안전 교육	응급처치 교육
교육 내용	• 교실, 가정, 등하굣길에서 안전하게 생활하기 • 안전한 장소를 알고 안전하게 놀이하기	• 표지판 및 신호등의 의미 등 교통 안전 규칙 알고 지키기 • 안전한 도로 횡단법 알기	• 내몸의 소중함과 정확한 명칭 알기 • 좋은 느낌과 싫은 느낌 알기 • 성폭력 예방 및 대처 방법 알기	• 올바른 약물 사용법 알기 • 생활주변의 해로운 약물 · 화약제품 만지거나 먹지 않기	• 화재의 원인과 예방법 알기 • 화재 발생 시 유의사항 및 대처법 알기	• 일터 안전의 중요성 및 안전을 위해 지켜야 할 일 알기 • 일터 안전 시설 현장 체험하기	• 응급 상황 알기 및 도움 요청하기 • 119 신고와 주변에 알리기
	• 놀이기구나 놀잇감, 도구의 바른 사용법을 알고 안전하게 사용하기 • 실종, 유괴, 미아 상황 알고 도움 요청하기	• 어른과 손잡고 걷기 • 교통수단(자전거, 통학버스 등) 안전하게 이용하기	나와 내 주변사람(가족, 친구 등)의 소중함을 알고 사이좋게 지내기	TV, 인터넷, 통신기기(스마트폰 등)의 중독 위해성을 알고 바르게 사용하기	각종 자연재난 및 사고 적절하게 대처하는 방법 알기		• 손 씻기와 소독하기 등 청결유지 하기 • 상황별 응급처치방법 알기
교육 방법	• 전문가 또는 담당자 강의 • 시청각교육 • 실습교육 또는 현장학습 • 일상생활을 통한 반복 지도 및 부모교육	• 전문가 또는 담당자 강의 • 시청각교육 • 실습교육 또는 현장학습 • 일상생활을 통한 반복 지도 및 부모교육	• 전문가 또는 담당자 강의 • 장소 · 상황별 역할극 실시 • 시청각교육 • 사례 분석	• 전문가 또는 담당자 강의 • 시청각교육 • 사례 분석	• 전문가 또는 담당자 강의 • 시청각교육 • 실습교육 또는 현장학습 • 사례 분석	• 전문가 또는 담당자 강의 • 시청각교육 • 실습교육 또는 현장학습(직장견학 또는 직업체험) • 사례 분석	• 전문가 또는 담당자 강의 • 시청각교육 • 실습교육 또는 현장학습 • 사례 분석

출처 : 교육부(2016).

2) 어린이집 안전교육 5대 표준안[2)]

보건복지부에서는 어린이집에서 체계적인 안전교육을 실시할 수 있도록 5대 표준안을 마련하였으며 5대 표준안은 성폭력 및 아동학대 예방교육, 실종 유괴의 예방 · 방지교육, 감염병 및 약물의 오용 · 남용 예방 등 보건위생관리교육, 재난대비 안전교육, 교육안전교육으로 구성되었다. 5대 안전교육에 대한 내용과 내용에 따른 교직원 안전교육에 대한 법령은 표 6-1과 같다.

표 6-1 교육기준(제28조 제1항 관련)

구분	성폭력 및 아동학대 예방교육	실종 · 유괴의 예방 · 방지 교육	감염병 및 약물의 오용 · 남용 예방 등 보건위생관리 교육	재난 대비 안전교육	교통 안전 교육
실시 주 (총 시간)	6개월에 1회 이상(연간 8시간 이상)	3개월에 1회 이상(연간 10 시간이상)	3개월에 1회 이상 (연간 10시간 이상)	6개월에 1회 이상(연간 6시간 이상)	2개월에 1회 이상(연간 10 시간 이상)
교육 내용	• 내 몸의 소중함 • 내 몸의 정확한 명칭 • 좋은 느낌과 싫은 느낌 • 성폭력 예방법과 대처법	• 길을 잃을 수 있는 상황 이해하기 • 미아 및 유괴 발생 시 대처방법 • 유괴범에 대한 개념 • 유인 · 유괴 행동에 대한 이해 및 유괴 예방법	• 감염병 예방을 위한 개인위생 실천 습관 • 예방접종의 이해 • 몸에 해로운 약물 위험성 알기 • 생활 주변의 해로운 약물 · 화학제품 그림으로 구별하기 • 모르면 먼저 어른에게 물어보기 • 가정용 화학제품 만지거나 먹지 않기 • 어린이 약도 함부로 많이 먹지 않기	• 화재의 원인과 예방법 • 뜨거운 물건 이해하기 • 옷에 불이 붙었을 때 대처법 • 화재 시 대처법 • 자연재난의 개념과 안전한 행동 알기	• 차도, 보도 및 신호등의 의미 알기 • 안전한 도로 횡단법 • 안전한 통학버스 이용법 • 날씨와 보행 안전 • 어른과 손잡고 걷기

2) 국가법령 정보센터(http://www.moleg.go.kr)

구분	성폭력 및 아동학대 예방교육	실종 · 유괴의 예방 · 방지 교육	감염병 및 약물의 오용 · 남용 예방 등 보건위생관리 교육	재난 대비 안전교육	교통 안전 교육
교육 방법	• 전문가 또는 담당자 강의 • 장소 · 상황별 역할극 실시 • 시청각 교육 • 사례 분석	• 전문가 또는 담당자 강의 • 장소 · 상황별 역할극 실시 • 시청각 교육 • 사례 분석	• 전문가 또는 담당자 강의 • 시청각 교육 • 사례 분석	• 전문가 또는 담당자 강의 • 시청각 교육 • 실습교육 또는 현장학습 • 사례 분석	• 전문가 또는 담당자 강의 • 시청각 교육 • 실습교육 또는 현장학습 • 일상생활을 통한 반복지도 및 부모교육

어린이집 교직원 안전교육에 대한 법령[3)]

제23조의2(보육교사의 보수교육) ① 보건복지부장관은 보육교사의 자질 향상을 위한 보수교육을 실시하여야 한다. 이 경우 보수교육은 집합교육을 원칙으로 한다. 〈개정 2015. 5. 18〉

② 제1항에 따른 보수교육은 직무교육과 승급교육으로 구분한다.

③ 제1항에 따른 보수교육에는 다음 각 호의 사항에 관한 내용을 포함하여야 한다. 〈신설 2015. 5. 18, 2015. 12. 29〉

1. 성폭력 및 아동학대 예방
2. 실종 · 유괴의 예방과 방지
3. 감염병 및 약물의 오남용 예방 등 보건위생 관리
4. 재난대비 안전
5. 교통 안전
6. 보육교사의 인성 함양(영유아의 인권보호교육을 포함한다)
7. 그 밖에 보건복지부령으로 정하는 사항

3) 국가법령 정보센터(http://www.moleg.go.kr)

2. 연간 안전교육계획 및 실행

1) 연간 안전교육계획

(1) 연간 안전교육계획 작성의 필요성

안전에 대한 의식과 습관은 어릴 때부터 체득되고 습관화되어야 하므로, 무엇보다 조기안전교육이 중요하다. 영유아기는 안전한 습관을 형성하기에 최적의 시기이므로, 영유아를 대상으로 안전교육을 실시함으로써 안전한 행동을 증진시켜 안전한 습관을 형성할 수 있도록 해야 한다.

영유아를 위한 안전교육은 영유아의 발달과 생활주제, 계절, 안전교육의 위계성과 계속성을 고려하여 연간 안전교육계획안을 작성한다. 연간 안전교육계획은 1년 동안 진행할 유아교육기관의 안전교육에 대한 흐름을 쉽게 파악할 수 있고, 부족한 내용을 수정 · 보완할 수 있을 뿐 아니라 체계적이고 지속적인 안전교육을 실시할 수 있는 장점이 있다.

(2) 연간 안전교육의 목적 및 목표

영유아를 위한 안전교육의 목적 및 목표는 다음과 같다.

첫째, 영유아를 위한 체계적인 안전교육으로 안전에 대한 올바른 지식과 태도를 확립시킨다.

둘째, 각종 안전사고에 대한 예방지도 및 교육으로 영유아 안전사고를 예방한다.

셋째, 영유아 스스로 위험 상황에 대한 바른 이해와 대처능력을 기른다.

(3) 연간 안전교육의 내용

연간 안전교육계획 수립 시 「아동복지법」 안전교육 내용과 학교안전교육 7대 표준안 영역**생활안전/교통 안전/폭력 · 신변안전/약물 · 인터넷중독/재난안전/직업안전/응급처치**의 안전 관련 내용을 필수적으로 반영하여 수립한다. 교육부 학교안전정보센터 홈페이지에는 교사들이 활용할 수 있도록 수업안을 올려놓고 적극적으로 활용하도록 하고 있다. 안전교육의 내용에는 안전에 관한 인식 및 실천, 규칙 준수에 대한 것을 포함시킨다.

(4) 연간 안전교육의 실제

① 영아를 위한 연간 안전교육계획

안전교육은 영아의 일상생활에서 발생 빈도가 높은 사고를 중심으로 실천적 교육 내용을 선정한다. 어린이집은 소방훈련을 매월 1회 이상 실시하도록 소방계획을 작성하고, 매월 소방비상대피훈련을 실시한다. 또한 「아동복지법」에 따라 교통 안전교육, 약물 오남용 교육, 재난대비교육을 의무적으로 실시하고 이 결과를 매년 1회 보고하도록 하고 있다. 하지만 안전교육은 특별히 일회성 행사로 실시하는 것이 아니라 모든 일과활동에 반영하고 일상적인 생활 속에서 안전한 생활을 경험하고 실천할 수 있도록 하는 것이 더 효과적이다(보건복지부, 2013).

표 6-2 2세 영아 연간 안전교육계획(소방훈련 연간계획을 구분하여 계획된 예)

월	안전영역						안전교육 내용
	교통	실종 유괴	약물	재난	성폭력	생활	
3	●						선생님과 자전거 타기
						●	화장실에서 조심해서 걷기
4			●				선생님이 주는 약만 먹기
		●					선생님과 손을 잡고 다녀요
5	●						안전한 길을 찾아주세요
					●		속옷을 입어요
6						●	위험하다고 알려주면 조심해요
		●					엄마, 아빠 손을 잡고 다녀요
7	●						선생님이 밀어주는 자동차를 타요
						●	비오는 날에는 앞을 잘 보고 걷기
8				●			홍수, 태풍 시 안전행동 및 대피요령(그대로 숙여라)
			●				함부로 먹지 않아요(위험물)

월	안전영역						안전교육 내용
	교통	실종 유괴	약물	재난	성폭력	생활	
9	●						자동차 안전벨트를 해요
		●					길을 잃었을 때는 제자리에서 기다려요
10						●	계단에서 뛰지 않고 걷기
			●				먹을 수 있는 것만 먹어요
11	●						안전하게 길을 걸어요
						●	조심조심 닫아요
12					●		어떻게 해야 할까요?
		●					낯선 사람을 따라가면 위험해요
1				●			지진 시 안전행동 및 대피요령 (땅이 흔들흔들)
	●						움직이는 것이 있을 때는 조심해요
2			●				선생님과 가족이 주는 약만 먹어요
						●	뜨거운 것 조심하기

출처 : 보건복지부(2013).

표 6-3 소방대피훈련 안전교육 내용

월	내용	월	내용
3월	소방대피훈련(수유실 화재 발생 상황)	9월	소방대피훈련(수유실 화재 발생 상황)
4월	소방대피훈련 (생일잔치 중 화재 발생 상황)	10월	불시 소방대피훈련 (생일잔치 중 화재 발생 상황)
5월	소방대피훈련(식당 화재 발생 상황)	11월	소방대피훈련(식당 화재 발생 상황)
6월	불시 소방대피훈련 (1층 복도 화재 발생 상황)	12월	소방대피훈련 (1층 복도 화재 발생 상황)
7월	소방대피훈련(현관 화재 발생 상황)	1월	소방대피훈련(식당 화재 발생 상황)
8월	소방대피훈련(식당 화재 발생 상황)	2월	불시 소방대피훈련 (전열기구 화재 발생 상황)

출처 : 중앙보육정보센터(2012).

표 6-4 2세 영아 연간 안전교육계획(소방훈련 연간계획을 포함하여 계획된 예)

월	구분	안전영역	안전교육 내용
3	1	교통 안전	엄마랑 안전하게 길을 건너요
	2	생활 안전 / 약물 안전	놀잇감을 입에 넣지 않아요 / 손을 깨끗이 씻어요
	3	소방대피훈련	소방대피훈련(수유실 화재)
4	1	재난 대비	황사 발생 시 안전행동 및 대피요령(모래바람이 불어요)
	2	생활 안전	서랍을 열고 닫을 때 조심해요 / 약병을 입에 넣지 않아요
	3	소방대피훈련	소방대피훈련(생일잔치 중의 화재)
5	1	교통 안전	안전한 길을 찾아주세요
	2	생활 안전	놀잇감을 제자리에 정리해요
	3	소방대피훈련	소방대피훈련(요리활동 중의 화재)
6	1	건강과 영양	이를 닦아요
	2	약물 안전	약병을 만지지 않아요
	3	소방대피훈련	불시 소방대피훈련(1층 복도 화재)
7	1	교통 안전	차 안에서 안전하게 있어요
	2	생활 안전	물놀이는 조심해요
	3	소방대피훈련	소방대피훈련(수유실 화재)
8	1	재난 대비	홍수 · 태풍 시 안전행동 및 대피요령(그대로 숙여라)
	2	생활 안전	계단에서 뛰어내리지 않아요 / 놀잇감을 던지지 않아요
	3	소방대피훈련	소방대피훈련(생일잔치 중의 화재)
9	1	교통 안전	안전벨트를 매요
	2	생활 안전 / 약물 안전	화장실에서는 조심해요 / 세제를 입에 넣지 않아요
	3	소방대피훈련	소방대피훈련(요리활동 중의 화재)
10	1	재난 대비	화재 시 안전행동 및 대피 요령(연기 밑을 기어서 가자)
	2	생활 안전	안전하게 미끄럼을 타요 / 차례를 지켜요
	3	소방대피훈련	불시 소방대피훈련(1층 복도 화재)

월	구분	안전영역	안전교육 내용
11	1	건강과 영양	응가했어요
	2	생활 안전	재단에서는 조심조심 걸어요 / 차례를 지켜요
	3	소방대피훈련	소방대피훈련(수유실 화재)
12	1	신변 안전	내 몸은 소중해요
	2	생활 안전 / 신변 안전	앗! 뜨거워요 / 약병과 약병이 아닌 것을 구분해요
	3	소방대피훈련	소방대피훈련(생일잔치 중의 화재)
1	1	재난 대비	지진 시 안전행동 및 대피요령(땅이 흔들흔들)
	2	생활 안전	코에 놀잇감을 넣지 않아요
	3	소방대피훈련	소방대피훈련(요리활동 중의 화재)
2	1	건강과 영양	인형을 목욕시켜 줘요
	2	생활 안전	콘센트를 조심해요
	3	소방대피훈련	불시 소방대피훈련(1층 복도 화재)

출처 : 중앙보육정보센터(2008). 재구성.

② 유아를 위한 연간 안전교육계획

유아를 위한 연간 안전교육은 학교 안전교육 7대 표준안 내용**생활안전, 교통 안전, 폭력 예방 및 신변보호, 약물 및 사이버중독 예방, 재난안전, 직업안전, 응급처치 등 7개 영역**과 「아동복지법」령의 안전교육기준에 따른 안전교육 내용을 확인한 다음 연간 생활주제에 따라 안전교육의 내용을 기술한다. 그리고 교육 내용에 적절한 활동명과 활동 유형을 선정한다.

표 6–5는 유아를 위한 연간 안전교육계획의 일부이다. 월별 생활주제에 따라 안전교육활동을 선택하면 보다 의미 있는 안전교육을 실시할 수 있다.

표 6-5 유아를 위한 연간 안전교육계획의 예

월	주제	주	일	안전영역	활동명	활동 유형
3월	유치원과 친구	1주	2	교통 안전	유치원은 안전한 길로 등원해요	이야기 나누기
			3	재난 대비	우리 교실 소개	이야기 나누기
		2주	6	실종 · 유괴 안전	미아보호소는 어떤 곳일까요	이야기 나누기
			7	생활 안전	유치원에서 지켜야 할 약속	이야기 나누기
			8	약물 오남용	장난감 속의 나쁜 비밀	동화
			9	직업 안전	놀잇감, 여기에 넣어요	게임
			10	생활 안전	놀이규칙을 정해요	이야기 나누기
		3주	13	직업 안전	유치원에는 어떤 시설이 있을까요?	이야기 나누기
			14	생활 안전	안전하게 생활해요	수 · 조작
			15	직업 안전	안전한 놀잇감을 찾아요	게임
			16	직업 안전	장난감을 바르게 사용해요	언어
			17	생활 안전	놀이터에서 지켜야 할 약속	게임
		4주	20	생활 안전	놀이터에서 안전하게 놀이했나요?	언어
			21	소방 안전	불이야 불	체험활동
			22	소방 안전	나는 소화기예요	이야기 나누기
			23	소방 안전	소화기를 어떻게 사용할까요?	이야기 나누기
			24	소방 안전	불을 나게 하는 도구들	과학
		5주	27	소방 안전	소방관은 어떤 일을 할까요?	이야기 나누기
			28	실종 · 유괴 안전	유괴란 무엇일까요?	이야기 나누기
			29	실종 · 유괴 안전	길을 잃었어요	동화
			30	실종 · 유괴 안전	도와주세요	이야기 나누기
			31	실종 · 유괴 안전	유치원 가는 길	언어

출처 : 양벌초등학교 병설유치원.　　(이하 생략)

연간 안전교육계획 후 표 6-6과 같이 연간 교육시수 통계표를 작성하면 한눈에 1년 동안 진행될 안전교육계획의 현황을 파악하는 데 용이하다.

표 6-6 안전교육영역별 연간 교육시수 통계표

영역	생활 안전	교통 안전	폭력 및 신변 안전	약물 · 사이버 중독	재난 안전	직업 안전	응급 처치	계
계획	31	30	47	18	47	4	15	192

성폭력 예방교육과 관련하여 안전교육과 별도로 표 6-7과 같이 연간 성폭력 예방교육계획을 수립할 수 있다.

표 6-7 연간 성폭력 예방교육계획

월	활동명	활동 유형	출처
3월	내 몸에는 이름이 있어요	이야기 나누기	재난 대비 생활안전
	소중한 우리 몸 그리기	미술	
4월	좋은 느낌, 싫은 느낌	이야기 나누기	
	좋아요! 싫어요	동시	
5월	이럴 때는 이렇게 해요	역할놀이	
	도와주세요	게임	
6월	우리는 소중해요	이야기 나누기	영유아를 위한 안전교육 프로그램 (학교안전정보센터)
	남자? 여자?	이야기 나누기	
7월	함부로 만지지 마세요	게임	
	친구가 싫어해요	이야기 나누기	
9월	안돼요! 하지 마세요	이야기 나누기	
	우리 몸을 보호하는 말	이야기 나누기	유아 성교육 프로그램 (교육부, 2017)
10월	서로의 몸을 보호하는 약속	캠페인	
	불편한 내 마음 어떻게 표현할까?	이야기 나누기	
11월	남자와 여자가 할 수 있는 일/없는 일	이야기 나누기	유아를 위한 양성평등교육활동 지도자료
	남자색과 여자색이 따로 있나요?	동화	
12월	내가 커서 어른 되면	미술	
	아빠 가시고기의 아기사랑	동화	

③ 연간 교직원안전교육계획안

교직원을 대상으로 연간 교직원안전교육계획안을 마련한다면 법정 필수 안전교육을 체계 있게 실시할 수 있다.

표 6-8 연간 교직원안전교육계획안

일정	구분	교육 내용	대상
3월	아동학대 예방	• 영유아 권리를 존중하는 보육 : 영유아 이해하기 • 영유아를 존중하는 훈육원리 이해하기 : 교사 내면의 힘 기르기	전 교직원
	재난 대비	비상대피 시 교직원 업무분담	
4월	아동학대 예방	• 가정과 연계하여 지도하기 : 영유아를 존중하는 훈육이란? • 일과의 흐름에 따른 배려적 훈육	전 교직원
	재난 대비	재난 대비(황사) 안전교육	
5월	아동학대 예방	• 또래 갈등을 위한 중재적 훈육 • 방해 · 비참여 영유아를 위한 대안적 훈육	전 교직원
	교통 안전	교통 안전교육	
6월	아동학대 예방	전문가의 협력이 필요한 영유아	전 교직원
	건강 안전	인공호흡 및 응급처치법	
7월	아동학대 예방	영유아권리 이해하기	전 교직원
	생활 안전	물놀이 안전교육	
8월	아동학대 예방	영유아권리 감수성 향상을 위한 보육교직원 역할	전 교직원
	재난 대비	재난 대비(폭염) 안전교육	
9월	아동학대 예방	영유아권리 감수성 향상을 위한 부모역할	전 교직원
	성폭력 예방	성폭력 예방 안전교육	
10월	아동학대 예방	• 체벌을 대신할 실제적인 프로그램 • 체벌의 가장 좋은 대안	전 교직원
	건강 안전	일반전염병 종류 및 예방대책	
11월	아동학대 예방	아동권리를 존중하는 효과적인 상호작용 1	전 교직원
	실종 · 유괴 예방 방지	실종아동 예방 및 아동인권교육	

일정	구분	교육 내용	대상
12월	아동학대 예방	아동권리를 존중하는 효과적인 상호작용 2	전 종사자
	재난 대비	재난 대비(폭설) 안전교육	
1월	아동학대 예방	아동학대 예방 교사 인성 프로그램	전 교직원
	건강 안전	화상 대처방안 안전교육	
2월	아동학대 예방	아동학대 신고의무자가 꼭 알아야 하는 아동학대 예방요령	전 교직원
	약물 오남용	약물 오남용 안전교육	

출처 : 강남구립 가로수어린이집.

④ 연간 부모안전교육계획안

부모를 대상으로 한 연간 안전교육계획안에는 교육 내용뿐만 아니라 구체적인 방법까지 기재함으로써 체계 있는 안전교육계획을 수립할 수 있다.

표 6-9 어린이집 자체 부모안전교육

월	교육 내용	외부 교육	내부 교육	가정 통신문
3	(부모) – ○○시 어린이집 부모 사전 참여교육 : ○○○ 육아종합지원센터 주최	●		●
				●
	(안전) – 신입, 재원생 오리엔테이션 – 아동학대신고의무교육 – 예방접종 및 영유아 건강검진 안내		●	●
			●	●
				●
4	(부모) – 서울시 어린이집 부모사전교육 및 부모상담 안내			●
	(안전) – 어린이집 건강 주치의제 부모교육 (영유아 감염관리 및 개인위생관리방법) : ○○○ 육아종합지원센터 주최	●		●
5	(부모) – 자녀를 건강하게 양육하는 방법			●
	(안전) – 수족구병 안내하기			●
6	(부모) – 자녀 성교육			●
	(안전) – 감염병 예방			●

월	교육 내용	외부 교육	내부 교육	가정 통신문
7	(부모) – 안전한 여름을 보내요			●
	(안전 – 어린이 눈 관리			●
8	(부모) – 밥상머리 교육			●
	(안전) – 장마철 및 여름 휴가철 건강관리			●
9	(부모) – 부모님 건강교육			●
	(안전) – 가을철 바이러스 안내하기			●
10	(부모) – 찾아가는 안전교육 : ○○○ 육아종합지원센터 주최		●	●
	→ 우리 아이 아토피			●
	(안전) – 아동학대 예방교육			●
11	(부모) – 우리 아이 인성교육			●
	(안전) – 성학대 예방			●
12	(부모) – 독감 예방교육			●
	(안전) – 우리 몸을 지켜요			●
1	(부모) – 우리 아이 예절교육			●
	(안전) – 영아 돌연사			●
2	(부모) – 신입, 재원생 오리엔테이션		●	●
	(안전) – 아동권리			●

출처 : 양천구 샘물어린이집.

2) 안전교육의 실행

(1) 안전교육 접근방법

영유아를 위한 안전교육은 다양한 방법으로 실시되어야 하며 안전교육이 지속적, 반복적으로 실시될 때 교육의 효과가 있다. 안전교육의 구체적인 방법을 몇 가지 정리하면 다음과 같다.

첫째, 주제 선정에 따른 통합적 접근방법이다. 주제를 선정하여 통합적인 접근방법으로 안전교육을 실시한다는 것은 영유아들의 일반적인 교수학습방법인 생활 주제 중심 통합교육에서 안전교육 내용을 녹아들게 하여 유아에게 안전지식과 기술, 태도 등을 교육한다는 것이다. 주제와 관련된 자유선택활동, 노래 부르기, 동화, 동극, 게임, 견학 등의 활동 전개 시 다양한 장면에서 안전영역을 포함함으로써 안전에 대한 교육을 실시하는 것이다. 예를 들어, 교통기관에 대한 주제 전개 시 교통규칙에 대한 이야기 나누기를 전개하고, 교통 안전표지판을 만들며, 쌓기 영역에서 교통 안전표지판에 따라 자동차놀이를 하는 등의 접근방법이다.

둘째, 상황 중심 안전교육 접근방법이다. 이는 유아가 자신들의 생활 상황과 밀접한 구체적 상황에서 직접 체험을 통해 학습하는 것을 의미한다. 예를 들어, 유아가 뉴스를 통해 들은 소식이나 견학 또는 특별한 행사가 있을 때 그 상황을 이용하여 그 상황에 필요한 내용에 대해 안전교육을 실시하는 것이다. 이러한 상황 중심 교육방법은 유아들의 동기유발이 용이하고 실제 상황과 직접 연결된다는 장점이 있으나 모든 안전교육 내용을 다 포함시킬 수 없다는 단점이 있다.

셋째, 경험을 통한 안전교육 접근방법이다. 경험에 근거한 안전교육은 유아가 자신과 밀접한 주변세계에서 발생할 수 있는 사고의 위험을 인식하고, 위험으로부터 자신을 적극적으로 보호할 수 있는 문제해결능력과 안전한 행동을 향상시키는 방법이다. 경험을 통한 안전교육활동의 예로, 도입단계에서는 안전한 행동에 대한 사전 지식을 습득하기 위해 문제 상황을 설정하고 전개에서는 문제 상황 분석하기, 문제 상황에 대한 대처행동 계획하기, 문제해결방안 탐색하기, 모의 상황 활동 전개하기를 통해 안전한 행동을 파악하고 유아 스스로 대처행동을 전개하는 것이다. 마지막에는 토의활동을 통해 느낀 점을 표현하고 활동을 적용하는 방법이다(한영숙 · 최태식, 2006).

넷째, 행동 중심 안전교육 접근방법이다. 행동 중심 안전교육은 유아의 행동 변화를 목적으로 두고 교사가 직접 설명을 하거나, 시범 보이기, 반복학습과 같은 형태로 이루어진다. 영유아의 안전한 행동이 형성되도록 하기 위해 자극, 강화, 일반화의 과정을 통해 안전교육을 실시하는 것이 특징이다. 예를 들어, 교사가 날카로운 물건을 사용하는 방법에 대해 모델을 제시한 후 유아는 교사의 행동을 모방하고, 점진적이고 반복적인 학습과정을 거쳐 안전한 행동이 형성되도록 하는 것이다. 이러한 학습이 진행된 후 교사는 실제 지속적으로 유아들의 행동이 반복되고 습관화되었는지 관찰하고 강화한다.

(2) 안전교육활동의 지도원리 및 방법[4)]

- 안전교육은 영유아의 발달 및 연령특성을 고려한다. 영아는 개별/소집단교육이 바람직하며, 유아는 대・소집단교육이 가능하다.
- 영유아의 경험이나 일상생활과 관련된 내용을 선택하며 어떤 사례나 상황이 일어났을 때 그 경험을 안전교육을 실행하기 위한 자연스러운 학습의 기회로 삼는다.
- 영유아의 흥미를 유발하여 학습참여의 동기를 높이기 위해 쉽고 재미있으며 다양한 방법으로 계획 및 실시한다. 다양한 안전교육활동방법으로 이야기 나누기, 역할극, 현장견학, 미술활동, 실습, 동화 및 동시, 게임, 전문가 초빙 등의 방법이 있다.
- 안전교육은 하나의 주제 아래 각 영역의 활동을 통합적으로 계획하며 관련 주제 내에서 계획된 활동에 의해 이루어져야 한다.
- 안전에 대한 실제적 상황에 가깝게 활동할 수 있도록 한다. 예를 들어, 신호등, 건널목, 자동차, 역할 정하기, 규칙 등을 정해 실제와 유사한 장면에서 교통 안전교육을 실시한다.
- 주제에 따른 다양한 교구와 매체를 활용한다.
- 안전교육활동의 효과를 높이기 위해 가정과 연계교육이 이루어지는 것이 바람직하다.
- 영유아를 대상으로 하는 안전교육활동은 영유아의 발달단계와 특징을 고려하여 지속적이고 반복적으로 실시한다.
- 안전교육을 실시하는 시간 이외에도 가르칠 수 있는 순간을 포착하여 안전교육을 지도하며 유아 간에 서로 가르칠 수 있는 분위기를 조성해준다.
- 영유아가 위험 상황을 알고 스스로 자신의 안전을 보호할 수 있는 능력과 기술을 가지도록 지도한다.

---

4) 어린이집안전공제회(2014). 어린이집보육교육지원 안전교육.

- 안전교육을 실행한 후 실행 일자, 실행 후 평가 등을 기록한다. 이때 실행 결과는 교육보육일지 또는 운영일지에 기록한다.
- 영유아를 위한 안전능력 평가의 방향은 활동과정 및 생활 속에서 지식뿐 아니라 태도와 기술 변화에 대해 교사의 관찰과 기록을 통해 평가한다.

표 6-10 안전교육방법

구분	특징
설명하기 및 시연하기	어떠한 사실을 직접 설명하거나 시범 보이기 등의 교수방법이다. 안전행동의 이해에 도움을 주어 영유아에게 안전기술을 가르치는 데 효과적이다.
토의	안전과 관련된 갈등 상황에서 발생할 수 있는 문제를 파악하고 자신의 생각을 다른 사람과 함께 나눔으로써 다른 사람을 보다 잘 이해하게 된다.
문제해결	영유아의 추론능력을 향상시키고 영유아 스스로 여러 가지 위험 관련 갈등 상황에 대한 다양한 해결방법을 모색하게 함으로써 문제해결능력을 길러준다(예 : 교통사고가 발생할 수 있는 위험한 상황에 대한 그림을 보여 주고 어떠한 방식으로 문제를 해결해야 교통사고를 방지할 수 있는지에 대해 알아본다).
역할놀이	안전과 관련된 역할놀이를 통해 영유아로 하여금 자기중심적 사고에서 벗어나 다른 사람의 관점을 이해할 수 있도록 도와준다(예 : 교통 경찰관 놀이를 통해 횡단보도를 안전하게 건너는 방법을 터득하고 도로체계를 간접적으로 이해한다).
모델링	직접적인 학습 경험 외에도 모델의 활동을 관찰함으로써 간접적으로 강화를 받는다(예 : 교사의 화재 대피 행위를 모델링하여 화재 상황 시 취해야 할 안전행동을 습득한다).
시뮬레이션	실제와 유사한 상황을 제공하고 영유아가 스스로 행동하도록 요구하여 행동결과를 직접 관찰할 수 있는 기회를 제공한다. 실제 상황에 전이하는 데 효과가 크다.

3. 현장학습 안전교육 및 지도

현장학습이란 유아교육기관 내에서 경험할 수 없는 기관, 시설 등을 방문하여 직접적인 경험을 하는 활동을 말한다. 예를 들면, 공공기관, 식물원・동물원, 고궁, 공원, 문화 예술 공연, 전시 및 체험관 등을 방문하여 구체적이고 풍부한 경험을 갖도록 하는 것이다. 현장학습은 영유아들의 흥미를 유발하고, 영유아들에게 필요한 지식을 구성해 나갈 수 있으며, 주제에 대한 개념을 깊이 있고 구체화하는 데 유익한 교육활동이다.

그러나 현장학습의 효과를 높이기 위해서는 무엇보다 현장학습 시 안전과 관련해 세심하게 준비하고 계획하는 것이 매우 중요하다. 현장학습 시 유의점을 현장학습 전, 중, 후로 구분하여 살펴보면 다음과 같다.

1) 현장학습 시 유의점

(1) 현장학습 전 준비사항

- 계획을 수립한다. 월간 또는 주간보육계획안에 현장학습과 관련된 계획을 수립한다. 이때 영유아들의 건강상태와 날씨를 고려하고 사전에 학부모 의견을 수렴한다.
- 부모에게 가정통신문, 홈페이지, 대화수첩, 교육계획안 등 문서를 통해 현장학습에 대한 자세한 사항을 공지한다.
- 현장학습 참여 유무 동의서를 받고, 동의서에는 부모 서명을 받는다.
- 현장학습을 가기 전에는 자주 가는 장소라도 계절이나 시기에 따라 주위환경이 달라질 수 있으므로 반드시 사전 답사를 실시한다.
- 사전 답사 시 동선을 파악하고 화장실의 위치, 장애물이나 위험요인 유무를 점검한다.
- 사전 답사 시 위험한 곳, 벌레가 많은 곳 등은 가급적 다니지 않도록 이동경로를 정하고 위험한 사항에 대해서는 기록해둔다. 이러한 기록은 다음 견학계획 시에도 유용하게 적용될 수 있다.
- 현장학습에 대한 전반적인 계획표를 작성하고 시간대별 세부일정을 작성한다.
- 시간대별로 교사, 보조교사, 자원봉사자들이 각각의 역할을 충실히 할 수 있도록 사전에 역할분장을 정확히 정한다.
- 영유아 및 교사를 대상으로 안전교육을 실시한다. 즉, 비상상태 시 구조법 및

현장학습 중 미아 발생 시 대처

- 우선 영유아를 마지막으로 본 곳으로 되돌아간다.
- 함께 걷던 짝이나 친구에게 물어본다.
- 걸어오던 방향으로 가면서 영유아를 찾는다(영유아의 발달특성상 가던 방향으로 계속 걷는 경향이 있음).
- 영유아가 좋아하는 음식을 팔거나 장난감이 있던 곳으로 가 본다.
- 근처에 있던 교직원, 관리자, 부모(일정 시간이 지나도 못 찾을 경우)에게 신속히 알린다.
- 안내방송을 한다(영유아의 옷차림, 신체적 특징을 자세히 안내).
- 경찰서(112)와 경찰청 실종아이 찾기센터(182)로 신고한다.

응급처치 요령을 숙지한다.

- 필요한 준비물을 챙긴다. 영유아 명단, 비상약품, 비상연락처, 기타 물품**핸드폰, 호루라기, 일정표, 카메라, 물수건, 여벌옷, 경비 등**을 사전에 빠짐없이 준비한다. 이때 체크리스트를 통해 준비해야 할 사항을 빠짐없이 확인한다.
- 영유아 및 교사의 복장을 확인한다. 활동하기 편한 복장과 끈이 없고 신체 크기에 맞는 운동화를 착용한다. 교사는 향수를 뿌리지 않도록 한다.
- 영유아가 동 · 식물 알레르기가 있는지 확인한다.
- 차량 이용 시 운전자 정보 공개 및 안전운전에 대한 협조를 요청한다.
- 영유아에게 주의사항에 대해 이야기하고 안전에 관한 약속을 한다.
- 출발 전 미리 화장실을 다녀오게 하고 유아교육기관을 떠나기 전에 인원점검을 한다.

(2) 현장학습 중 주의사항

- 차량 이용 시 안전벨트를 착용하도록 하고, 차량 내부의 안전사항을 살핀다.
- 출발하기 전 영유아들에게 교통기관 이용 시 지켜야 할 안전규칙에 대해 다시 한 번 주의를 준다.
- 장소에 도착하면 도착지점과 시간을 확인하고 다시 한번 전체 인원점검을 한다.

- 영유아가 전체 무리에서 벗어나지 않도록 주의하며, 빨리 걷도록 재촉하지 않는다.
- 혼자서 갑자기 뛰거나 앞을 보지 않고 걷다가 넘어지지 않도록 지도한다.
- 새로운 환경에 대한 충분한 오리엔테이션을 한다.
- 나들이, 산책 시 사람이 너무 많은 곳은 피해 안전한 장소로 인솔하고, 수시로 인원을 확인한다.
- 영유아들의 건강상태를 살피고 활동하는 시간만큼 충분한 휴식시간을 갖는다. 기다리는 경우 앉아서 기다리도록 한다.
- 간식 등 음식은 그늘지고 서늘한 곳에 보관한다. 식사 전에는 손을 씻거나 위생 물수건으로 청결관리를 한다. 점심 도시락은 가급적 정오 12시 이전에 섭취한다.
- 영유아들은 선생님이나 친구들이 보이는 곳에서 놀이한다.
- 이동할 때 선생님, 친구들과 함께 이동한다. 이때 반 전체의 영유아보다 소집단으로 이동하여 각 교사가 수시로 인원을 점검하는 등 영유아를 지속적으로 살피는 것이 바람직하다.
- 소음이 많고 영유아들이 들떠 있어 교사의 목소리를 잘 듣지 못할 수 있으므로 교사는 호기심 많은 영유아들이 위험한 상황에 놓이지 않도록 세심한 주의를 기울인다.
- 화장실을 이용할 경우 반드시 교사와 함께 가도록 지도한다.

(3) 현장학습 후 확인사항

- 화장실에 들렀다가 유아교육기관으로 돌아온다. 이때 다시 한 번 안전에 대한 주의를 준다.
- 귀원 후 인원을 점검하고 소지품을 확인한다.
- 견학 후 차량 하차 시 교육기관으로 뛰어들어가지 않는다.
- 유아교육기관에 도착 후 손을 씻고 영유아의 건강상태를 살핀다.
- 활동 및 안전과 관련한 평가표를 작성한다.

2) 현장학습 시 가정과의 협조사항[5)]

- 현장학습 시 해당 시간을 지켜 등원할 수 있도록 협조를 부탁한다. 현장학습 출발시간에 임박하여 등원하는 경우 교사와 영유아가 서두르거나 흥분된 상태에서 출발하여 안정적이고 유익한 현장학습 진행에 부정적 영향을 미칠 수 있으며 안전사고가 발생할 수 있다.
- 안내문을 통해 공지한 물품 등이 있는 경우 가정에서 철저히 준비해주어 영유아들이 즐거운 현장학습이 될 수 있도록 한다.
- 안전사고 예방을 위해 평소 익숙한 운동화, 모자, 편안한 옷차림을 하도록 한다. 영유아가 익숙하지 않은 새로운 옷이나 신발은 활동 중 안전사고가 발생할 수 있다. 특히, 장식 또는 끈 달린 옷이나 운동화는 끼거나 걸려 안전사고가 발생할 수 있으므로 착용하지 않는다.
- 현장학습 시 가정에서 음식을 준비해오는 경우 냉장보관이 어려워 음식물이 상하기 쉽다. 그러므로 당일 아침 신선한 재료로 조리한 음식을 준비하되, 계절 및 날씨 등을 고려한 식재료를 사용하여 음식을 마련하도록 한다.
- 현장학습 중 응급 상황 발생 시 보호자가 제출한 응급처치 동의서에 기록된 비상연락처의 순서대로 연락을 하므로 학기 초 응급처치 동의서에 비상 연락처를 정확하게 기록한다. 중간에 변경사항이 있는 경우 반드시 통보하여 연락불통으로 조치가 늦어지지 않도록 협조한다.
- 가족이 함께하는 행사 시 영유아 및 가족의 안전에 대한 책임은 보호자에게 있으므로 안내한 내용을 바탕으로 안전에 유의하도록 한다.

3) 현장학습 시 영유아 안전수칙[6)]

(1) 횡단보도에서

- 횡단보도 앞에 가면 반드시 멈춘다.
- 횡단보도에서 한 발짝 물러서서 기다린다.

5) 어린이집안전공제회(2016). 영유아 안전을 위한 보호자용 길라잡이.

- 빨간불일 때는 건너지 않는다.
- 초록불이 켜지면 차가 멈춰 섰는지 왼쪽, 오른쪽을 살펴본다.
- 차의 운전자를 보며 손을 높이 들고 건너간다.
- 신호등이 초록불이더라도 차가 횡단보도로 들어올 때는 건너가지 않는다.
- 신호등이 초록불이더라도 횡단보도가 아닌 곳으로 건너가지 않는다.
- 부득이하게 신호등이 없는 횡단보도에서 건널 때는 선생님과 함께 건넌다.

(2) 차에서

- 차가 서기 전에 타려고 뛰어가지 않는다.
- 승 · 하차는 차례로 줄을 서서 한 명씩 타고 내린다.
- 앞사람과의 거리를 두고 몸이 닿지 않도록 주의하며 차에 오르고 내린다.
- 안전벨트를 하고 자리에 바르게 앉는다.
- 물건이 떨어져도 차 밑으로 손을 넣지 않는다.
- 창밖으로 손이나 머리를 내밀지 않는다.
- 차에 앉은 후 내릴 때까지 일어나지 않는다.
- 차가 완전히 멈춘 후 안전띠를 풀고 내릴 준비를 한다.
- 눈비가 올 경우 바닥이 미끄러우므로 승 · 하차 시 더욱 주의한다.
- 차에서 내리면 선생님과 함께 있는다.

(3) 산책 및 공원에서

- 혼자 멀리 돌아다니지 않는다.
- 잔디나 풀밭에 눕지 않는다.
- 화장실에 갈 때에는 선생님께 말씀드린 후 함께 간다.
- 잘 모르는 식물이나 이물질을 만지거나 입에 넣지 않는다.
- 돌이나 모래를 함부로 던지거나 뿌리지 않는다.
- 모르는 사람은 따라가지 않는다.

---

6) 보건복지부 · 어린이집안전공제회(2014). 어린이집 야외활동 안전 길라잡이.

- 영유아 혼자 선생님 주변을 떠나지 않는다.

(4) 동물원 및 식물원에서

- 동물에게 먹이를 함부로 주지 않는다.
- 동물 우리 안으로 신체 일부를 넣지 않는다.
- 쓰레기는 쓰레기통에 넣는다.
- 식물은 함부로 만지지 말고, 눈으로만 본다.
- 울타리나 유리문을 두드리지 않는다.
- 동물은 허락된 곳에서 전문가의 감독하에 지정된 부위만 만져본다.

(5) 유원지 및 놀이공원에서

- 놀이기구가 완전히 멈추기 전에 일어서지 않는다.
- 위험 표시물 줄을 잡고 흔들지 않는다.
- 놀이기구를 함부로 만지지 않는다.
- 나무나 벤치 등 높은 곳에 올라가 뛰어내리지 않는다.
- 자신의 소지품모자, 가방, 손수건 등이 날아가거나 놓칠 경우 소지품을 따라가지 않고 교사에게 도움을 요청한다.

(6) 공연장, 박물관에서

- 뛰거나 앞사람을 밀지 않고 천천히 걷는다.
- 소리를 지르거나 장난을 치지 않는다.
- 장비나 작품에 함부로 손을 대지 않는다.

(7) 엘리베이터에서

- 천천히 오르고 내린다.
- 엘리베이터 문에 기대지 않는다.
- 탑승 시 내부에서 뛰지 않는다.
- 버튼을 여러 번 누르지 않는다.

(8) 에스컬레이터에서

- 천천히 오르고 내린다.
- 사람이 올라탄 계단에서 한 칸 건너서 탄다.
- 친구와 손을 잡고 타지 않는다.
- 에스컬레이터 계단을 함부로 올라가거나 내려가지 않는다.
- 에스컬레이터 손잡이 밖으로 몸을 내밀지 않는다.
- 에스컬레이터 손잡이를 잡고 탑승한다.

(9) 회전문 및 자동문에서

- 천천히 걷는다.
- 장난치거나 뛰지 않는다.
- 손, 발, 옷이 끼지 않도록 조심한다.
- 문 주변에서 놀지 않는다.

(10) 물놀이장에서

- 수영하기 전에 꼭 준비운동을 한다.
- 수영 중 선생님의 말씀에 귀를 기울인다.
- 수영 중에 음식을 먹지 않는다.
- 수영장으로 심하게 뛰어들어가지 않는다.
- 물속에서 심한 장난을 치지 않는다.
- 다리에 쥐가 나거나 몸이 차고 떨리면 물 밖으로 나온다.
- 수영장 안에서는 발이 닿고 배꼽 정도의 깊이에서 물놀이를 한다.
- 어른이나 안전요원이 있는 곳에서만 물놀이를 한다.

PART 3

유형별 안전교육의 실제

CHAPTER

07

생활 안전교육

CHAPTER

07

아직 발달이 미숙한 영유아가 생활하는 영유아교육기관에서 다양한 안전사고가 발생하고 있다. 안전사고로부터 영유아를 보호하기 위해 교육기관 현장에서 발생하는 사고요인을 찾아 그 요인을 제거하고 안전한 생활을 할 수 있도록 안전에 대한 지식, 기술, 태도를 습득하여 사고를 예방할 수 있는 안전교육이 이루어져야 한다. 이 장에서는 영유아를 둘러싼 생활환경을 실내환경과 실외환경으로 구분하여 각 공간의 위험요인을 제거하는 방법과 안전교육 내용을 알아보고자 한다.

1. 실내환경 안전

영유아사고가 발생하는 장소별 현황을 살펴보면 어린이집 실내에서 사고가 75.8%, 어린이집 실외환경에서 사고가 24.2%로 실내 사고 발생이 실외보다 3배 이상 많이 나타나고 있다. 실내 공간 중 보육실에서의 사고가 72.3%로 가장 높게 나타났고 다음은 유희실강당과 복도15.1% 및 계단5.7% 순으로 발생하였다. 이는 영유아들이 오랜 시간을 보내고 있는 장소에서 가장 많은 사고가 발생함을 의미한다. 따라서 영유아가 생활하는 공간은 안전이 최우선되어야 하며 안전한 환경을 구성하고 점검 및 관리할 뿐 아니라 안전한 생활을 할 수 있도록 지속적이고 체계적인 안전교육이 이루어져야 한다.

표 7-1 사고 발생 장소별 영유아사고 현황

어린이집 실내(75.8%)		어린이집 외(24.2%)	
장소	건(%)	장소	건(%)
보육실	10,665(72.3)	놀이터 및 마당	2,788(59.0)
유희실(강당)	2,231(15.1)	견학장소 · 공원	1,184(25.1)
복도 및 계단	841(5.7)	길(등 · 하원 및 이동 중)	345(7.3)
화장실	555(3.8)	실내놀이터	262(5.5)
현관	294(2.0)	기타	145(3.1)
식당 및 조리실	103(0.7)		
기타	70(0.5)		
계	14,759(100)	계	4,724(100)

출처 : 어린이집안전공제회 통계자료집(2015).

1) 실내 공간

최근 사회적인 요구에 의해 많은 영유아가 교육기관에서 보내는 시간이 길어지고 있다. 이에 영유아교육기관의 환경은 영유아의 안전한 삶을 살아가게 하는 중요한 공간이기도 하다. 따라서 교사는 사고의 위험에서 영유아를 보호하기 위해 안전하고 편안한 실내환경을 구성해 주어야 한다.

(1) 현관

현관은 많은 사람들이 드나드는 곳으로 환영받는 느낌의 따뜻함과 동시에 영유아들이 실외놀이, 견학 등의 활동 시 함께 이용하는 곳이므로 충분한 공간이 확보되어야 한다. 또한 영유아가 성인의 보호 없이 나갈 수 없고, 외부인이 침입하지 못하도록 개폐장치를 설치하고 관리해야 하며, 영유아가 사용하는 모든 출입문에는 손끼임 방지장치 부착 및 속도조절장치도어체크를 설치해야 한다. 눈이나 비가 오는 날의 경우에는 물기로 인해 넘어지는 사고가 발생할 수 있으므로 시공 시 미끄럼방지가 되어 있는 재료로 시공한다. 바닥이 미끄러운 재질로 설치가 되어 있다면 물기를 바로 제거하거나 매트를 깔아 안전을 확보해야 한다.

① 현관문과 인터폰

- 외부 현관문은 항상 잠겨 있어야 하며, 영유아가 발에 걸려 넘어지지 않도록 돌출부, 문턱이 없는 것을 권장한다.
- 유리문의 경우 안전하고 깨지지 않는 두꺼운 강화유리로 설치할 것을 권장한다.
- 투명유리문인 경우 충돌을 피할 수 있도록 영유아의 눈높이에 반투명이나 그림으로 표시해 준다.
- 문틈 사이로 손과 발이 끼이지 않도록 손끼임 방지장치를 설치한다.
- 문에 모서리가 있는 경우 모서리 보호대를 설치한다.

그림 7-1 넓은 어린이집 현관과 인터폰

- 현관문 앞에 벨이나 인터폰 중 하나 이상은 반드시 설치한다.
- 벨이나 인터폰에 선이 달려 있는 경우 영유아의 손이 닿지 않는 위치에 설치한다.
- 인터폰을 설치할 경우 각 실의 인터폰 번호와 사용방법 등 안내문을 부착한다.

② 신발장

- 신발장은 함께 사용 시 혼잡을 피하기 위해 가로로 넓고 낮게 설치한다.
- 신발장 위에 물건을 적치하지 않고 모서리는 둥글게 처리하는 것이 좋다.
- 현관이 좁은 경우 현관에서 신발을 벗고 신을 수 있는 인원수만큼 적절히 나누어 진입하도록 교사의 지도가 필요하다.

그림 7-2 신발장의 예

③ 유모차 및 우산보관 장소

- 현관의 출입에서 통행에 방해가 되지 않도록 공간을 확보하여 설치한다.
- 주차한 유모차는 바퀴를 움직이지 않도록 고정시킨다.

그림 7-3 유모차 보관대의 예

(2) 교실

영유아교육기관에서 영유아가 가장 오랜 시간을 보내는 곳인 동시에 사고가 가장 많은 곳이 바로 교실이다. 교실 크기가 작을 경우 공격적인 행동이 발생하여 사고를 유발하므로 충분한 공간을 확보하는 것이 바람직하다. 좁은 공간이라도 영유아의 연령과 발달수준에 맞게 구성된 환경은 영유아의 문제행동을 줄이고 더욱 놀이에 집중할 수 있게 도와주므로 교사는 보육실의 안전한 환경을 구성하기 위한 많은 노력이 필요하다.

① 출입문과 바닥

- 보육실문에 손끼임 사고가 많이 발생하므로 손끼임 방지장치를 설치한다.
- 바닥은 난방장치가 되어 있어야 하며 턱이 없어야 한다.
- 바닥은 단단한 소재보다 미끄럼 방지 처리가 된 바닥재를 사용하거나 충격흡수가 되는 어린이용 바닥매트를 사용하는 것을 권장한다.
- 모든 문에는 문이 닫히는 것을 방지하는 문닫힘 방지대를 설치한다.
- 영아반에는 안전문안전울타리을 설치한다.

② 창문과 교구장

- 창문은 유아가 밖을 볼 수 있는 높이에 설치하며 교실이 2층 이상인 경우 창문에 안전장치안전창살, 이중창 또는 난간 등를 설치한다.
- 창문유리는 안전유리를 설치해야 하고, 부딪침 방지를 위해 창문을 식별할 수 있도록 스티커 등을 채광을 고려하여 부착한다.
- 모서리가 있는 곳에는 모서리 보호대를 설치한다.
- 창문에 설치된 블라인드 줄은 영유아의 손에 닿지 않도록 짧게 정리한다.
- 창문의 전체 면적은 보육실 바닥 면적으로 15~20% 정도가 적당하고 환기와 안전을 위해서 창문의 윗부분을 열 수 있게 하는 것이 좋다.
- 교구장은 모서리가 둥굴게 처리된 것을 사용하며 영유아의 신체 크기에 따라 영아는 2단장을, 유아는 3단장을 사용한다.
- 교구장이 영유아의 힘에 의해 넘어지거나 움직일 수 있으므로 바퀴를 고정시키거나 벽에 붙여 배치한다.

그림 7-4 영아반 교실

그림 7-5 영아반 안전문

그림 7-6 유아반 교실

(3) 유희실

유희실은 공간의 여유가 있다면 별도의 공간으로 배치되는 것이 좋다. 추운 겨울이나 우천 시 실외놀이터를 대신할 수 있고, 다양한 신체활동이 이루어질 수 있는 넓은 공간이 필요하다. 영유아가 마음껏 뛰고 구르며 놀이할 수 있도록 영유아 키 높이의 벽면, 바닥, 기둥, 모서리에 충격을 완화하고 청결을 유지하기 쉬운 재질을 선택하여 보호장치를 설치한다. 또한 놀이 중 서로 부딪힘이 일어나지 않도록 기구는 서로 충분한 공간을 두고 비치한다. 공기청정기나 에어컨 같은 설비, 교구 정리를 위한 수납장 등을 비치하여 보다 쾌적하고 정돈된 공간을 준비한다. 실외놀이와 같이 유희실도 활동량이 많은 곳이기에 안전사고가 많이 일어나는 장소이다. 따라서 안전하게 놀이할 수 있도록 안전규칙을 알려주는 등 안전교육이 반복적으로 이루어져 습관화될 수 있도록 지도해야 한다.

그림 7-7 벽면 보호장치가 설치되어 있는 유희실

(4) 화장실

화장실은 교사가 영유아들을 관리하기 쉽게 교실과 바로 연결해서 설치하는 것이 바람직하다. 화장실 바닥은 물기가 많아 넘어지는 사고가 빈번히 발생하는 장소이다. 바닥을 미끄럽지 않은 재질로 시공하는 것이 가장 좋으며, 시공 후라면 미끄럼 방지 매트나 스티커를 사용해 미끄럼 방지장치를 설치해야 한다.

- 영유아용 화장실 문은 안과 밖에서 다 열 수 있도록 설치한다.
- 교사가 비상 시 안을 들여다볼 수 있는 높이로 설치한다.
- 온수는 뜨겁지 않도록 일정한 온도를 유지할 수 있는 온수조절장치를 설치한다.
- 세제 및 청소용품 등 위험한 물건은 영유아 손이 닿지 않는 곳에 보관하거나 잠금장치를 한 후 보관한다.
- 교사용 화장실과 세탁실은 위험요소가 있으므로 잠금장치를 설치한다.
- 돌출형 라디에이터의 경우는 화상방지를 위한 안전장치를 설치한다.

그림 7-8 미끄럼 방지 및 온수조절장치가 설치된 화장실

(5) 계단

어린이집은 1층에 설치하는 것이 원칙이지만, 1층과 2, 3층을 함께 사용하고 있는 시설도 있어 영유아들이 매일 계단을 이용하고 있기에 계단에서 빈번하게 사고가 발생하고 있다. 계단에서의 안전규칙을 지도하고 미끄럼 방지 설비상태 등 안전

장치의 규칙적인 점검을 통해 영유아가 다치는 일이 없도록 관리한다.

- 계단의 상·하부에 안전문을 설치하고 필요하지 않을 때에는 문을 닫아둔다.
- 계단에는 110cm 이상 높이의 난간을 양쪽에 설치하며, 영유아들의 몸이 빠져나가지 않도록 난간 세로봉의 간격은 10cm 미만으로 한다.

그림 7-9 난간봉이 설치된 안전한 계단

- 계단은 항상 밝게 하고 불필요한 물체를 적재해두거나 물이 떨어져 있지 않아야 한다.
- 계단 옆 벽면에는 그림이나 사진과 같은 장식물을 걸지 않는다.
- 계단 각 발판의 폭과 높이는 약 20cm, 그 폭은 적어도 25cm는 되어야 한다. 각 발판에는 2.5cm 이상의 미끄럼 방지 테이프를 붙여야 한다.

(6) 조리실 및 식당

조리실은 날카로운 조리도구와 불을 사용하는 곳으로 영유아에게 매우 위험한 장소이다. 따라서 안전문을 설치하여 영유아의 출입을 통제해야 한다. 조리실과 식당에서는 화상의 사고가 발생할 우려가 있으므로 정수기의 온수는 나오지 않도록 설치하고 음식은 충분히 식혀서 제공해 주어야 한다. 또한 식기건조기와 전기밥솥, 정수기, 전기주전자 등의 전기선이 영유아의 손에 닿지 않도록 설치하여 사용한다.

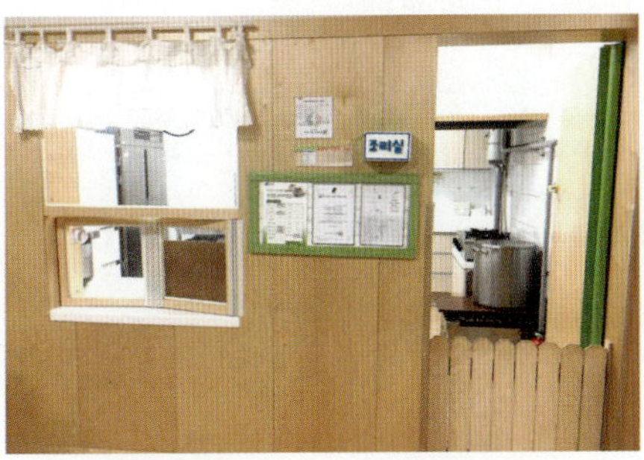

그림 7-10 조리실 입구 안전문

그림 7-11 조리실 내부

조리실과 식당에는 해충이 들어오지 못하도록 방충망을 설치해야 한다.

2) 놀잇감 안전

영유아교육기관에서 영유아 안전사고의 대부분이 놀이 상황에서 나타나는데, 사고 당시의 활동으로는 실내자유선택활동, 현장학습**실외활동, 견학, 나들이 등**, 정리정돈 및 전이활동 순으로 나타난다. 이것은 놀이 상황에서 안전사고가 가장 많이 일어난다는 것을 의미한다. 따라서 교사는 영유아가 놀이규칙을 이해하고 이를 준수할 수 있는 지식과 태도를 형성할 수 있도록 연령에 맞는 체계적인 안전교육을 계획하고 진행해야 한다.

표 7-2 교육활동별 영유아사고 현황

(단위 : 건, %)

교육활동별 사고 현황	건(%)		
	영아(만 0~2세)	유아(만 3~5세)	만 6세 이상~
실내자유선택활동	3,274(44.4)	3,544(33.4)	440(29.7)
현장학습(실외활동, 견학, 나들이 등)	1,058(14.3)	2,446(23.0)	428(28.9)
정리정돈 및 전이(활동)	590(8.0)	901(8.5)	111(7.5)
(대 · 소)집단활동	471(6.4)	949(8.9)	160(10.8)
식사 및 간식	637(8.6)	712(6.7)	86(5.8)
등원 및 귀가	507(6.9)	771(7.3)	81(5.5)
화장실 가기 및 손 씻기, 양치하기	504(6.8)	555(5.2)	53(3.6)
특별활동	80(1.1)	477(4.5)	112(7.6)
낮잠	237(3.2)	254(2.4)	6(0.4)
기타	22(0.3)	11(0.1)	6(0.4)
계	7,380(100)	10,620(100)	1,483(100)

출처 : 어린이집안전공제회 통계자료집(2015).

(1) 놀잇감 안전사고 현황

한국소비자원에서 실시한 어린이 안전사고 동향분석(2017)에 따르면 놀잇감으로 인한 사고 원인별 현황을 보면 완구를 삼킴/흡입사고가 853건33.0%으로 가장 많았으며, 완구에 부딪치거나 맞아서 발생하는 사고가 671건26.0%, 완구의 날카로운 부분에 베이거나 찔려서 발생하는 베임/찔림 442건17.1%의 순으로 나타나고 있다. 완구 종류를 확인할 수 있는 1,325건을 분석한 결과, 승용완구에 의한 사고가 436건32.8%으로 가장 많았으며, 블록류 187건14.1%, 작동완구 157건11.9% 등의 순으로 발생하였다. 승용완구는 탑승 중 미끄러짐이나 추락에 의한 사고가 대부분을 차지하고 있었으며, 블록, 구슬, 인형, 액세서리, 동전형/자석류, 건전지 등은 삼킴 사고가 가장 많은 것으로 나타나 작은 부품 등에 대한 성인의 각별한 주의가 필요하다. 이렇듯 영유아 안전사고의 원인으로 놀잇감의 형태, 재질, 소재의 유해성을 들 수 있다. 영유아 안전사고는 영유아의 신체적 · 정신적 상해뿐만 아니라 교사 역시 많은 갈등과 정서적 어려움을 유발하게 되므로 안전사고가 일어나지 않도록 사전에 예방하는 것이 중요하다.

표 7-3 사고 원인별 접수 현황

(단위 : 건, %)

위해 내용	건수	비율	위해 내용	건수	비율
삼킴/흡입	853	33.0%	눌림/끼임	51	2.0%
충돌/충격	671	26.0%	화학적 영향	21	0.8%
베임/찔림	442	17.1%	폭발	10	0.4%
미끄러짐/넘어짐	353	13.7%	기타	24	0.9%
추락/낙상	157	6.1%	합계	2,582	100%

출처 : 한국소비자원(2017).

표 7-4 완구 종류별 사고 원인

(단위 : 건, %)

구분	삼킴	충격	베임	미끄러짐	추락	눌림	화학	폭발	미상	기타	계
승용완구	2 (0.6)	55 (12.6)	10 (2.3)	224 (51.4)	123 (28.2)	17 (3.9)	0	0	0	4 (1.0)	436 (100)
블록	129 (69.0)	28 (15.5)	18 (9.6)	6 (3.2)	2 (1.1)	2 (1.1)	1 (0.5)	0	0	1 (0.5)	187 (100)
작동완구	37 (23.6)	74 (47.1)	30 (19.1)	9 (5.7)	0	4 (2.5)	0	2 (1.3)	0	1 (0.6)	157 (100)
발사체	28 (37.8)	31 (41.9)	12 (16.1)	0	0	1 (1.4)	1 (1.4)	0	1 (1.4)	0	74 (100)
포장 및 정리함	4 (6.1)	40 (60.6)	6 (9.1)	12 (18.2)	2 (3.0)	2 (3.0)	0	0	0	0	66 (100)
교구	12 (22.6)	19 (35.8)	8 (15.1)	5 (9.5)	0	0	4 (7.5)	0	5 (9.5)	0	53 (100)
구슬	52 (100)	0	0	0	0	0	0	0	0	0	52 (100)
인형	33 (68.8)	2 (4.2)	6 (12.5)	3 (6.3)	2 (4.2)	0	1 (3.0)	0	0	1 (3.0)	48 (100)
장난감칼	2 (4.7)	4 (9.3)	37 (86.0)	0	0	0	0	0	0	0	43 (100)
활동/운동완구	1 (2.6)	11 (28.2)	6 (15.3)	8 (20.5)	11 (28.2)	1 (2.6)	0	0	0	1 (2.6)	39 (100)
액세서리	24 (92.4)	0	0	1 (3.8)	0	0	1 (3.8)	0	0	0	26 (100)
동전형/자석류	17 (94.4)	1 (5.6)	0	0	0	0	0	0	0	0	18 (100)
건전지	15 (83.3)	0	0	0	0	0	0	3 (16.7)	0	0	18 (100)
가구완구	1 (5.9)	8 (47.1)	2 (11.8)	1 (5.9)	5 (29.3)	0	0	0	0	0	17 (100)
역할놀이	3 (21.4)	5 (35.7)	6 (42.9)	0	0	0	0	0	0	0	14 (100)
악기완구	1 (7.7)	5 (38.4)	4 (30.8)	0	1 (7.7)	1 (7.7)	0	0	0	1 (7.7)	13 (100)

구분	삼킴	충격	베임	미끄러짐	추락	눌림	화학	폭발	미상	기타	계
공	3 (33.3)	3 (33.3)	0	1 (11.1)	0	0	1 (11.1)	1 (11.1)	0	0	9 (100)
모형 완구	5 (55.6)	1 (11.1)	2 (22.2)	0	0	0	1 (11.1)	0	0	0	9 (100)
팽이	2 (40.0)	2 (40.0)	1 (20.0)	0	0	0	0	0	0	0	5 (100)
기타	13 (31.7)	13 (31.7)	9 (22.0)	0	0	1 (2.4)	0	3 (7.3)	0	2 (4.9)	41 (100)
계	384	302	157	270	146	29	10	9	6	11	1,325

출처 : 한국소비자원(2017).

(2) 놀잇감 선택기준 및 관리

영유아교육기관에서 사용되는 모든 교구는 완구의 일종으로 교육용 완구에 해당되며, 「어린이제품안전특별법」2016. 1. 27 시행에서 '안전 확인 대상 어린이제품'으로 분류되어 유해물질 안전요건과 물리적 안전요건을 준수하도록 규정하고 있다. 따라서 영유아에게 제공되는 모든 교구는 안전한 놀잇감으로 제공되어야 한다.

영유아교사가 놀잇감 선택 시 알고 있으면 도움이 되는 사항은 다음과 같다(정정옥 · 임미혜, 2012)

- 영유아를 위한 놀잇감 선택의 첫 번째 기준은 안전이다. 따라서 놀잇감 구입 시 '안전마크'나 '검마크'가 있는지 반드시 확인한다.
- 사용 설명서나 겉포장 등에 적혀 있는 표시사항**제품명, 모델명, 제조연월, 제조사명, 수입품일 경우 수입자명, 주소 및 전화번호, 안전표시, 사용 연령, 크기 및 한계체중, 제조국 등**을 확인한다.
- 발달에 따른 적합한 크기의 견고한 교재교구를 선정한다.
- 유해성이 허용치 이하인지 확인한다.
- 영아에게 제공하는 놀잇감은 질식사 예방을 위해 놀잇감의 지름이 3.5cm 이상의 크기인지 확인하고 너무 크거나 푹신한 인형은 피한다.
- 모서리가 날카롭지 않은지 확인한다.
- 건전지나 자석, 기타 작은 부속물이 빠지지 않았는지 확인한다.
- 놀잇감 소개 시 안전 관련 주의사항을 알려준다.

- 충분한 수의 교재교구를 준비해주고, 영아반의 교구는 동일한 것을 여러 개 구비한다.
- 부서진 것은 즉시 폐기하고 수리가 필요한 것은 방치하지 않으며 즉시 수리한다.

3) 생활용품 안전관리

(1) 침구

- 영아의 몸이 끼지 않도록 매트리스와 침대 사이에 공간이 없는 것으로 사용한다.
- 침대 난간의 세로 폭은 영아의 머리가 들어가지 않도록 7cm 이하로 선택한다.
- 침대 난간문은 항상 잠금상태로 두어 영유아가 떨어지는 것을 방지한다.
- 침대 안쪽에는 밟고 올라설 수 있는 큰 물건을 놓지 않는다.
- 이불, 요, 베개 등 침구류가 너무 푹신한 것은 영유아의 질식 위험이 있으므로 피한다.
- 침대를 창문 근처에 배치할 경우 블라이드 줄이나 커튼을 잡아당기지 않도록 거리를 두고 배치한다.
- 영유아가 사용하는 침구는 매주 1회 깨끗이 세탁하여 사용한다.

(2) 커튼 및 카펫

- 커튼과 카펫은 방염 처리된 것을 사용한다.
- 카펫은 매일 진공청소기 등으로 꼼꼼하게 청소해야 하며, 커튼도 먼지를 털고 자주 세탁한다.
- 블라인드 줄이나 커튼은 영유아가 당기지 않도록 높이를 조절하여 설치한다.

(3) 유모차

- 유모차는 견고하며, 안정감이 있어야 하고, 브레이크가 잘 작동하는지 확인한다.
- 이음새 부분에 손가락이나 발이 끼이지 않는지 점검한다.
- 유모차에서는 안전띠를 꼭 착용한다.
- 유모차에 영유아를 혼자 두지 않는다.

(4) 가전 및 전기제품

- 모든 가전제품의 전기줄은 영유아의 손에 닿지 않도록 처리한다.
- 사용하지 않는 콘센트에는 안전 덮개를 설치한다.
- 발열가전제품글루건, 커피포트 등은 영유아 손에 닿지 않게 관리한다.

(5) 접근방지 안전문

- 영아 혼자 밖으로 나가는 것을 방지하기 위해 보육실에 영아용 접근방지 안전문을 설치한다.
- 안전문 사이 손가락이 끼이지 않도록 푹신한 손끼임 방지 처리를 한다.

4) 실내 공기질 관리

실내활동 공간은 영유아뿐만 아니라 교사들이 하루의 90%를 생활하는 공간이기도 하다. 영유아의 경우 성인에 비해 단위체중당 오염물질 호흡량이 약 2배 많은 반면 해독 및 배설능력은 떨어져 실내 공기질 관리를 소홀히 할 경우, 알레르기나 복합화학물질 과민증 등과 같은 증세가 유발되며 건강에도 심각한 영향을 미친다. 이에 어린이집의 공기 오염 여부를 주기적으로 측정하고 발생 원인별로 개선방안을 마련해야 한다(어린이집 실내 공기질 관리요령 리플릿, 2011 ; 어린이집 · 아동복지

표 7-5 발생 원인 및 증상

원인	질환 분류	증상 및 증세
실내공기 중 부유미생물	알레르기 (allergy)	아토피성 피부질환, 천식, 알레르기비염 등의 알레르기 질환
신규 벽지 및 페인트 내 화학물질(휘발성유기화합물, 폼알데하이드 등)	새집증후군 (sick house syndrome)	두통, 눈, 코와 목의 따가움, 마른 기침, 피부 건조와 가려움 등의 증상 발생
실내 공기 중 복합적 화학물질에 지속적으로 노출된 경우 발생	복합화학물질과민증 (multiple chemical sensitivity)	피로, 두통, 어지러움, 졸림과 피로, 감기와 같은 증상, 불규칙하거나 빠른 심장박동 등 화학물질에 대한 과민반응

출처 : 환경부(2011).

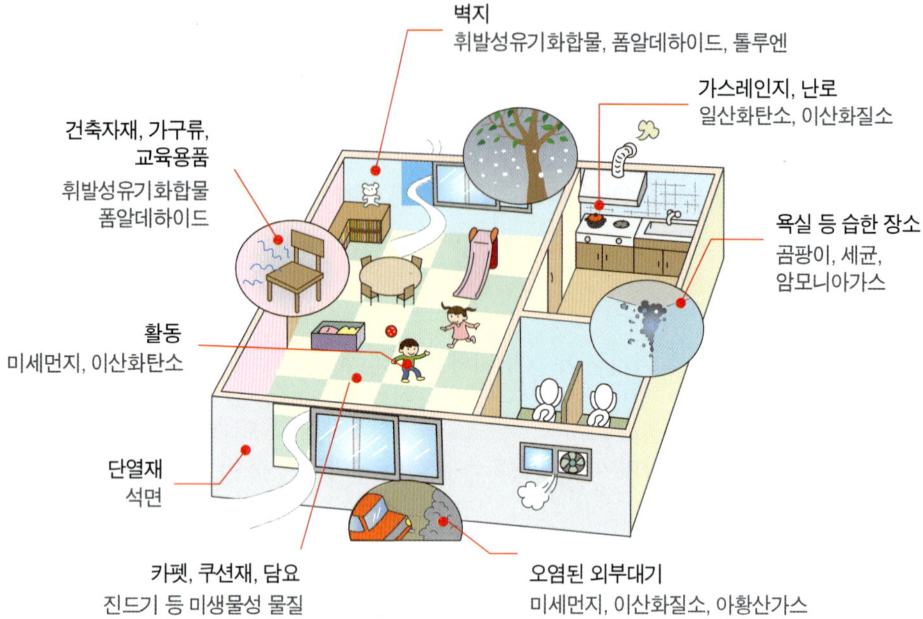

그림 7-12 시설에서의 실내공기 오염물질 발생원

시설 실내 공기질 관리 매뉴얼, 2011).

실내 공기질 관리방법은 다음과 같다.

(1) 철저한 환기

- 창문과 환기시설을 이용하여 신선한 공기를 많이 공급한다.
- 환기 횟수는 적어도 오전, 오후 하루 두 번 이상 30분씩 실시한다오전 10시 이후와 일조, 채광량이 많은 낮 시간대를 이용하는 것이 효과적.
- 건물 신축이나 리모델링 시 휘발성유기화합물, 폼알데하이드 등 유해화학물질 제거를 위해 시공완료 후 베이크 아웃backe out[1)]을 실시한다.

(2) 정기적인 청소 및 소독

- 월 1회 이상 천장, 창틀 및 방충망 등에 먼지가 쌓이지 않도록 청소한다.

---

1) 베이크 아웃(backe out) : 실내공기의 온도를 높여 주어 건축자재 등에서 방출되는 유해오염물질의 방출량을 일시적으로 증가시킨 후 환기를 하여 실내오염물질을 제거하는 것을 말한다.

- 벽면 등에 곰팡이가 발견될 경우 즉시 제거, 소독한다.
- 진드기, 곰팡이 등의 서식을 막기 위하여 습도를 60% 이하로 유지한다**진드기의 온상인 쿠션, 담요 등은 뜨거운 물로 정기적으로 세탁하여 햇볕에 말림.**
- 높은 습도는 유기화합물이 다른 유기물과 화학작용을 일으키는 조건이 될 수 있으므로 물청소를 한 후에는 반드시 마른 걸레로 닦는다.
- 공기청정기, 에어컨, 가습기 등은 가동 후 필터교체 및 내부 청소를 2주에 1번 이상 실시한다.

(3) 친환경제품 사용하기

- 친환경 건축자재를 사용하도록 하며, 오염물질 방출 건축자재는 사용하지 않는다.
- 실내에서 사용하는 가구류와 교육용품은 환경마크 인증 제품을 사용한다**환경마크가 없는 경우 가급적 KS규격의 유해화학물질 규제 준수 품목을 선택 사용.**

(4) 식물을 이용한 자연정화

- 폼알데하이드 및 휘발성유기화합물 제거**놀이방** : 아레카야자, 인도고무나무, 행

환경인증 마크를 확인하세요

KC마크	GR마크	환경마크
국가통합인증마크로, 어린이들이 사용하는 모든 제품은 안전함을 의미하는 KC마크를 표시해야 함	우수재활용제품마크, 기존기술의 개량이나 개선, 신기술 개발을 통해 품질이 향상된 재활용제품	제품의 생산과정에서 에너지를 덜 소비하고 오염물질을 덜 배출하는 등 국가가 친환경적인 우수한 품질

자연정화 식물, 알아두세요

아레카야자
폼알데하이드 및 휘발성유기화학물을 제거

행운목
폼알데하이드 및 휘발성유기화학물을 제거

스킨답서스
주방에 두면 일산화탄소를 제거

관음죽
화장실에 두면 암모니아를 제거

고무나무
폼알데하이드 등 화학적 독소 제거

안시리움
새집증후군에 효과적

그림 7-13 자연정화식물

출처 : 서울특별시(2015).

운목 등

- 일산화탄소 제거주방 : 스킨답서스, 산호수 등
- 암모니아 제거화장실 : 관음죽, 스파티필름, 벤자민고무나무 등

2. 실외환경 안전

실외활동은 영유아가 자연을 접하며 다양한 경험을 통해 신체발달뿐만 아니라 사회 · 인지 · 정서 · 언어발달에 꼭 필요한 활동인 반면 추락, 충돌 등 다양한 안전사고가 빈번히 발생하기도 한다. 영유아기는 신체적 움직임과 호기심이 많고 활동량이 많은 것에 비해 여건상 영유아들이 안전하게 활동할 수 있는 실외환경은 잘 구성되어 있지 않다. 따라서 실외놀이 안전사고 유형을 분석해 봄으로써 영유아의 안전에 위험요소가 되는 것이 무엇인지 파악하고 이를 제거하여 안전한 실외환경을 제공해주며 실외활동의 규칙, 놀이방법 등의 안전교육을 실행하는 것이 필요하다.

1) 실외놀이터

영유아가 가장 즐거워하며 마음껏 뛰어놀 수 있는 실외놀이터는 매우 중요한 공간이다. 평가인증지표에도 매일 영아는 30분 이상, 유아는 1시간 이상 실외놀이를 경험할 수 있도록 계획하도록 명시하고 있다. 실외놀이터는 위험시설로부터 50m 이상 떨어진 곳에 설치해야 하며, 호기심이 왕성하고 모험심이 강한 영유아가 길이나 도로에 나가는 일을 방지하기 위해 울타리를 설치하는 것이 바람직하다. 또한 입에 넣을 만한 것이나 위험한 물건이 없는지 확인해야 하며, 발달단계에 따라 영아용과 유아용 놀이터를 따로 구분하여 적합한 크기의 구조물을 설치해 주는 것이 영유아들의 놀이안전을 확보하는 데 큰 효과가 있다. 실외놀이터는 활동량이 많기 때문에 놀이 도중 휴식을 취하거나 일사광선을 피해 쉴 수 있는 그늘을 확보하는 것이 좋다.

어린이집안전공제회 통계자료집(2015)의 자료에 의하면 실외놀이터 및 마당에서의 안전사고는 59%로 가장 높게 나타나고 있어 각별한 주의가 필요하기에 「어린

표 7-6 어린이놀이시설 관리주체의 안전관리 의무

구분	내용
안전점검	매월 1회 이상
정기시설검사	설치검사 이후 2년에 1회 이상
안전검사 합격표시	안전검사 합격 후 합격표시 게시
안전검사 · 진단 불합격시설 이용금지	사용자가 이용금지 사실에 대해 알 수 있도록 어린이놀이기구별로 별도 안전조치
유지관리	상시
안전진단 신청(필요시)	안전점검 후 위해판단 시 신청
기록 · 보관	안전점검 진단 후 작성한 실시대장(3년) 보관
안전교육 이수	시설인도 후 3개월 이내 2년에 1회 재교육
보험가입	시설인도 후 1개월 이내 가입
중대사고보고	중대사고 발생 시 즉시 보고
자료 제출 · 보고	자료 제출 명령 접수 시 즉시 보고

출처 : 보건복지부 · 어린이집안전공제회(2017).

이놀이시설안전관리법」법14조에 따라 관리주체는 안전검사정기시설검사, 안전교육, 보험 가입, 안전점검, 사고보고 등의 의무를 이행하도록 규정하고 있다.

2) 놀이기구

최근 3년간 접수된 어린이 골절사고는 총 4,144건으로 나타난다2014년 1,463건, 2015년 1,475건, 2016년 1,206건. 골절사고 유발 원인으로는 '놀이터 시설', '자전거', '스포츠 장비 및 용품' 등 실외 품목으로 나타나고 있으며, 그중 놀이터 시설이 가장 큰 비중을 차지한다. 놀이기구에서 추락하거나 놀이기구에 빠질 수도 있고, 파손으로 생긴 날카로운 물건으로 인한 사고 또한 발생한다. 이처럼 놀이기구에서 안전사고는 영유아의 안전에 대한 지식 부족과 성인들의 안일한 태도, 지도소홀과 시설의 안전성 결여로 인한 사고가 발생하는데, 이는 영유아를 보호해야 하는 우리의 책임이다. 영유아가 안전하게 놀이기구를 사용할 수 있도록 철저히 점검하고 관리해야 한다.

표 7-7 어린이 골절사고 주요 위해품목

(단위 : 건, %)

구분	2014년	2015년	2016년	합계
놀이터 시설	239(16.3)	430(29.2)	362(24.9)	1,031(30.0)
침실가구	130(8.9)	154(10.4)	129(10.7)	413(10.0)
자전거	136(9.3)	126(8.5)	92(7.6)	354(8.5)
스포츠 장비 및 용품	59(4.0)	92(6.2)	54(4.5)	205(4.9)
거실가구	69(4.7)	72(4.9)	57(4.7)	198(4.8)
문	50(3.4)	66(4.5)	57(4.7)	173(4.2)
바닥재	53(3.6)	63(4.3)	53(4.4)	169(4.1)
필드 및 코트운동장비	53(3.6)	58(3.9)	26(2.2)	137(3.3)
헬스 장비	103(7.0)	10(0.7)	14(1.2)	127(3.1)
유아용 가구	43(2.9)	40(2.7)	43(3.6)	126(3.0)
기타	528(36.1)	364(24.7)	319(26.5)	1,211(29.2)
합계	1,463(100.0)	1,475(100.0)	1,206(100.0)	4,144(100.0)

출처 : 한국소비자원(2017).

(1) 미끄럼틀

8세 이하 유아에게 안전한 미끄럼틀의 높이는 1.8m 이하로 설치해야 하며 미끄럼틀은 그늘에 설치하는 것이 좋다. 금속 재질의 경우 녹스는 것에 유의하고 미끄럼틀판이 스테인리스인 경우, 여름철에는 뜨거워질 수 있으므로 교사는 유아들이 미끄럼을 타기 전에 온도를 확인하고 필요하면 물을 뿌려 온도를 조절한다. 미끄럼틀에서의 낙상사고를 줄이기 위해 경사는 31~33° 정도로 설치하고 미끄러지는 면의 양 옆에는 난간을 설치한다. 꼭대기에는 기다리는 영유아들을 위해 충분한 공간이 있어야 하며 추락을 방지하기 위한 보호벽을 설치하고 올라가는 계단에는 손잡이가 있는 난간을 설치한다. 교사는 미끄럼틀이 나무로 제작된 경우에는 나무가 일어난 곳, 갈라진 부분 등을 정기적으로 점검하고 항상 매끄럽게 유지한다. 또한 영유아들과 함께 미끄럼틀 이용규칙을 만들어 안전한 놀이습관을 지도한다.

미끄럼틀 이용 시 안전수칙

- 올라갈 때는 계단을 이용하여 양손으로 손잡이를 잡고 올라간다.
- 앞사람이 올라간 다음에 올라가며 다른 사람을 밀거나 당기지 않는다.
- 엎드리거나 서지 않고 바르게 앉아서 타고 내려온다.
- 내려올 때 활주판에 사람이 있는지 확인하고 한사람씩 내려온다.
- 내려온 뒤에는 뒤에서 곧바로 내려올 수 있으니 부딪치지 않게 빨리 일어난다.
- 가방, 장난감 등 물건을 들고 타지 않는다.

(2) 그네

5세 이하의 유아에게는 앉아서 타는 그네가 안전하다. 그네는 벽으로부터 최소한 1.8m 떨어져야 하고, 양쪽 받침대에서 최소한 70cm 간격을 두고 매달며, 두 그네 사이의 간격도 70cm 정도 띄워 서로 부딪치지 않게 설치해야 한다. 바닥에 25cm 이상의 깊이로 톱밥이나 모래를 설치하여 추락 시 충격을 줄일 수 있도록 한다. 그네의 앉은 부분은 가죽이나 고무타이어 등의 부드러운 재료를 사용한다. 그넷줄의 고리는 유아의 손가락이 끼이지 않을 만큼 8mm 이하로 작게 하고, 그네의 주변은 그네를 타고 내리는 데 필요한 2개의 출입구를 제외하고 보호벽을 설치한다. 그네를 타다가 생긴 파인 바닥은 즉시 부드러운 재질로 메워 주며, 그네 밑에는 발

그네 이용 시 안전수칙

- 그네 주변을 다닐 때는 그네와 떨어져 안전선 밖으로 다닌다.
- 그네는 한 사람씩 앉아서 탄다.
- 그네 줄을 양손으로 안전하게 잡는다.
- 완전히 정지한 후 그네에서 내린다.
- 그네를 꼬아서 타거나 배를 대고 누워서 타지 않는다.
- 그네를 타는 도중 뛰어내리지 않는다.

이 끼일 만한 공간이 없도록 한다.

(3) 시소

시소는 균형감각을 기르는 놀이기구로 2인 이상 함께 놀이하는 기구이다. 시소를 설치할 때는 무게의 균형이 정확하게 잡히고 흔들거림이 없도록 안전하게 설치하고 시소가 땅에 닿는 부분은 폐타이어를 묻어 시소를 탈 때 유아의 뇌나 척추에 충격이 가지 않도록 해야 한다. 손잡이를 반드시 부착하여 유아가 손잡이를 붙잡고 안전하게 탈 수 있도록 한다. 쇠로 된 시소는 녹슬지 않도록 주의하고, 페인트가 일어나면 즉시 벗겨내고 다시 칠해야 한다.

시소 이용 시 안전수칙

- 시소 위에 올라서서 타지 않는다.
- 시소의 손잡이를 잡고 함께 타는 사람과 마주보고 탄다.
- 내릴 때는 상대방에게 내릴 것을 말하고 천천히 내린다.
- 시소에서 내릴 때는 발이 시소 아래로 들어가지 않도록 주의한다.

(4) 조합놀이대

조합놀이대는 오르기, 미끄럼틀, 흔들다리 등 2가지 이상의 놀이기구가 연결된

조합놀이대 이용 시 안전수칙

- 올라가는 곳과 내려오는 곳의 규칙을 지킨다.
- 올라가는 친구를 당기거나 밀지 않는다.
- 순서를 지킨다.
- 난간에 올라가거나 난간으로 빠져나오지 않는다.
- 시설이 비에 젖었거나 뜨거울 때는 사용하지 않는다.
- 꼭대기에서 뛰어내리지 않는다.

것을 말한다. 다양한 놀이기구가 복합적으로 설치되어 많은 영유아들이 함께 사용할 수 있으므로 부딪히는 사고가 발생하지 않도록 간격을 확보하여 설치한다.

(5) 모래놀이시설

모래놀이시설은 곰팡이 등의 세균 번식을 막기 위해 양지바른 쪽에 설치한다. 더운 날씨의 강한 햇빛을 막아 주기 위해 그늘 시설을 만들어 주는 것이 좋으며 모래에 이물질이 들어가는 것을 막기 위해 뚜껑으로 덮어 주고 모래는 수시로 체를 쳐서 유리조각이나 돌멩이 등의 위험물질을 골라낸다. 모래놀이 도구는 모서리가 둥근 것으로 준비하고 수시로 점검하여 깨진 용구는 즉시 교체해 주고 모래를 친구에게 뿌리지 않도록 지도한다.

3) 야외활동 안전관리

영유아들이 좋아하는 야외활동은 일상적인 야외활동과 현장학습으로 나누어 볼 수 있다. 일상적인 야외활동은 영유아교육기관의 주변을 산책하거나, 놀이터 이용하기, 인근 공원 나들이 가기 등 걸어서 이용하면서 주변을 탐색하는 등의 활동을 말하며, 현장학습은 공연, 기관 방문, 박물관 등 관람하기, 농장 체험하기 등의 견학으로 차량을 이용하면서 이루어지는 활동을 말한다(안전공제회, 2014). 어린이안전

교사가 지켜야 할 안전수칙

- 야외활동에 적합한 상 · 하의를 착용한다.
- 편리하게 걷고 뛸 수 있는 운동화를 착용한다.
- 항상 영유아에게 시선을 고정한다.
- 이동 차량 내에서 교사 간 필요 이상의 대화 또는 수면을 취하지 않는다.
- 관련 업무 외 핸드폰은 사용하지 않는다.
- 어떤 상황에서든 영유아 안전 우선 원칙을 실천한다.
- 점심 식사는 담당반의 영유아와 함께 한다.

출처 : 보건복지부 · 어린이집안전공제회(2014).

사고 통계자료에 의하면 교육활동별 영유아사고 현황에서 야외활동이 실내자유선택활동 다음으로 사고 빈도가 높았다. 영유아의 발달특성상 주변을 탐색하려는 호기심이 많기 때문에 교사는 야외활동 시 상황별 영유아와 교사의 안전수칙을 기억하여 즐겁고 안전한 야외활동이 되도록 해야 한다.

영유아들과 안전한 야외활동을 진행하기 위한 과정을 야외활동 전 준비사항과 야외활동 중 유의사항 그리고 야외활동 후 확인사항으로 분류한 내용은 표 7-8, 7-9와 같다.

표 7-8 일상적 야외활동(나들이, 산책 등)

<table>
<tr><th>단계</th><th colspan="2">내용</th><th>상세 내용</th></tr>
<tr><td rowspan="8">야외활동 전 준비사항</td><td colspan="2">계획 수립</td><td>• 월간 또는 주간보육계획 수립
• 영유아 건강 및 날씨 고려
• 학부모 의견 수렴</td></tr>
<tr><td colspan="2">부모 공지</td><td>문서로 공지하기(가정통신문, 홈페이지, 대화수첩, 보육계획안 등)</td></tr>
<tr><td colspan="2">사전 답사</td><td>• 동선 파악
• 위험요인 확인</td></tr>
<tr><td colspan="2">영유아 및 보육교사 안전교육 실시</td><td></td></tr>
<tr><td colspan="2">구조법 및 응급처치 요령 숙지</td><td></td></tr>
<tr><td colspan="2">물품 소지</td><td>• 비상약품, 비상연락처
• 기타 물품(핸드폰, 카메라, 물수건 등)</td></tr>
<tr><td colspan="2">영유아 및 보육교사 복장 확인</td><td>• 이름표(어린이집 명, 어린이집 연락처 기재)
• 활동하기 편한 복장
• 끈이 없고 신체 크기에 맞는 운동화</td></tr>
<tr><td colspan="2">준비사항 체크리스트 확인</td><td></td></tr>
<tr><td rowspan="3">야외활동 중 주의사항</td><td rowspan="3">이동 시</td><td>도보</td><td>• 전체 무리에서 벗어나지 않도록 주의
• 빨리 걷도록 재촉하지 않음</td></tr>
<tr><td>유모차</td><td>• 유모차 탑승 시 안전(바퀴, 시선)에 대해 주의
• 유모차 정차 시 브레이크 잠금</td></tr>
<tr><td>횡단보도</td><td>• 횡단보도에서 한 발짝 물러섬
• 횡단보도 건널 시 손을 들고 가도록 지도</td></tr>
</table>

단계	내용		상세 내용
야외활동 중 주의사항	활동 시	나들이, 산책 시	• 안전한 장소로 인솔 • 수시로 인원 확인 및 건강상태 살핌 • 활동하는 시간만큼 충분한 휴식 • 앉아서 기다리기
야외활동 후 확인사항	인원 및 소지품 확인		• 최종 인원 점검 • 소지품 확인
	손 씻기 및 건강상태 확인		• 손 씻기 • 건강상태 살핌

출처 : 보건복지부 · 어린이집안전공제회(2014).

표 7-9 현장학습(관람, 체험, 견학 등)

단계	내용	상세 내용
현장학습 활동 전 준비사항	계획 수립	• 월간 또는 주간보육계획 수립 • 영유아 건강 및 날씨 고려 • 학부모 의견 수렴
	부모 공지 및 동의	• 문서로 공지하기(가정통신문, 홈페이지, 대화수첩, 보육계획안 등) • 동의서 받기(참여 유무, 부모 서명) • 공지 및 동의서
	사전 답사	• 동선 파악 • 위험요인 확인
	영유아 및 보육교사 안전교육 실시	
	구조법 및 응급처치요령 숙지	
	물품 소지	• 비상약품 • 비상연락처 • 기타 물품(핸드폰, 일정표, 카메라, 물수건, 여벌옷 등)
	영유아 및 보육교사 복장 확인	• 이름표(어린이집 명, 어린이집 연락처 기재) • 활동하기 편한 복장 • 끈이 없고 신체 크기에 맞는 운동화
	영유아 및 운전자 협조요청	• 영유아 차량 이용에 대한 안전 약속 • 운전자 정보 공개 및 안전운전에 대한 협조요청
	준비사항 체크리스트 확인	

단계	내용		상세 내용
현장학습 활동 중 주의사항	이동 시	도보	• 전체 무리에서 벗어나지 않도록 주의 • 빨리 걷도록 재촉하지 않음
		차량	• 안전벨트 착용 • 차량 내부 안전사항 살핌 • 트렁크에 음식 보관 안 됨 • 안전하게 하차
		횡단보도	• 횡단보도에서 한 발짝 물러섬 • 횡단보도 건널 시 손을 들고 가도록 지도
	활동 시	관람, 체험, 견학 시	• 안전한 장소로 인솔 • 수시로 인원 확인 및 건강상태 살핌 • 활동하는 시간만큼 충분한 휴식 • 앉아서 기다리기
		간식 및 식사	• 그늘지고 서늘한 곳에 보관 • 손을 씻거나 위생 물수건으로 청결관리 • 점심 도시락은 가급적 정오 12시 이전에 섭취
현장학습 활동 후 확인사항	인원 및 소지품 확인		• 최종 인원 점검 • 소지품 확인
	손 씻기 및 건강상태 확인		• 손 씻기 • 건강상태 살핌
	평가표 작성		• 활동 관련 평가 • 안전 관련 평가

출처 : 보건복지부 · 어린이집안전공제회(2014).

표 7-10 현장학습 안전 점검표

<table>
<tr><th>현장학습 장소</th><td colspan="4"></td><th colspan="2">날짜</th><td colspan="3"></td></tr>
<tr><th>구분</th><th colspan="8">내용</th><th>확인</th></tr>
<tr><td rowspan="9">교사 체크사항
(준비사항)</td><td colspan="8">현장학습 장소 및 준비물에 대한 내용을 학부모에게 공지했는가?</td><td></td></tr>
<tr><td colspan="8">현장학습에 필요한 준비물을 준비했는가? (① 기본 준비물, ② 장시간 외출 시)</td><td></td></tr>
<tr><td>물티슈</td><td>휴지</td><td>비닐
봉투</td><td>지퍼백</td><td>연락망</td><td>비상약</td><td>이름표</td><td>운전자
서류</td><td></td></tr>
<tr><td></td><td></td><td></td><td></td><td></td><td></td><td></td><td></td><td></td></tr>
<tr><td>생수</td><td>종이컵</td><td>여벌옷</td><td>네임펜</td><td>음악
CD</td><td>돗자리</td><td>카메라</td><td></td><td></td></tr>
<tr><td></td><td></td><td></td><td></td><td></td><td></td><td></td><td></td><td></td></tr>
<tr><td colspan="8">교사는 활동하기 적적한 복장을 착용했는가?</td><td></td></tr>
<tr><td colspan="8">현장학습 장소에 시설물 이용, 식사, 응급조치시설 등의 확인 점검을 했는가?</td><td></td></tr>
<tr><td colspan="8">교사 간의 역할분담을 적절히 했는가?</td><td></td></tr>
<tr><td rowspan="4">출발 전
체크사항</td><td colspan="8">유아의 건강상태 및 투약하는 아동이 있는가?</td><td></td></tr>
<tr><td colspan="8">유아 가방을 점검하였는가?</td><td></td></tr>
<tr><td colspan="8">유아의 이름표를 확인하였는가?</td><td></td></tr>
<tr><td colspan="8">유아들과 사전에 현장학습에 대해서 이야기를 나누었는가?</td><td></td></tr>
<tr><td rowspan="3">안전교육</td><td colspan="8">교사를 잃어버렸을 때의 대처방법에 대해서 이야기를 나누었는가?</td><td></td></tr>
<tr><td colspan="8">차량 이용 시 안전규칙에 대해서 이야기를 나누었는가?</td><td></td></tr>
<tr><td colspan="8">이동 시 안전사항에 대해서 이야기를 나누었는가?</td><td></td></tr>
<tr><td rowspan="6">차량 탑승</td><td colspan="8">인원점검 후 한 명씩 차례대로 차량에 탑승하였는가?</td><td></td></tr>
<tr><td colspan="8">안전벨트 착용을 확인하였는가?</td><td></td></tr>
<tr><td colspan="8">차량에서 유아의 멀미, 구토상태를 확인하였는가?</td><td></td></tr>
<tr><td colspan="8">차 안에서의 유아 안전을 위해 교사들의 자리 배치는 적절했는가?</td><td></td></tr>
<tr><td colspan="8">차량 재탑승을 위해 기사와 만나는 장소, 연락처를 확인하였는가?</td><td></td></tr>
<tr><td colspan="8">차량에서 내릴 때 두고 내린 물건이 없는지를 확인하였는가?</td><td></td></tr>
<tr><td rowspan="3">현장학습</td><td colspan="8">현장학습 시 다른 경로로 이동하거나 이탈한 유아는 없었는가?</td><td></td></tr>
<tr><td colspan="8">이동 시 수시로 유아들의 인원 점검이 이루어졌는가?</td><td></td></tr>
<tr><td colspan="8">현장학습 장소에서 유아가 다치거나 투약 여부를 확인하였는가?</td><td></td></tr>
<tr><td>평가</td><td colspan="8">다음 현장학습 시 수정, 보완해야 할 것들을 평가 및 기록하였는가?</td><td></td></tr>
</table>

출처 : 서울시육아종합지원센터(2017).

3. 생활 안전교육의 실제

1) 영아를 위한 생활 안전교육 프로그램 활동의 예

어린이집 바깥놀이 (글 : 김영명 / 그림 : 정지혜 / 출판사 : 사계절)	

활동명	공이 떼구르르~		
연령	2세 / 2수준	활동영역	언어 / 신체(공놀이)
수준별 세부 내용	생활안전 > 안전한 상황에서 놀이하며 놀잇감을 안전하게 사용 > 간단한 약속 알고 지키기		
주요 경험 (목표)	바깥활동 시 안전한 장소에서 놀이한다. (기본생활 > 안전하게 생활하기 > 안전하게 놀이하기 > 안전한 장소에서 놀이하기)		
활동자료	그림책 《어린이집 바깥놀이》		
활동방법	1. 선생님과 함께 그림책 장면을 본다. – 신발을 신고 있네? 어디를 가려는 걸까? – 실외놀이를 나가고 있구나. – (선생님의 손을 잡고 있는 친구를 가리키며) 이 친구들은 선생님의 손을 꼭 잡고 있구나. 2. 공놀이를 하고 있는 장면에 대해 영아들과 이야기한다. – 친구들이 공놀이를 하고 있구나. – ○○아, 공놀이를 하다가 공이 선생님이 없는 위험한 곳으로 굴러가면 어떻게 해야 하지? / "도와 주세요" 해야지? 혼자가면 위험해. 3. (실외에서 공놀이를 하며) 공놀이 시 필요한 약속에 대해 이야기 나눈다. – 공이 위험한 곳으로 굴러가면 어떻게 해야 할까? – 선생님에게 "도와주세요" 할 수 있지? – (영아가 반복해서 이야기하도록) 혼자가면 위험해. 어떻게 해야 하지? "도와주세요" 해야 해요.		
주요 상호작용	선생님(보호자)에게 "도와주세요"		
연계활동	• 안전한 곳과 위험한 곳 사진카드를 보며 이야기 나눈다. • 선생님(보호자)의 도움을 받는 방법에 대해 이야기한다.		
유의사항	• 영아들이 놀잇감을 밟지 않도록 이야기 나누며 영아들의 발달을 고려하여 교사가 정리하는 모습을 직접 보여 주거나 정리하는 것을 도와준다. • 영아들의 실외활동 시 중간 중간 자주 인원파악을 한다.		
평가	위험한 상황이 생기면 멈추거나 선생님의 도움을 요청할 수 있다.		

출처 : 어린이집안전공제회(2017). 그림책을 활용한 영아 안전교육 프로그램.

2) 유아를 위한 생활 안전교육 프로그램 활동의 예

<table>
<tr><td>활동명</td><td colspan="3">실외놀이터 약속 지켜 놀이하기</td></tr>
<tr><td>연령</td><td>5세</td><td>활동영역</td><td>이야기 나누기</td></tr>
<tr><td>수준별
세부 내용</td><td colspan="3">• 신체운동건강 > 안전하게 생활하기 > 안전하게 놀이하기 > 놀이기구나 놀잇감 안전하게 사용하기
• 신체운동건강 > 안전하게 생활하기 > 안전하게 놀이하기 > 안전한 장소에서 놀이한다.</td></tr>
<tr><td>활동목표</td><td colspan="3">• 실외에서 안전하게 놀이하는 방법을 안다.
• 실외에서 안전하게 놀이하는 방법을 실천한다.</td></tr>
<tr><td>활동자료</td><td colspan="3">동영상, 칠판</td></tr>
<tr><td>활동방법</td><td colspan="3">1. 실외놀이터에 가본 경험을 이야기해 본다.
– 실외놀이터에서 어떤 놀이를 해보았니?
– 실외놀이터에는 어떤 놀잇감이 있니?
– 혹시 실외놀이터에서 사고가 난 적이 있었니?
2. 놀이터 안전 관련 영상을 보고 이야기를 나눈다.
(《아이쿠가 놀이터에 간 까닭은?》 동영상을 시청한다)
[동영상 : EBS 우당탕탕 아이쿠 시즌 1-7]
– 이 영상에서 어떤 일이 있어났니?
– 아이쿠가 어떤 위험한 행동을 했니?
– 아이쿠처럼 미끄럼틀이나 그네를 위험하게 타본 경험이 있니?
3. 놀이터에서 지킬 안전규칙을 정해본다.
– 그럼 우리는 놀이터에서 어떤 약속을 지켜야 할까?
(유아들이 이야기하는 것을 교사가 칠판에 기록해준다)
– 놀이터에 갈 때 어떤 옷을 입어야 할까?
– 왜 모자나 끈이 달린 옷은 안 될까? 유아들의 이야기를 듣는다.
4. 놀이터 안전규칙을 함께 읽어본 후 활동을 마무리하고 실외놀이터로 이동하여 규칙을 지키며 놀이를 한다.</td></tr>
<tr><td>연계활동</td><td colspan="3">• 미술영역에서 다양한 재료를 이용하여 놀이터의 놀이기구를 만들어 본다.
• 언어영역에서 안전한 놀이터 이용하기 책을 만들어 본다.</td></tr>
<tr><td>유의사항</td><td colspan="3">• 자신의 생각을 발표하는 이야기를 경청하여 듣도록 지도한다.
• 유아들이 흥미를 유지하며 수업에 참여할 수 있도록 격려한다.</td></tr>
<tr><td>평가</td><td colspan="3">놀이터에서의 안전한 규칙을 알고 있는지 평가한다.</td></tr>
</table>

CHAPTER

08 화재 안전 및 소방대피훈련

1. 화재 시 대처방법 | 2. 소방시설 | 3. 비상대응훈련 | 4. 화재 안전교육의 실제

CHAPTER

08

불은 우리 생활에 없어서는 안 될 만큼 소중하지만 잘못 사용하면 큰 재난을 주기도 한다. 화재사고는 불로 인한 화상을 입고 그로 인해 정신적 · 육제적인 고통이 동반되므로 불을 안전하게 사용하는 방법을 알고 화재 발생에 대비한 안전대책을 마련해야 한다. 따라서 이 장에서는 화재를 예방하기 위한 방법과 화재 시 자신을 보호하는 대피방법을 습득할 수 있는 소방대피요령에 대해 알아보고자 한다.

영유아교육기관에서는 모든 영유아와 교직원을 대상으로 화재 시 신속하게 대피할 수 있도록 소방대피훈련을 매월 1회 실시하고 있다. 화재 비상대응훈련은 화재가 난 것을 가상하여 대처방법을 반복적으로 경험하게 함으로써 화재 시 손상을 최소화하기 위한 방안 중 하나이다. 영유아에게 소방대피훈련과 더불어 불의 특징과 화재 예방법을 알려주어 스스로 대처하고 예방할 수 있도록 한다.

1. 화재 시 대처방법

화재는 초기 진화가 매우 중요하며 신속하게 대피하기 위해서는 화재가 발생한 것을 가능한 빨리 아는 것이 중요하다. 화재를 우리 신체의 오감을 통해 감지하고 즉각적으로 대처해야 한다.

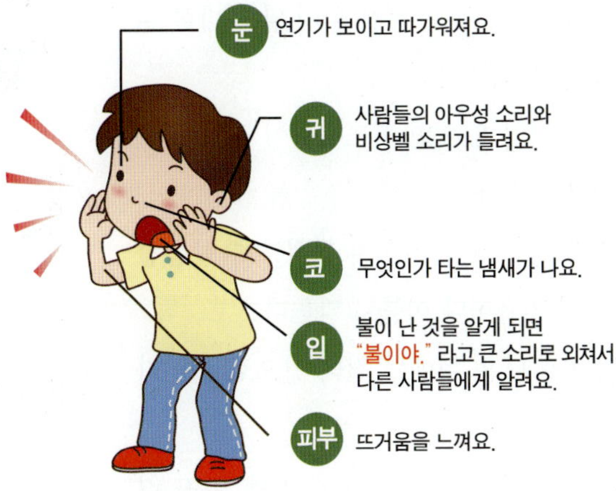

그림 8-1 오감을 통한 화재 감지

국가재난정보센터http://www.safekorea.go.kr에서 제시한 화재 국민안전행동 매뉴얼의 화재 시 대처방법의 내용은 다음과 같다.

- 불을 발견하면 "불이야."하고 큰소리로 외쳐서 다른 사람에게 알린다.
- 화재경보 비상벨을 누른다.

- 엘리베이터는 절대 이용하지 않으며 계단으로 대피한다.
- 아래층으로 대피가 불가능한 때에는 옥상으로 대피한다.
- 낮은 자세로 대피한다.
- 불길 속을 통과할 때에는 물에 적신 담요나 수건 등으로 몸과 얼굴을 감싼다.
- 문을 열기 전에 문손잡이를 만져본다.
  - 손잡이를 만져 보았을 때 뜨겁지 않으면 문을 조심스럽게 열고 밖으로 나간다.
  - 손잡이가 뜨거우면 문을 열지 말고 다른 길을 찾는다.

  - 다른 출구가 없으면 구조대원이 구해줄 때까지 기다린다.
  - 연기가 방안에 들어오지 못하도록 문틈을 물을 적신 옷이나 이불로 막는다.

- 건물 밖으로 나온 뒤에는 절대 안으로 들어가지 않는다.
- 무섭다고 사람이 보이지 않는 곳에 숨지 않는다.
- 연기가 많을 때 주의사항
  - 연기가 많은 곳에서는 팔과 무릎을 이용하여 낮은 자세로 이동한다.
  - 한 손으로는 코와 입을 젖은 수건 등으로 막아 연기가 폐에 들어가지 않도록 한다.

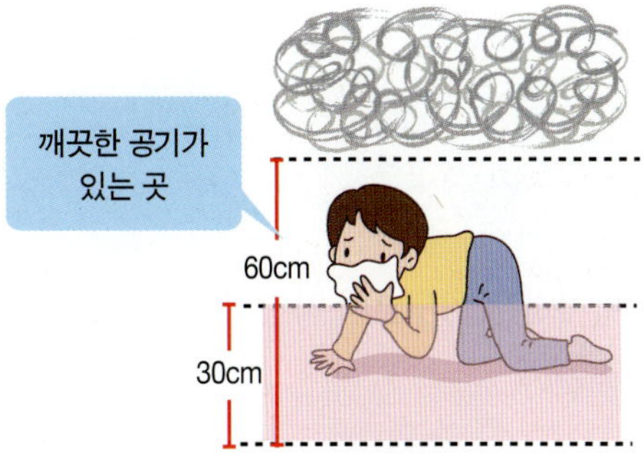

- 깨끗한 공기는 30~60cm 사이에 있으므로 연기가 발생할 때는 몸을 숙이고 대피한다.

그림 8-2 연기 발생 시 대피요령

- 옷에 불이 붙었을 때는 그 자리에 멈춘 뒤 바닥에 엎드려 두 손으로 눈과 입을 가리고 바닥에서 불이 꺼질 때까지 뒹군다.

그 자리에 멈춰선다. 뛰거나 몸을 흔들면 불이 더 퍼진다.

바닥에 엎드려 두 손으로 눈과 입을 가린다(얼굴에 화상방지를 위한 방법).

불이 꺼질 때까지 계속 뒹군다.

그림 8-3 옷에 불이 붙었을 때 대응법

2. 소방시설

1) 소화기

소화기는 소화약제를 압력에 따라 방사하는 기구로서 사람이 수동으로 조작하여 소화하는 것을 말하며 사용법은 다음과 같다.

(1) 소화기 사용방법

- 소화기를 불이 난 곳으로 옮긴다.
- 손잡이 부분의 안전핀을 뽑아준다.
- 바람을 등지고 서서 호스를 불 쪽으로 향하게 한다.
- 손잡이를 힘껏 움켜쥐고 빗자루로 쓸듯이 뿌린다.

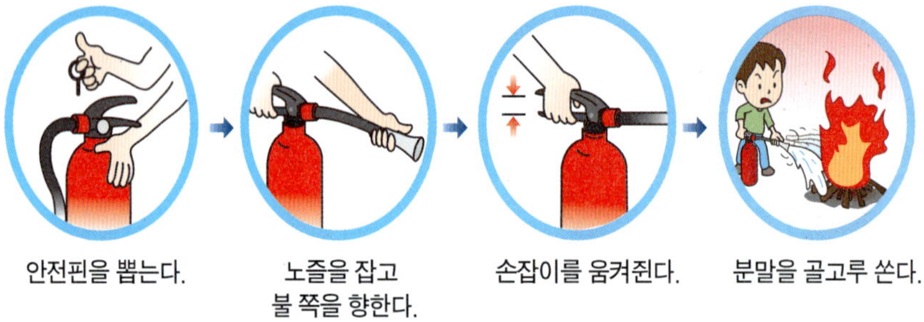

그림 8-4 소화기 사용법

소화기 사용 시 유의사항

- 화상의 우려가 있으므로 불이 난 곳에 너무 가까이 접근하지 않는다.
- 지하 등 밀폐된 공간에서 사용하면 질식의 우려가 있다.
- 방사된 가스는 마시지 않도록 주의하며 즉시 환기시킨다.

(2) 소화기 배치 조건

- 각 층마다 배치하여야 한다.
- 소화기와 소화기 사이의 보행거리가 소형 소화기의 경우 20m 이내, 대형 소화기의 경우 30m 이내가 되도록 각 층에 배치한다.
- 보육실의 경우 화재 시 용이하게 대처하기 위하여 1개씩 배치하는 것을 권장한다.
- 각 층이 둘 이상의 거실로 구획된 경우 각 층마다 설치하고 바닥면적 33m^2 9.98평 이상으로 구획된 각 거실마다 소화기를 배치하여야 한다.
- 다만, 투척용 소화용구 등을 화재안전기준에 따라 산정된 소화기 수량의 2분의 1 이상으로 설치할 수 있다.
- 소화기 설치 시 바닥으로부터 1.5m 이하의 높이에 놓는다.
- 영유아 보행 시 충돌에 지장을 주지 않는 곳에 배치한다.
- 소화기는 눈에 잘 띄는 곳에 배치하고 소화기 표지판을 부착하여 위급 상황 시 누구나 위치를 찾을 수 있게 한다.
- 직사광선을 피한다.
- 습기가 적고 건조한 곳에 둔다.

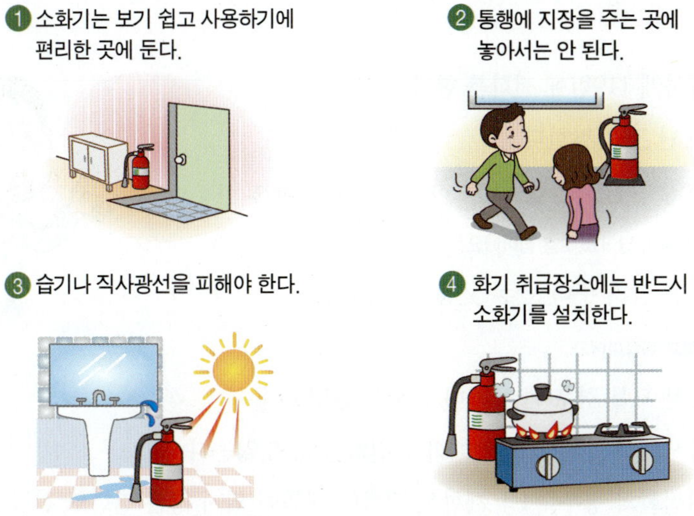

그림 8-5 소화기 배치방법

출처 : 한국소방안전협회(http://www.kfsa.or.kr).

(3) 소화기 관리방법

- 제조일자, 제조 회사명, 연락처 등이 표기 및 국가검정 스티커가 붙어 있는지 확인한다.
- 외관상으로 녹이 슬거나 파손된 부분은 없는지 살펴본다.
- 약제가 굳지는 않았는지, 거꾸로 흔들어서 미세한 분말이 움직이는 느낌이 있는지 확인한다.
- 지시 압력계 바늘이 초록색 범위를 가리키고 있는지 확인한다.
- 소화기와 소화기 점검표를 함께 비치하여 정기적으로 점검 및 관리한다.

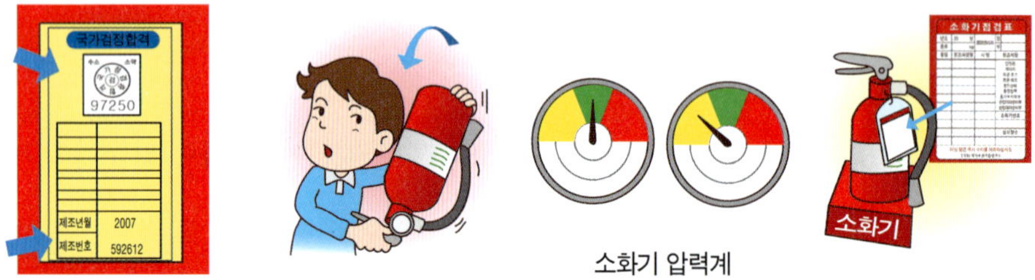

그림 8-6 소화기 관리방법

출처 : 어린이집안전공제회(2016).

(4) 화재 신고방법

- 침착하게 119번에 전화를 한다.
- 불이 난 것을 말한다.
- 화재의 내용을 간단·명료하게 설명한다우리집 주방에 불이 났어요. 2층 집이에요.
- 주소를 알려 준다○○구 ○○동 ○○○번지예요 / ○○ 초등학교 뒤쪽이에요.
- 주소를 모를 경우 큰 상가나 건물을 설명한다.
- 소방서에서 알았다고 할 때까지 전화를 끊지 않는다.
- 휴대전화의 경우, 사용 제한된 전화나 개통이 되지 않은 전화도 긴급신고가 가능하다.
- 장난전화를 하지 않는다.

※ 119는 화재신고는 물론 인명구조, 응급환자이송 등을 요청하는 번호이다.

2) 비상출구

비상출구는 비상 시 신속하고 안전한 피난을 위해 설치된 출구로 비상시 각 층별로 양방향 대피가 가능해야 한다.

(1) 설치기준

① 1층의 비상출구

- 주 출입구, 즉 현관 이외에 지상과 바로 연결되는 비상출구를 설치해야 한다.
- 비상출구의 하단은 1층의 경우 건물 외부와 안전하게 직접 연결되어야 한다.
- 비상출구는 건물 바닥과의 높이차가 50cm 이상인 경우 밟고 올라갈 수 있는 디딤판을 설치한다.

② 2~3층의 비상출구

주 출입구 이외에 각 층별로 비상계단 등에 진입하기 위한 출구를 설치해야 한다.

(2) 점검 및 관리

- 비상시 양방향 대피가 가능해야 한다.
- 문은 대피방향으로 열리도록 한다.
- 비상출구의 문이 잘 열려야 한다.
- 비상출구가 강화유리로 되어 있는 경우에는 비상구 규격에 맞아야 하며, 옆에 비상망치를 구비한다.
- 비상출구로 빠르게 대피할 수 있도록 출구를 막지 않는다.
- 비상출구까지의 경로에 주방 등 화기시설을 설치할 수 없으나, 이미 설치된 경우 대피 시 화기시설에 총괄감독이 서 있어 안전하게 대피하도록 지도한다.

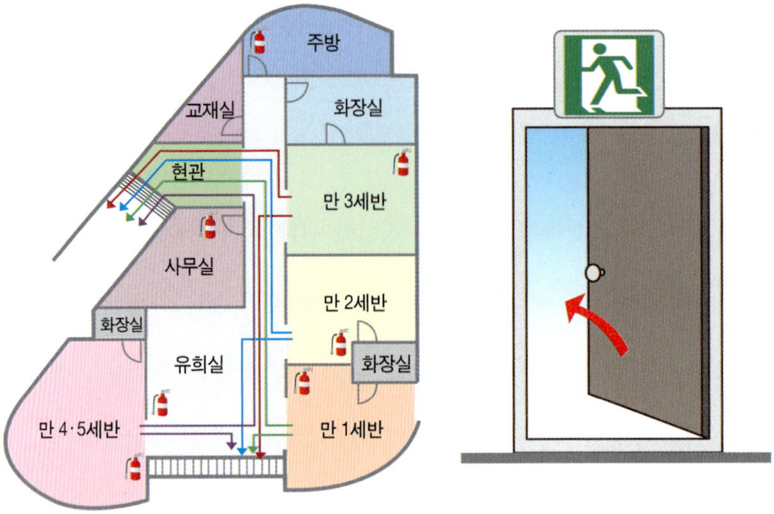

• 비상시 대피도에 교실별로 양방향 대피로를
표시하여 잘 보이는 곳에 부착한다.

비상문은 대피방향으로
열리도록 한다.

그림 8-7 비상대피도와 비상문

3) 유도등 및 유도표지

화재 발생 시 건물 내에 있는 사람들을 안전 장소로 피난시키기 위하여 설치하는 것으로, 정상상태에서는 상용 전원으로 점등되고 정전되었을 때는 비상 전원으로 자동 전환되어야 하며 모든 출구의 상부에는 피난구 유도등 또는 유도표지를 설치해야 한다. 피난 출구와 연결되는 주요 지점에 연속적으로 설치해야 하며, 피난 출구의 방향을 정확히 표시해야 한다.

유도등의 점검 및 관리

- 유도등 외형에 변형, 손상, 탈락, 부식 등이 있는지 확인한다.
- 유도등 주변에 장애가 되는 조명이 있는지 확인한다.
- 유도등이 물건 등으로 가려져 있지 않은지 확인한다.
- 유도등에 표시된 방향이 출구 방향을 가리키고 있는지 확인한다.
- 평상시 항상 불이 켜진 상태로 유지되고 있는지 확인한다.
- 예비전원 버튼을 눌렀을 경우 불이 켜지는지 확인한다.

3. 비상대응훈련

보건복지부는 2017년 보육사업안내를 통해 화재, 지진 등 어린이집에서 발생 가능한 각종 비상 상황 대응에 효과적인 모의훈련 실시를 위한 세부훈련지침을 마련하여 기본적인 절차와 방법 및 책임을 규정함으로써, 훈련을 내실화하고 어린이집 영유아와 보육교직원의 안전을 지키는 것을 목적으로 어린이집 비상대응훈련지침 표준안을 다음과 같이 제시하였다(보건복지부, 2017).

- 적용 : 화재 등 인적 재난, 지진, 폭설, 수해 등 자연재난, 영유아 돌연사 등의 재난·재해 발생 시 훈련계획 수립 및 현장대응에 적용한다.
- 연간훈련계획 수립 : 어린이집의 비상대응계획에 근거하여 해당연도의 훈련계획**훈련 시기, 훈련 주요 내용, 재난 종류**을 연초에 1회 수립한다.
- 훈련 실시 빈도 : 어린이집의 비상대응훈련 실시는 매월 실시한다**월 1회**.
- 비상대응훈련 계획 수립 및 주체 : 어린이집 안전관리책임관 및 안전관리 담당 보육교직원으로 한다.
- 훈련 참여자 : 어린이집 보육교직원 및 모든 영유아로 한다.
- 훈련 종류 : 어린이집에서 발생 가능한 재난에 대해 다양한 시나리오를 준비하여 실제 또는 도상훈련을 실시한다.

(1) 어린이집 비상대응 계획 수립

안전관리책임관을 중심으로 비상대응계획 수립

- 계획 수립을 위한 팀구성
- 어린이집 비상연락망
- 비상시 각 보육교직원 역할 분담계획
- 비상대응절차 수립
- 비상 물품 준비

➡

(2) 각 비상 상황별 훈련계획 수립 및 시행

화재, 지진, 폭설, 영유아돌연사 등 비상 상황별 계획 수립

- 훈련 시나리오 준비
- 상황별 대응절차 실행 및 대응물품 준비
- 훈련 결과 작성 후 보관

➡

(3) 훈련 실시 후 개선을 위한 조치

훈련 실시 후 잘된 점과 개선 점을 평가

- 개선계획을 작성하여 어린이집 비상대응계획에 반영
- 필요시 관련 행정기관에 훈련 결과 보고

그림 8-8 어린이집 비상대응훈련계획 수립(안)

• 훈련 실시 및 내용 : 상황 발생 시 보육교직원의 역할 분담, 영유아 대피훈련 및 대피시간 확인, 시설 내 각종 비상장비 및 기구 사용, 인근 소방관서 및 의료기관 연락훈련 등을 실시한다.

• 훈련 결과 및 개선계획 작성 : 훈련 실시 후 잘된 점, 미흡한 점을 도출하여 기존 계획 개선에 반영한다.

1) 어린이집 비상대응계획 수립

• 안전관리책임관을 중심으로 비상대응계획 수립팀을 구성하여 계획 수립

• 비상계획 수립 일시, 변경일시를 반드시 포함, 어린이집 비상연락망 포함

• 비상시 각 보육교직원 역할 분담

– 상황지휘총괄 : 안전관리책임관

– 각 반 영유아 대피 : 각 반 담당 교사

– 소방서 관련 기관 연락 담당

– 등원 어린이 현황 리스트 담당

– 평상시 비상재해 물품관리 담당

– 언론기관 연락 및 브리핑 담당 교사

– 부모 연락 담당 교사

– 응급처치 및 후송 담당 교사

• 비상 대피로 및 건물 붕괴 시 외부 피난 장소와 집결 장소 명시

• 비상대응절차 명시

– 침착하게 대처하고 비상시 본인의 역할에 충실한다.

– 119 등 필요한 기관에 연락한다.

– 비상 대피로를 확보한다.

– 각 반의 영유아를 신속하게 안전지역으로 대피시킨다.

– 대피 시 남아 있는 영유아가 있는지 반드시 확인한다.

– 부상자 발생 시 필요한 응급조치심폐소생술 등를 취한다.

– 안전한 장소로 대피 후 안전관리책임관에게 현재 대응 상황을 보고한다.

2) 각 비상 상황별 훈련계획 수립

- 비상 상황 훈련계획 수립 예시를 참고하여 훈련계획을 작성한다.
- 어린이집의 상황에 따라 실제훈련과 도상훈련 중 하나를 선택하여 진행할 수 있다.
- 훈련 시 안전관리책임관이 대응훈련에 대한 평가를 동시에 실시한다.

주의사항

- 다양한 화재 발생 시나리오를 작성하여 훈련한다.
  예 조리실 화재, 누전으로 인한 화재, 보일러 가스 누출, 콘센트 과부화 등
- 어린이집에 수립되어 있는 비상대응계획에 의거하여 훈련계획을 작성한다.
- 대피훈련 실시 평균 대피시간을 측정하며, 이를 반드시 기록하고 보관한다.
- 매회 대피훈련 시 대피 평균시간보다 대피시간을 줄일 수 있도록 노력한다.

3) 훈련 실시 후 개선을 위한 조치

- 훈련 실시 후 회의를 개최하여 미흡했던 점, 잘된 점을 도출하고, 이를 어린이집 비상대응계획에 반영한다.
- 개선계획을 작성하여 어린이집의 비상대응계획에 반영한다.
  - 훈련 실시일
  - 훈련 종류 및 내용

표 8-1 소방대피훈련 절차

순서	진행방법	내용
1	가상으로 화재 발생지점 설정	화재 대피훈련을 할 때마다 화재 발생지점을 다르게 설정하여 어느 장소에서든 안전하게 대피할 수 있도록 한다.
2	화재 발생 알림	• 화재를 목격한 보육교직원은 육성으로 "불이야."하고 크게 외쳐 화재 발생을 알린다. • 원장(또는 신고 담당 보육교사)은 사이렌이나 경보벨을 울려 각 반에 화재 사실을 알린 후 신속하게 119에 신고한다(원장 부재 시 책임교사가 신고).
3	초기 소화 및 대피 장소로 이동	• 초기진화 담당자는 소화기를 들고 발화지점으로 가서 불을 끈다. • 구급을 담당하는 보육교사는 구급함(비상약품)을 신속히 챙겨 대피한다. • 조리사는 가스밸브를 잠그고 가스차단기를 수동으로 차단한 후 영아반 아이들의 대피를 돕는다. • 각 반 보육교사는 영유아의 비상연락처와 명단을 지참하고, 원장은 보육교직원의 비상연락처와 명단을 지참한다. • 영유아는 입과 코를 막고 최대한 낮은 자세로 보육교사의 인솔에 따라 가까운 비상대피로로 대피한다.
4	대피 장소로 모임	• 밖으로 나온 영유아들은 보육교사의 지시에 따른다. • 보육교사는 영유아의 인원 및 부상자를 확인하고, 원장은 보육교직원의 부상자를 확인한다. • 원장에게 최종 인원 및 부상자를 보고한다(원장 부재 시 책임교사에게 보고). • 부상자가 있을 경우 응급처치를 하고, 119 구조대가 오기 전까지 안정을 취해준다.
5	소방대피 훈련일지 작성	소방대피훈련이 끝난 후에는 일지(계획서 및 평가서)를 작성하고, 훈련과정에서 도출된 문제점은 다음 훈련 시 보완한다.

출처 : 어린이집안전공제회(2013).

○○ 어린이집 비상대응훈련 계획

결재	담당자	안전관리책임관

훈련명	어린이집 화재 발생 시 비상 대응	훈련일시	2017년 3월 17일
참가자	어린이집 보육교직원 24명, 영유아 100명	훈련 진행책임자	안전관리책임관 및 안전관리자
훈련 종류	실제훈련		
훈련 목적	어린이집 화재 발생 시 즉각적인 대피를 위해 비상계획에 명시된 대피에 관련된 내용을 훈련함(대피시간 줄이기에 중점)		
비상대응 상황 시나리오	조리실의 누수로 인해 전기 배선으로 물이 침투하여 약 11시경에 조리실에서 화재가 발생되어 화재경보기가 울림		

훈련 내용		
상황	대응활동	평가 중점 내용
조리실에서 화재 발생하여 화재 경보 발생	소화기를 사용한 초기 진화 시도	소화기 사용
	각반의 영유아 대피 실시	질서 유지하며 대피
	119 연락	위치, 상황 설명
초기 진화에 실패하여 화세 확장	조리실 앞의 방화문을 내리고 계속적으로 영유아를 정해진 장소로 대피시킴 (방화문이 없는 경우, 조리실 문을 닫고 대피함)	대피시간 / 대피한 영유아 수
	대피 후 부상자 사상자 확인	부상자 사상자 응급처치
119 출동 후 화세 진압 후 사태 종료	안전한 곳에서 대피 지속, 인근 병원 연락, 영유아 부모에게 연락	연락 시간 / 응대 태도

그림 8-9 비상대응훈련 계획 예시

○○ 어린이집 비상대응훈련 평가서

담당자	안전관리책임관

훈련명	어린이집 화재 발생 시 비상대응	훈련일시	2017년 3월 17일
참가자	어린이집 보육교직원 24명, 영유아 100명	훈련 진행책임자	안전관리책임관 및 안전관리자
훈련 목적	어린이집 화재 발생 시 즉각적인 대피를 위해 비상계획에 명시된 대피에 관련된 내용을 훈련함 (대피시간 줄이기에 중점)		
비상대응 상황 시나리오	조리실의 누수로 인해 전기 배선으로 물이 침투하여 약 11시경에 조리실에서 화재가 발생되어 화재경보기가 울림		

훈련 내용		평가	
대응활동	평가 중점 내용	평가항목	평가(기술)
소화기를 사용한 초기 진화 시도	소화기 사용	소화기 위치를 빠르게 파악했는가?	
		소화기 사용법을 숙지하였는가?	
각 반의 영유아 대피 실시	질서 유지하며 대피	남아 있는 원아는 없이 안전히 대피를 하였는가?	
		영유아는 질서를 지켜 대피를 하였는가?	
119 연락	위치, 상황설명	정확한 위치와 상황을 119에 연락하여 전달하였는가?	
조리실 앞의 방화문을 내리고 계속적으로 영유아를 정해진 장소로 대피시킴	대피시간/대피한 영유아 수	방화문의 위치를 파악하여 작동을 실시하였는가?	
		대피 소요시간은 어떻게 되는가?	
		대피한 영유아의 인원파악을 하였는가?	
대피 후 부상자·사상자 확인	부상자·사상자 응급처치	부상상태를 파악 후 적절한 조치를 취하였는가?	
		사상자 응급처치를 진행하였는가?	
안전한 곳에서 대피 지속, 인근 병원 연락, 영유아 부모에게 연락	연락 시간 / 응대 태도	병원에 방문 여부를 확인(기록)하였는가?	
		부모에게 연락을 취하였는가?	

그림 8-10 비상대응훈련 평가서 예시

4. 화재 안전교육의 실제

1) 화재 안전교육 내용

주제	활동명	활동 내용
화상 원인	뜨거운 것을 만지지 않아요	• 집안 그림 중 뜨거워서 델 수 있는 물건 찾기 • 화상 위험 물건 찾아보기
화상응급처치	뜨거운 것에 데었어요	그림 보며 화상 입었을 때 어떻게 할지 알아보기
화재 시 주변에 알리기	불이야! 불이야	• 불이야! 동시 읊기 / 불이야! 동시 짓기 • 화재가 난 것을 알리는 방법 찾아보기
화재 시 대피로 알기	불이 났어요. 어디로 갈까요?	• 화재 시 대피로가 어디인지 알고 대피로 따라 대피해 보기 • 화재 대피계획 세우기
	엘리베이터는 위험해요	화재 시 엘리베이터를 타면 안 되는 이유 알아보고 대응방법을 찾아보기
화재 시 위험 행동(숨지않기)	숨지 마세요	두 개의 그림 보며 불이 났을 때 안전하게 대처하는 행동 알아보기
화재 시 연기 피하는 방법	뜨거운 연기를 피해요	화재 시 연기를 피해 대피하는 행동 알아보고 행동하기
화재신고	119로 신고하지요	• 〈119로 신고하지요〉 노래 부르기 • 119에 신고하기 – 역할놀이하기
옷에 불이 붙었을 때 대처방법	멈춰요. 엎드려요. 뒹굴어요.	• 옷에 불이 붙었을 때 대처행동을 알아보고 행동하기 • 옷에 붙은 불 끄기 동작 체험하기
안전을 지켜주는 사람과 기관	소방관은 여러 가지 일을 해요	• 영상을 보며 소방관이 하는 여러 가지 일을 알아보기 • 감사 편지 쓰기
소화기 사용법	소화기는 어디에 있나요?	• 소화기의 위치 찾아보기 • 소화기 사용방법 알기

출처 : 어린이안전공제회(2017). 그림책을 활용한 영아 안전교육 프로그램 재편성.

2) 영아를 위한 화재 안전교육 프로그램 활동의 예

생일 축하해, 훅~

(글 : 정은정 / 그림 : 이진아 / 출판사 : 비룡소)

활동명	너무 뜨거워서 불이 나요		
연령	1세 / 3, 4수준	활동영역	언어/감각 · 탐색
수준별 세부 내용	자연탐구 > 탐구하는 태도 기르기 > 사물에 관심 가지기 > 주변사물에 관심 가지기		
주요경험 (목표)	촛불은 불이 날 수 있는 위험한 물건임을 안다. (재난대비 안전 > 화재의 원인과 예방법 > 불이 날 수 있는 물건 알기)		
활동자료	그림책 《생일 축하해》, 그림 또는 사진(불이 날 수 있는 상황의 장면), 소꿉놀이 케이크 소품		
활동방법	1. 그림책을 선생님과 함께 본다. – 커다란 케이크가 있네. – 생일축하하나 봐. – 누구 생일일까? 2. 케이크의 촛불에 대해 이야기한다. – 케이크에 촛불을 훅!, 촛불을 만지면 어떻게 될까? – 아이! 뜨거워~, 뜨거우니까 조심해야지. – 촛불은 불이 붙을 수 있어. 불이 나면 큰일 나겠지. – (그림책의 촛불을 짚어보며) 앗! 뜨거우면 불이 날 수 있어. 3. (그림이나 사진을 보며) 뜨거워서 불이 날 수 있는 사진을 찾아본다. – 여기서 앗! 뜨거운 것이 어느 것이지? – (가스레인지, 전선콘센트 등) 그래, 불이 붙으면 뜨겁지. – (불이 난 사진을 보여 주며) 이런 것을 함부로 만지면 큰일나요. – 불이 날 수 있어. 조심해. – 앗! 뜨거워, 조심해.		
주요 상호작용	앗! 뜨거우면 불이 날 수 있어.		
연계활동	생활 속에서 불이 날 수 있는 물건들을 찾아본다.		
유의사항	생활 속에서 불이 날 수 있는 물건과 상황에 대해 이야기하면서 영아들의 호기심이 높아져 위험한 상황이 발생하지 않도록 조심한다.		
평가	생활 속에서 뜨거운 것과 뜨거운 물건을 알고 조심한다.		

출처 : 어린이집안전공제회(2017). 그림책을 활용한 영아 안전교육 프로그램.

3) 유아를 위한 화재 안전교육 프로그램 활동의 예

<table>
<tr><td>활동명</td><td colspan="3">안전하게 대피해요</td></tr>
<tr><td>연령</td><td>4세</td><td>활동영역</td><td>이야기 나누기</td></tr>
<tr><td>누리과정
관련요소</td><td colspan="3">• 신체운동 · 건강 > 안전하게 생활하기 > 비상시 적절히 대처하기
• 의사소통 > 말하기 > 느낌, 생각, 경험 말하기</td></tr>
<tr><td>활동목표</td><td colspan="3">• 화재가 난 위치에 따른 대피경로를 알고, 연기가 날 때 신속하게 연기 아래로 기어 가야 함을 안다.
• 열과 연기의 움직임을 알고 화재 시 적절히 대처한다.</td></tr>
<tr><td>활동자료</td><td colspan="3">애니메이션 〈괴물이 나타나면?〉, PPT, 유도등 및 비상구 표시등 사진 또는 실물, 어린이집 도면 활동지</td></tr>
<tr><td>활동방법</td><td colspan="3">1. 애니메이션 〈불 괴물이 나타나면?〉을 보고 난 후 이야기 나눈다.
– 꿈에 케이크에 촛불을 켜고 놀이하다 불이 나는 꿈을 꾼 주인공이 현실에서는 어떻게 해야 하는지 부모님과 화재안전에 대한 이야기를 하는 내용의 영상을 시청한다.
– 화재가 발생할 때 어떻게 대피했니? 왜 그렇게 했을까?
2. 연기의 위험성에 대해 이야기 나눈다.
– 화재가 나면 뜨거운 열만큼 위험한 것이 연기란다. 연기가 왜 위험할까?
– 화재가 발생했을 때 연기는 어떻게 움직일까? (연기는 위에서 내려온다)
– 연기를 많이 마시게 되면 우리 몸은 어떻게 될까?
3. 유도등, 비상구 표시등을 따라가야 함을 알려준다.
– (유도등, 비상구 표시등 그림) 이런 표시가 있는 것을 본 적 있니?
– 이것은 무엇을 알려주는 표시일까?
(화재 시 전기가 끊어져서 어두워지면 유도등, 비상구 표시등을 따라 대피할 수 있다)
4. 화재 시 방에서 나올 수 없을 때의 안전한 대처방법을 알아본다.
– 문의 손잡이가 뜨거워서 문을 열 수 없을 때 어떻게 해야 할까?
– (그림을 보며) 왜 옷이나 수건 등으로 문틈을 막아야 할까?
– (구조를 요청하는 그림을 보며) 그림 속 친구는 지금 어떻게 하고 있니?
5. 책상 아래에서 울고 있는 유아 그림을 보며 화재 시 방안에 숨거나 우는 행동의 위험에 대해 이야기 나눈다.
– 이 친구는 어떻게 하고 있니?
– 불이 났을 때 이 친구처럼 무섭다고 숨어서 울고 있으면 어떻게 될까?</td></tr>
<tr><td>확장활동</td><td colspan="3">• 역할영역에 소방관과 119에 신고하는 유아와 소방관의 역할을 경험해본다.
• 유도등 및 비상구 표시가 어디에 있는지 찾아보고, 어린이집(유치원)에 게시되어 있는 대피도도 살펴본다.
• 어린이집 도면에 대비할 수 있는 곳이 어딘지 찾아보고 나가는 길을 표시해 본 후 실제로 대피로를 따라 이동해 본다.</td></tr>
</table>

유의사항	화재 시 유아들을 재빨리 대피하도록 지도한다. 신고는 어른이 하는 것이라고 설명하되, 5세의 경우에는 만일의 상황에 대비하여 신고하는 방법을 알려준다.
평가	• 화재 시 불이 난 위치에 따른 대피경로를 알고 연기가 날 때 신속하게 대피할 수 있는지 평가한다. – 화재 시 불이 난 위치에 따른 대피경로를 알고 있는가? – 연기가 날 때 연기 아래로 기어서 신속하게 대피할 수 있는가? • 화재 시 적절히 대처하는 방법을 알고 있는지 평가한다. – 방 안에 갇혔을 때 안전하게 대처하는 방법을 알고 있는가?

출처 : 보건복지부(2013). 영유아를 위한 안전교육 프로그램 교사용 지도서.

4) 소방대피훈련 계획 및 평가의 예

소방대피훈련 계획 및 평가표

담당	원장
김○○	이○○

실시일자	2017년 5월 29일 월요일			제 (45)회
실시시간	(오전) 10시 20분~10시 25분			총 훈련시간 (2분10초)
참가인원	참가자	교직원 9명 / 영유아 45명		총 참가자 54명
	불참자	교직원 0명 / 영유아 0명		
화재 발생 장소	즐거운반에서 불났어요	화재 발생 원인	즐거운반 콘센트에서 발화	
발화점에 따른 대피방법	• 발화점 : 즐거운반 노트북으로 인한 화재 발생 • 대피경로 : 베란다로 대피 → 예쁜반, 행복한반, 신나는반 현관으로 대피 → 즐거운반 • 업무분담 : 각반교사 → 원아 대피관리 / 가스, 전기 차단 : 조리사 • 최초 화재 발견자 : 119 신고 / 초기 화재진화 : 보조교사 • 최종 대피 각반 확인 : 관리자(원장) / 훈련 진행자 : 최종 점검			
훈련 내용	1. 사이렌 소리가 갑자기 울리면 대피로를 통해 신속히 이동(음성으로 "불이야.") 2. 대피 장소로 집결(건물 밖 놀이터) 3. 대피 장소에서 반별로 인원수 확인 및 보고 4. 화재 장소와 화재 원인 설명 및 대피경로 확인 5. 훈련의 필요성 및 주의사항 교육 6. 각반 교실로 이동			

구분	평가 내용	평가란
훈련 실시 내용	비상벨 또는 사이렌 소리가 모두 들을 수 있는 적합한 크기로 울렸는가?	그렇다
	대피 경로는 효율적이었는가?	그렇다
	대피 장소는 안전한 곳이었나?	그렇다
	역할에 따라 조직적으로 수행되었는가?	각자 역할을 분배하여 움직였음
	내부 · 외부와의 연락체계는 신속하게 이루어졌는가?	그렇다
	교직원 모두 소화기를 다룰 수 있었는가?	다룰 수 있음
	모의 실시에 소요된 시간은 어느 정도인가?	1분 20초 소요
총평 (문제점)	• 영유아들이 교사의 지시에 따라 신속하게 대피 경로로 대피하는 모습을 보였다. • 몇몇 영아들이 놀잇감을 가지고 나가려고 하여 조금 대피가 늦어진 점이 있어 교실로 돌아와 화재가 났을 때는 놀이하던 놀잇감을 두고 신속하게 대피해야 함을 알려주었다.	
훈련 사진	  	

CHAPTER

재난 안전교육

1. 지진 | 2. 미세먼지 | 3. 황사 | 4. 폭염 | 5. 태풍 · 호우
6. 대설 · 한파 | 7. 재난 안전교육의 실제

CHAPTER

09

재난이란 국민의 생명 · 신체 및 재산과 국가에 피해를 주거나 줄 수 있는 것으로서 태풍 · 홍수 · 호우 · 폭풍 · 폭설 · 가뭄 · 지진 · 황사 등 자연현상으로 인하여 발생하는 재해, 화재 · 붕괴 · 폭발 · 교통사고 · 환경오염사고 등 이와 유사한 사고로 대통령령이 정하는 규모 이상의 피해 등 국가기반체계의 마비와 전염병 확산 등으로 인한 피해를 말한다(경찰학사전, 2012. 11. 20).

1. 지진

지진은 지면이 흔들리는 자연현상으로 예고 없이 찾아오기 때문에 많은 피해를 줄 수 있다. 기상청이 발표한 자료에 의하면 1978~2016년까지 한반도의 지진 발생 횟수는 1,464회이며 연평균 지진발생 횟수는 37.4회, 규모 3.0 이상 9.7회, 유감지진은 8.4회가 발생한다고 하였다.

2016년 9월 경주 지진 이후, 2017년 11월 15일 오후 2시 29분경 포항에서 규모 5.4의 강진이 발생했는데, 이는 한반도 전역에서 감지될 정도의 큰 지진이었다. 지진에 대한 불안감은 더욱 높아졌으며 이는 지진에 대한 이해와 대처방안 등의 정보에 관심을 높이게 된 계기가 되었다. 지진 피해를 최소화하기 위해서는 지진 발생 시 행동요령을 평소에 익히고 실제 발생 시 침착한 대처가 중요하다.

지진에 대한 대비, 지진 발생 시 상황별 · 장소별 행동요령, 대피 후 행동 등에 대해 알아본다.

1) 지진에 대한 대비

(1) 집 안에서의 안전을 확보한다

- 탁자 아래와 같이 집 안에서 대피할 수 있는 안전한 대피 공간을 미리 파악해 둔다.
- 유리창이나 넘어지기 쉬운 가구 주변 등 위험한 위치를 확인해 두고 지진 발생 시 가까이 가지 않도록 한다.
- 깨진 유리 등에 다치지 않도록 두꺼운 실내화를 준비해 둔다.
- 화재를 일으킬 수 있는 난로나 위험물은 주의하여 관리한다.

(2) 집 안에서 떨어지기 쉬운 물건을 고정한다

- 가구나 가전제품이 흔들릴 때 넘어지지 않도록 고정해 둔다.
- 텔레비전, 꽃병 등 떨어질 수 있는 물건은 높은 곳에 두지 않도록 한다.
- 그릇장 안의 물건들이 쏟아지지 않도록 문을 고정해 둔다.

• 창문 등의 유리 부분은 필름을 붙여 유리가 파손되지 않도록 한다.

(3) 집을 안전하게 관리한다

• 가스 및 전기를 미리 점검한다.
• 건물이나 담장은 수시로 점검하고, 위험한 부분은 안전하게 수리한다.
• 건물의 균열을 발견하면 전문가에게 문의하여 보수하고 보강한다.

(4) 비상용품을 준비하고 보관할 장소를 알아둔다

• 비상시에 대비하여 비상용품을 준비해 두고, 보관할 장소와 사용방법을 알아둔다.
• 지진 발생 시 화재가 발생할 수 있으니 소화기를 준비해 두고, 사용방법을 알아둔다.

※ 비상용품

• 비상식품 : 물, 통조림, 라면 등 가열하지 않고 먹을 수 있는 것
• 구급약품 : 연고, 감기약, 소화제, 지병약 등이 포함된 구급함
• 생활용품 : 간단한 옷, 화장지, 물티슈, 라이터, 여성용품, 비닐봉투
• 기타 : 라디오, 손전등 및 건전지, 휴대전화 예비배터리, 비상금, 비상연락망 등

(5) 평상시 가족회의를 통하여 위급한 상황에 대비한다

• 가스, 전기를 차단하는 방법을 알아둔다.
• 머물고 있는 곳 주위의 넓은 공간 등 대피할 수 있는 장소를 알아둔다.
• 비상시 가족과 만날 곳과 연락할 방법을 정해 둔다.
• 응급처치하는 방법을 반복적으로 훈련하여 익혀 둔다.

※ 스마트폰 재난정보 애플리케이션

• 행정안전부 안전디딤돌
• 기상청 지진 정보 알리미

(6) 어린이집

어린이집에서는 지진 대비를 위해 재난 방재 모자를 비치하고 이를 이용하여 재난 대비 훈련과 지진안전교육을 실시한다.

그림 9-1 재난 대비 모자

그림 9-2 역할영역에 비치한 재난 대비 모자

그림 9-3 교실에서의 대피

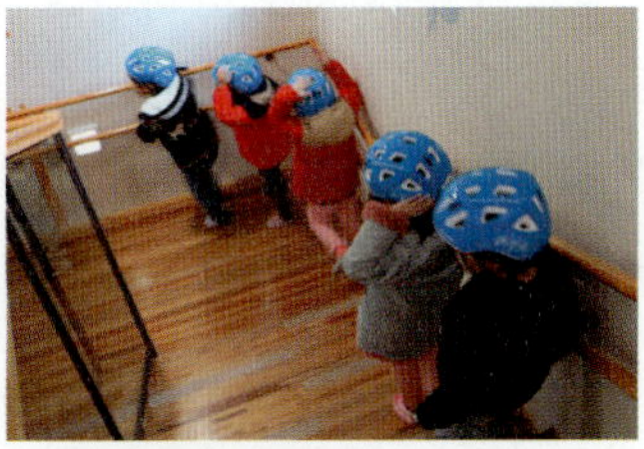

그림 9-4 대피 이동

그림 9-5 건물 밖으로 대피

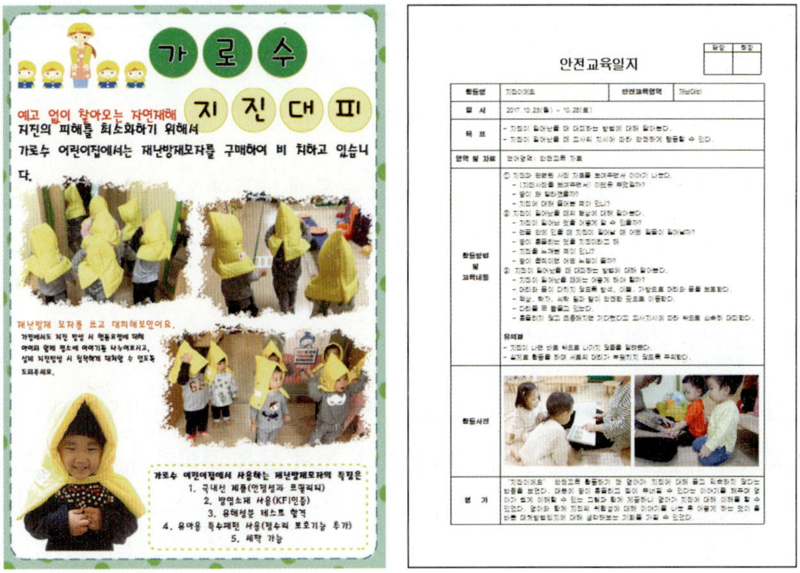

그림 9-6 지진대피훈련 실시 '가정통신문'과 '안전교육일지'

2) 지진 발생 시 상황별 · 장소별 행동요령

(1) 튼튼한 탁자 아래에 들어가 몸을 보호한다

- 지진으로 크게 흔들리는 시간은 길어야 1~2분 정도이다.
- 중심이 낮고 튼튼한 탁자의 아래로 들어가 탁자 다리를 꽉 잡고 몸을 보호한다.
- 탁자 아래와 같은 피할 곳이 없을 때에는 방석 등으로 머리를 보호한다.

(2) 가스와 전깃불을 차단하고 문을 열어 출구를 확보한다

- 흔들림이 멈춘 후 당황하지 말고 화재에 대비하여 가스와 전깃불을 끈다.
- 문이나 창문을 열어 언제든 대피할 수 있도록 출구를 확보한다.
- 흔들림이 멈추면, 출구를 통해 밖으로 나간다.

지진으로 화재 발생 시 주의사항

- 지진이 발생했을 때 불이 나면 침착하고 빠르게 불을 꺼야 한다.
- 지진 시에는 많은 사고 및 도로의 손상으로 소방차가 출동하지 못하는 경우가 있으므로 평소에 불을 끄는 방법을 알아두도록 한다.

(3) 집에서 나갈 때는 발을 보호할 수 있는 신발을 신고 이동한다

지진이 발생하면 유리 조각이나 떨어져 있는 물체 때문에 발을 다칠 수 있으므로 발을 보호할 수 있는 신발을 신고 이동한다.

(4) 계단을 이용하여 밖으로 대피한다

- 지진이 나면 엘리베이터를 타지 말고, 계단을 이용하여 건물 밖으로 대피한다.
- 밖으로 나갈 때에는 떨어지는 유리, 간판, 기와 등을 주의하며, 소지품으로 몸을 보호하면서 침착하게 대피한다.

(5) 건물 담장과 떨어져 이동한다

건물 밖으로 나오면 담장, 유리창 등이 파손되어 다칠 수 있으니, 건물과 담장에서 최대한 멀리 떨어져 가방이나 손으로 머리를 보호하면서 대피한다.

- 빌딩이 많은 도심지에서는 깨진 유리창이나 간판 등이 떨어져 다칠 우려가 있으므로, 주변에 가까운 공원이나 넓은 공간이 없다면 최근에 지은 튼튼한 건물 안으로 들어가 우선 몸을 보호한다.
- 담장이나 전봇대는 지진으로 기반이 약해져 넘어지기 쉬우므로 절대 기대지 말아야 한다.

(6) 넓은 공간으로 대피한다

- 떨어지는 물건에 주의하며 신속하게 운동장이나 공원 등 넓은 공간으로 대피한다.
- 이동할 때에는 차량을 이용하지 않고 걸어서 대피한다.

대피 시 주의사항

- 화재가 발생하면 손수건 등으로 코와 입을 막은 후 연기를 피하여 최대한 자세를 낮추고 안내에 따라 대피한다.
- 야간에는 넘어지거나 추락할 위험이 있으니, 손전등을 사용하여 조심해서 대피한다.
- 겨울철에는 추위로 몸 상태가 나빠질 수 있으니, 두꺼운 옷이나 휴대용 난로 등을 준비하여 추위에 대비한 후 대피한다.
- 지하상가 등의 공간에서는 정전 시 벽에 붙어 이동하고, 가까운 출입구를 통해 밖으로 나간다.
- 끊어진 전선을 비롯한 사고의 위험이 있는 물건은 만지지 않도록 주의한다.
- 대피 중에 휴대전화, 이어폰 등을 사용하면 발을 헛디뎌 부상의 위험이 있으므로 사용을 자제한다.
- 화장실, 욕실에 있을 때는 거울이나 전구 등의 파손으로 다칠 수 있으니, 욕실에서 나와 안전한 장소로 이동한다.
- 갇혔을 때는 주변의 딱딱한 물건을 이용하여 소리를 내어 구조를 요청한다.

지진 발생 시 행동요령 안내문의 예

(7) 올바른 정보에 따라 행동한다

- 대피 장소에서는 안내에 따라 질서를 지킨다.
- 지진 발생 직후에는 근거 없는 소문이나 유언비어가 유포될 수 있으니, 라디오나 공공기관의 안내 방송 등이 제공하는 정보에 따라 행동한다.

3) 대피 후 행동

(1) 부상자를 살펴보고 즉시 구조 요청을 한다

흔들림이 멈춘 후 주변에 부상자가 있으면 이웃과 서로 협력하여 응급처치하고 119에 신고한다.

(2) 주변 피해 상황에 따라 귀가 여부를 결정한다

지진이 발생하면 통신기기의 사용이 폭주하여 일시적인 장애가 발생할 수 있으니 당황하지 말고, 라디오 및 주변에 있는 공공기관이 제공하는 정보에 따라 행동한다.

(3) 가정이나 사무실로 돌아간 후에는 안전에 유의하여 주변을 확인한다

- 가정이나 사무실의 피해 상황을 확인하고, 안전이 의심된다면 전문가 확인을 받도록 한다.
- 옷장이나 사무실 보관함 등의 내용물이 쏟아져 내려 부상을 입을 수도 있으므로 문을 열 때 주의한다.

(4) 올바른 정보를 항상 확인한다

여진이 발생할 수 있으므로 지역방송 등이 제공하는 정보를 확인하고, 대피해야 할 경우에는 지진 국민행동요령에 따른다.

2. 미세먼지

미세먼지는 우리 눈에 보이지 않는 아주 작은 물질로 대기 중에 오랫동안 떠다니거나 흩날려 내려오는 직경 10㎛ 이하의 입자상 물질을 말한다. 석탄, 석유 등의 화석연료가 연소될 때 또는 제조업 · 자동차 매연 등의 배출가스에서 나오며, 대기 중 입자가 미세한 크기로 탄소성분**유기 탄소, 원소 탄소**, 이온성분**황산염, 질산염, 암모늄**, 광물성분 등 종류의 성분이 다양한 혼합물로서 기관지를 거쳐 폐에 흡착되어 각종 폐질환을 유발하는 대기오염물질이다.

세계보건기구**WHO**는 미세먼지 중 디젤에서 배출되는 블랙카본**BC : Black Carbon**을 1급 발암물질로 지정한 바 있다. 장기간 미세먼지에 노출될 경우 면역력이 급격히 저하되어 감기, 천식, 기관지염 등의 호흡기 질환은 물론 심혈관질환, 피부질환, 안구질환 등 각종 질병에 노출될 수 있다. 특히, 직경 2.5㎛ 이하의 초미세먼지는 인체 내 기관지 및 폐 깊숙한 곳까지 침투하기 쉬워 기관지, 폐 등에 붙어 각종 질환을 유발한다(국립환경과학원, 2006). 대부분의 연구에 따르면 장기적 · 지속적 노출 시 건강영향이 나타나며 단시간 흡입으로 갑자기 신체변화가 나타나지는 않는다고 알려졌다. 그러나 어린이 · 노인 · 호흡기 질환자 등 민감 군은 일반인보다 건강영향이 클 수 있어 더 각별한 주의가 필요하다.

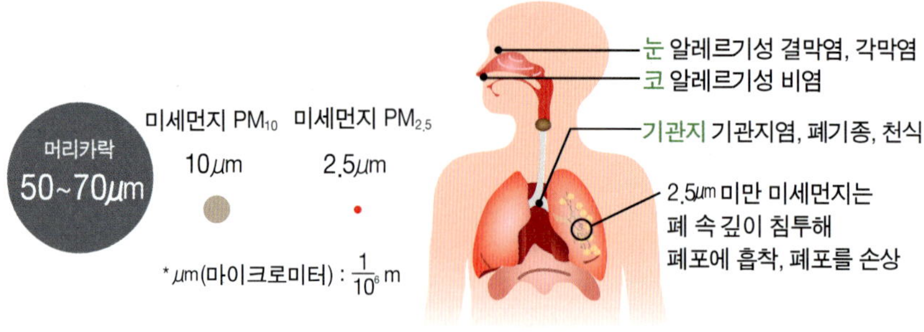

미세먼지의 상대적 크기 비교　　　미세먼지가 인체에 미치는 영향

그림 9-7 미세먼지가 인체에 미치는 영향

주의보 발령 시 행동요령

- 민감군(어린이 · 노인 · 폐질환 및 심장질환자)은 실외활동 제한 및 실내생활 권고
- 일반인은 장시간 또는 무리한 실외활동을 줄임(특히, 눈이 아프거나, 기침 또는 목의 통증이 있는 경우 실외활동 자제)
- 부득이 외출 시 황사(보호) 마스크 착용(폐 기능 질환자는 의사와 충분한 상의 후 사용 권고)
- 교통량이 많은 지역 이동 자제
- 유치원 · 초등학교 실외수업 자제
- 공공기관 운영 야외 체육시설 운영 제한
- 공원 · 체육시설 · 고궁 · 터미널 · 철도 및 지하철 등을 이용하는 시민에게 과격한 실외활동 자제 홍보

경보 발령 시 행동요령

- 민감군(어린이 · 노인 · 폐질환 및 심장질환자)은 실외활동 금지(실외활동 시 의사와 상의)
- 일반인은 장시간 또는 무리한 실외활동 자제(기침 또는 목의 통증이 있는 경우 실내생활 유지)
- 부득이 외출 시 황사(보호) 마스크 착용
- 교통량이 많은 지역 가급적 이동 금지
- 유치원 · 초등학교 실외수업 금지, 수업단축 또는 휴교
- 중 · 고등학교 실외수업 자제
- 공공기관 운영 야회 체육시설 운영 중단 : 공원 · 체육시설 · 고궁 · 터미널 · 철도 및 지하철 등을 이용하는 시민에게 과격한 실외활동 자제 홍보

출처 : 대기환경보전법 시행규칙 [별표7] 대기오염경보단계별 대기오염물질의 농도기준(제14조 관련)

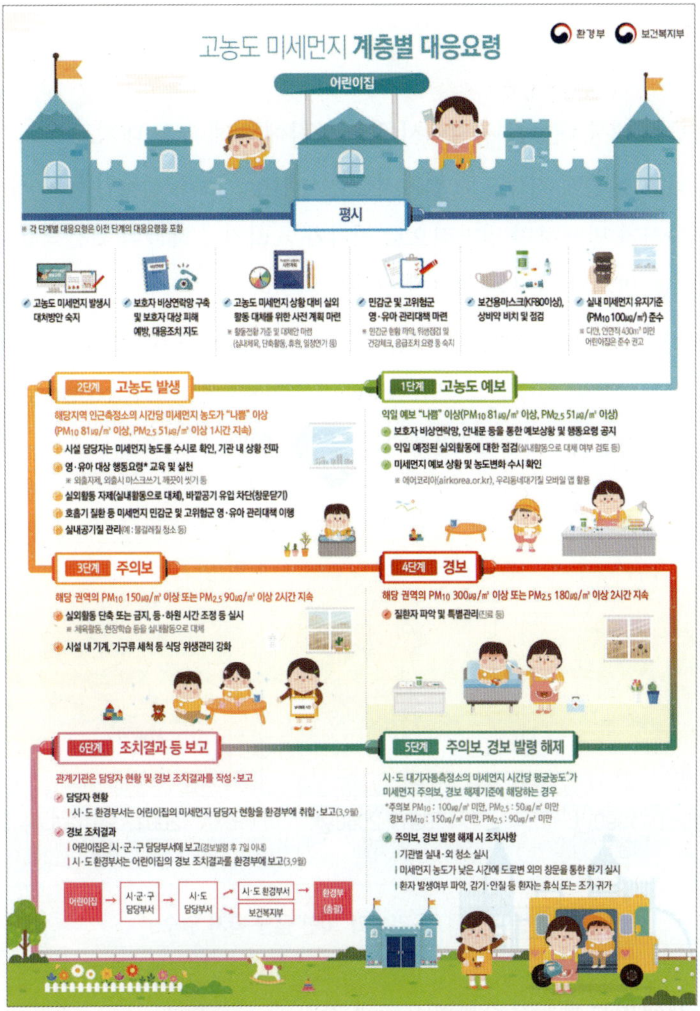

그림 9-8 고농도 미세먼지 계층별 대응요령

미세먼지의 정보 확인

- 에어코리아(환경부 전국 실시간 대기오염도 사이트, www.airkorea.or.kr)
- 기상청 사이트
- 일기예보, 대기오염 옥외전광판
- 우리 동네 대기질 애플리케이션(안드로이드 다운로드, 아이폰 다운로드)

3. 황사

황사는 중국 내륙 내몽골 사막에서 강한 바람에 의해 높은 대기로 올라간 흙먼지가 바람을 타고 이동해 지상으로 떨어지는 자연현상으로 3~5월인 봄에 집중적으로 발생한다. 황사가 발생하면 일반적으로 시야가 흐려지고 하늘이 황갈색으로 변하며 누런색의 고운 먼지가 인체와 물체에 영향을 미친다.

최근 10년간2007~2016 총 23회 52일 발생했으며 3~5월 집중발생17회 42일, 80%하였다. 연간 황사 발생 일수는 2.9일1980년대, 5.3일1990년대, 9.8일2000년대로 증가하는 추세이며 최근 가을과 겨울에도 발생하는 경우도 있다.

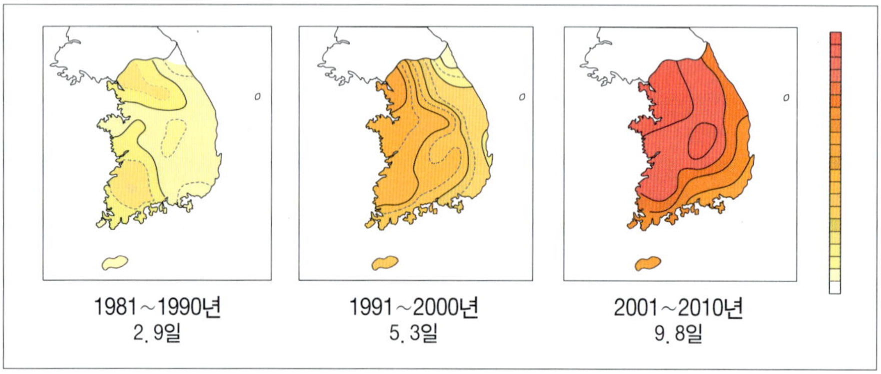

그림 9-9 우리나라 10년 평균 황사 일수

황사 발생에 따른 행동요령은 표 9-1과 같다.

표 9-1 황사 발생에 따른 행동요령

구분	가정에서는	교육기관에서는
황사 발생 전	• 황사가 실내로 들어오지 못하도록 창문 등을 점검 • 공기정화기, 가습기 등을 준비 • 외출 시에 필요한 보호안경, 마스크, 긴소매 의복 등을 준비 • 포장되지 않은 식품은 오염되지 않도록 위생용기 등에 보관	• 기상청에서 발표한 기상예보를 분석하여 지역실정에 맞게 휴업 또는 단축수업을 신중히 검토 • 학생들의 비상연락망을 점검, 연락체계를 유지하고 휴업 조치 시 맞벌이 부부 자녀에 대해서는 자율학습 • 학생과 학부모를 대상으로 황사 피해 예방 행동요령을 지도 · 홍보

구분	가정에서는	교육기관에서는
황사 발생 시	• 가능한 한 외출을 삼가고 외출 시에는 보호안경, 마스크, 긴소매 의복을 착용하며 귀가 후에는 깨끗이 씻고 양치질 • 창문을 닫고 공기정화기와 가습기를 사용하여 실내공기를 쾌적하게 유지 • 황사에 노출된 채소, 과일, 생선 등 농수산물은 충분히 세척 후 요리 • 2차 오염을 방지하기 위하여 식품가공·조리 시 손을 철저히 씻고 조리도구, 기구 등이 오염되지 않도록 관리	학생들의 실외활동을 금지하고 수업단축 또는 휴업 ※실외학습, 운동경기 등을 중지하거나 연기
황사 발생 후	실내공기를 환기시켜 주고 황사에 노출되어 오염된 물품은 충분히 세척 후 사용	• 실내·외를 청소하여 먼지를 제거 • 학생들의 건강을 살펴서 감기·안질환자 등은 쉬게 하거나 일찍 귀가 • 황사 후 발생할 수 있는 전염병에 대한 예방접종을 실시하거나 식당 등에 대한 소독 실시

4. 폭염

일반적으로 일 최고기온이 33℃ 이상일 때를 폭염이라고 하며, 국내에서는 일 최고기온이 33℃ 이상이 2일 이상 지속될 때는 주의보, 35℃ 이상이 2일 이상 지속될

폭염 시 사전 준비사항

- TV, 라디오, 인터넷 등을 통해 무더위와 관련한 기상 상황을 수시로 확인한다.
- 열사병 등 온열질환의 증상과 가까운 병원 연락처 등을 사전에 파악한다.
- 에어컨, 선풍기 등을 사용할 수 있도록 사전에 정비한다.
- 집안 창문에 직사광선을 차단할 수 있도록 커튼이나 천, 필름 등을 설치한다.
- 외출 시를 대비하여 창이 긴 모자, 햇빛 가리개, 선크림 등 차단제를 준비한다.
- 냉방기기를 사용하는 경우, 실내·외 온도차를 5℃ 내외로 유지하여 냉방병을 예방한다.
  (건강 실내 냉방온도는 26~28℃가 적당)

폭염 발생 시 주의사항

- 야외활동을 최대한 자제하고, 외출이 꼭 필요한 경우에는 창이 넓은 모자와 가벼운 옷차림을 하고 물병을 반드시 휴대한다.
- 보육실을 시원하게 유지하고 냉방이 되지 않는 실내는 햇볕을 가리고 맞바람이 불도록 환기를 한다.
- 바깥놀이 및 소풍, 현장학습 등 각종 실외활동을 취소하거나 실내활동으로 대체한다.
- 통학차량이 있는 경우 그늘에 주차하고 창문이 닫힌 자동차 안에는 노약자나 어린이를 홀로 남겨두지 않는다.
- 식중독 사고가 발생하지 않도록 주의한다.

때는 경보를 발령하고 있다. 폭염으로 인해 매년 평균2011~2016년 1,059명의 온열질환자와 11명이 사망하고, 가축 210만 3,000여 마리와 어류 567만 5,000여 마리가 폐사하는 피해가 발생하였다. 폭염은 물 부족, 전력사용 급증 등으로 인한 1~3차 산업에 직접적인 피해는 물론 불쾌지수 상승으로 사회적 문제 야기 등 많은 피해를 유발한다.

5. 태풍 · 호우

열대 해상에서 발생하는 저기압을 '열대 저기압'이라 한다. 이 중 북서태평양에서 중심 부근 최대풍속이 17m/s 이상으로 발달하는 열대저기압을 '태풍'이라 한다. 호우는 많은 비가 오는 것을 뜻하며, 특히 단시간에 많은 비가 올 때를 말하고 일반적으로 평균적인 강우보다 많은 비가 올 때를 집중호우라고 한다.

2006~2016년 동안 태풍 · 호우로 인하여 평균 10건의 재해 발생과 21.6명의 인명피해 및 4,831억 원의 재산피해가 발생하였고 태풍 · 호우는 하천범람, 산사태, 해일 등으로 이어져 재산피해는 물론 인명피해를 유발하기 때문에 각별한 주의와 사전 대비가 필요하다.

그림 9-10 태풍 · 호우 · 폭염 피해

표 9-2 기상특보기준

종류	주의보	경보
태풍	태풍으로 인하여 강풍, 풍랑, 호우, 폭풍해일 현상 등이 주의보기준에 도달할 것으로 예상될 때	태풍으로 인하여 다음 중 어느 하나에 해당하는 경우 • 강풍(또는 풍랑) 경보 기준에 도달할 것으로 예상될 때 • 총 강우량이 200mm 이상 예상될 때 • 폭풍 · 해일 경보 기준에 도달할 것으로 예상될 때
호우	6시간 강우량이 70mm 이상 예상되거나 12시간 강우량이 110mm 이상 예상될 때	6시간 강우량이 110mm 이상 예상되거나 12시간 강우량이 180mm 이상 예상될 때

태풍 · 호우에 따른 행동요령은 다음과 같다.

- TV, 라디오, 인터넷, 스마트폰'안전디딤돌' 애플리케이션 등으로 기상 상황을 미리 파악하여 대비한다.
- 산간 · 계곡 · 하천 · 방파제 등에서 야영이나 물놀이를 멈추고 안전한 곳으로 대피한다.
- 저지대나 상습침수지역, 산사태 위험지역, 지하공간이나 붕괴 우려가 있는 노후주택 · 건물의 주민은 안전한 곳으로 이동 준비한다.
- 바람에 날아갈 위험이 있는 지붕, 간판 등은 사전에 결박하고 창문은 창틀에 단단하게 테이프 등으로 단단히 고정한다.
- 가정의 하수구나 집 주변의 배수구를 미리 점검하고 막힌 곳은 뚫어야 한다.

- 모래 주머니, 방수판 등을 이용하여 침수가 예상되는 아파트 지하주차장, 건물이나 농경지는 기상 특보가 발령되기 전까지 정비한다.
- 비상시 신속히 응급용품을 가지고 이동 대피할 수 있도록 사전에 준비한다.
- 태풍, 호우가 예보된 날은 일정을 조정하고 외출은 자제한다.
- 태풍, 호우 이후에는 가족과 지인의 안전 여부를 확인하고 피해 여부를 확인한다.
- 수돗물이나 저장 식수는 오염 여부를 확인한 후 사용하고 침수된 음식이나 재료는 식중독의 위험이 있으므로 사용하지 않는다.

6. 대설 · 한파

1) 대설

대설은 아주 많이 오는 눈을 지칭하는 것으로, 24시간 강설량이 5cm 이상 예상될 때에 '대설 주의보'를, 일반 지역에서 24시간 강설량이 20cm 이상 예상되거나 산지에서 24시간 강설량이 30cm 이상 예상될 때에는 '대설 경보'를 기상청에서 발표한다.

대설에 따른 행동요령은 다음과 같다.

- 가능한 외출을 자제하고, 외출 시에는 미끄러지지 않도록 바닥면이 넓은 운동화나 등산화를 착용한다.
- 미끄러운 눈길을 걸을 때에는 주머니에 손을 넣지 말고 보온 장갑을 착용하고 걸어가는 중에는 휴대전화 통화를 삼간다.
- 어린이집 주변 빙판길에는 염화칼슘이나 모래 등을 뿌려서 미끄럼 사고를 예방한다.
- 현관 입구에는 미끄럼 방지대 또는 매트를 깔고 물기를 수시로 닦아준다.
- 눈피해 대비용 안전 장구**체인, 모래주머니, 삽 등**를 준비하고 눈이 많이 내릴 때에는 차량 이용을 되도록 자제한다.

2) 한파

한파는 겨울철에 온도가 갑자기 내려가면서 들이닥치는 추위를 말한다. 기상청에서는 한파가 발생할 것으로 예상될 때 한파 주의보와 한파 경보를 발령한다. 한파 주의보와 한파 경보가 발령되는 기준은 10월부터 이듬해 4월까지 다음 중 하나에 해당하는 경우 발령된다.

한파특보에 따른 대비요령은 다음과 같다.

- 갑작스러운 기온 강하 시 심장과 혈관계통, 호흡기계통, 신경계통, 피부병 등이 급격히 악화할 우려가 있으므로, 유아, 노인 또는 환자가 있는 가정에서는 난방에 유의한다.
- 혈압이 높거나 심장이 약한 사람은 노출 부위의 보온에 유의하고, 특히 머리 부분의 보온에 신경을 쓴다.
- 외출 후 손발을 씻고 과도한 음주나 무리한 일로 피로가 누적되지 않도록 하여야 하고 당뇨환자, 만성폐질환자 등은 반드시 독감 예방접종을 한다.
- 고혈압 등 만성병 환자는 오후에 실내에서 운동하는 것이 좋다.
- 장기간 외출 시에는 온수를 한 방울씩 흐르게 하여 동파를 방지하며 수도계량기 보호함 내부는 헌 옷으로 채우고 외부는 테이프로 밀폐시켜 찬 공기가 스며들지 않도록 보온한다.
- 복도식 아파트는 수도계량기 동파가 많이 발생하므로 수도계량기 보온에 유의한다.

표 9-3 한파 주의보와 경보의 기준

한파 주의보	한파 경보
• 아침 최저기온이 전날보다 10℃ 이상 하강하여 3℃ 이하이고 평년값보다 3℃가 낮을 것으로 예상될 때 • 아침 최저기온이 −12℃ 이하가 2일 이상 지속될 것이 예상될 때 • 급격한 저온현상으로 중대한 피해가 예상될 때	• 아침 최저기온이 전날보다 15℃ 이상 하강하여 3℃ 이하이고 평년값보다 3℃가 낮을 것으로 예상될 때 • 아침 최저기온이 −15℃ 이하가 2일 이상 지속될 것이 예상될 때 • 급격한 저온현상으로 광범위한 지역에서 중대한 피해가 예상될 때

출처 : [네이버 지식백과] 한파 [Cold Wave] – 시베리아로부터 맹추위를 몰고 온다(지구과학산책).

한파 대비 건강수칙

- 체온 및 실내 온도를 적정 상태로 유지하고 환기를 자주 한다.
- 따뜻한 물 등 수분을 많이 섭취하고 고른 영양분을 갖춘 식사를 한다.
- 영유아 등 · 하원 시 모자, 마스크, 장갑, 부츠 등을 착용하여 체온을 유지한다.
- 옷은 가벼운 옷으로 여러 벌 겹쳐 입고 물에 젖게 되면 즉시 마른 옷을 갈아입는다.
- 계획된 바깥 출입을 취소하고 실내에서 가벼운 활동을 한다.
- 걸을 때 주머니에 손을 넣지 않고 계단 이용 시에는 난간을 잡고 이용한다.

출처 : 보건복지부 외(2017).

- 수도관이 얼었을 때는 헤어드라이어 등 온열기를 이용하여 녹이거나 미지근한 물로 녹인다.

7. 재난 안전교육의 실제

1) 비상대피훈련 시나리오 예시

(1) ○○어린이집 기본 현황

총 정원	반명(연령별)					
	구분	A반 0세	B반 1세	C반 2세	D반 3세	E반 4~5세
49	정원	3	5	7	15	19

총 교직원 수	반명(연령별)		
	원장	보육교사	취사원
7	1	5	1

주 : 50인 미만 어린이집의 반편성 및 보육교직원을 임의로 배치한 것임

(2) 재난 발생 시 업무분담표

담당자	평상 시 업무	화재 및 재난 발생 시	안전사고 발생 시	폭설 및 결빙 시
원장	지휘명령 총괄(안전관리책임관)	• 지휘명령 총괄 • 응급기관 연락 • 화재 및 재난 장소 확인 • 지방자치단체 보고 및 보고서 작성(외부)	• 지휘명령 총괄 • 지방자치단체 보고 및 보고서 작성(외부)	• 지휘명령 총괄 • 지방자치단체 보고 및 보고서 작성(외부)
A반 주임 교사 (만 0세)	• 소방시설 유지 • 시설 및 설비 최종 점검	• 비상사태 시 비상벨 및 원내 전달 • 관계기관 통보 • 보고서 작성(내부) • A반 대피 유도	• 학부모와 관계기관 통보 • 응급처치 및 지정 병원으로 긴급후송	• 기상 상황 수시 파악 • 보육총괄 • 보고서 작성(내부)
B반 교사 (만 1세)	문서관리(연간소방 교육 계획, 자체소방 시설을 활용한 소화 활동 등)	• 주요 서류와 물건 반출 • B반 대피 유도 및 최종점검	• 사고 문서 작성, 관리(내부) • 안전사고 장소 확인 및 현장보존	영아반 보육
C반 교사 (만 3세)	• 긴급 상황 발생 시 응급처치 매뉴얼 관리 • CCTV 관리	• 응급처치 및 지정 병원으로 긴급후송 • 비상문 개방 • C반 대피 유도	유아반 보육	• 제설작업 • 미끄럼주의 표지판 설치
D반 교사 (만 2세)	• 비상시 통합 연락망 관리 • 관내 안전관리기관 연락망 관리	• 대피 후 영유아 보육 총괄 • D반 대피 유도	영아반 보육	• 제설작업 • 미끄럼주의 표지판 설치
E반 교사 (만 4~5세)	• 현관, 화장실 등 관리 • 가스, 보일러, 전기관리	• 구급약품관리 • 현관(비상)문 개방 • E반 대피 유도	안전사고 장소 확인 및 현장보존	유아반 보육
취사원	• 조리실 점검 • 가스, 보일러, 전기점검	• 대피 유도 및 보육 보조 • 가스 차단 • 전기 차단	보육업무 보조	• 비상식량 확인 • 난방(보일러) 시설 확인

주 : 1) 재난 상황 발생을 대비하여 보육교직원의 역할을 분담하고 어린이집에서 발생 가능한 재난에 대해 다양한 시나리오를 준비하여 실제 또는 도상훈련을 실시함

2) 재난 상황 업무분담계획 수립 후에는 모든 교사가 함께 공유하고 본인의 업무를 정확히 인지하도록 함

출처 : 중앙육아종합지원센터 · 보건복지부 보육기반과(2016).

(3) 비상시 대피도

비상시 대피로를 표시한 대피도의 예시는 다음과 같다.

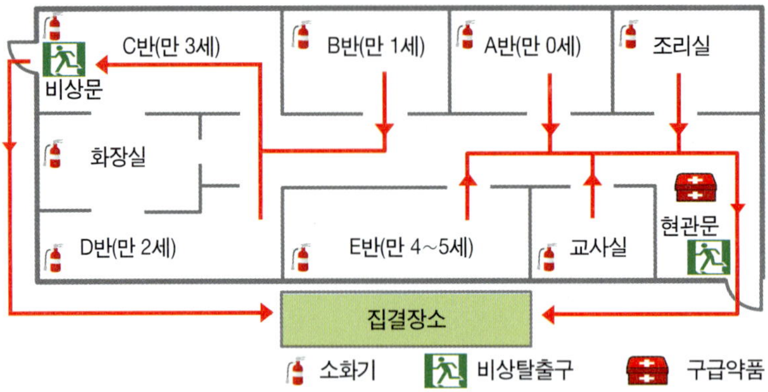

그림 9-11 비상시 대피도 예시

(4) 연간대피훈련 운영계획(월간 중심)

월	재난 종류	발생 장소	발생 시각	대피훈련 시나리오 내용	비고
3	화재	교사실	10 : 00	교사실에서 교사 컴퓨터 과부하에 의한 화재 발생으로 대피	
4	화재	C반	11 : 00	C반 교실 공기청정기 콘센트에서 스파크 발생으로 대피	
5	화재	화장실	10 : 30	화장실 칫솔소독기에서 누전으로 인한 화재 발생으로 대피	
6	지진	전체	10 : 00	B반 교실에서 먼저 흔들림 감지하여 전체에게 알리고 대피	
7	화재 폭발	보일러실	불시	어린이집 보일러실 가스 누출 후 폭발위험으로 대피	
8	화재	D반	11 : 30	D반 교실에서 타는 냄새가 지속되어 대피	
9	지진 화재	전체	12 : 00	어린이집이 흔들리고 전기 합선 위험으로 인한 화재 발생으로 대피	
10	화재	화장실	10 : 30	화장실의 세탁기 내부에 습기로 인해 누전으로 인한 화재 발생으로 대피	
10	결빙 한파	전체	15 : 00	한파가 2일 동안 계속 되고 밤사이 눈이 내려 어린이집 앞이 얼어붙은 상황	
11	지진	전체	불시	어린이집 창문의 흔들림을 감지하여 대피	

월	재난 종류	발생 장소	발생 시각	대피훈련 시나리오 내용	비고
12	화재	C반	11 : 00	C반에서 생일잔치 중 촛불로 인한 화재 발생으로 대피	
	대설	전체	16 : 00	등원 후 눈이 내려 5cm 두께의 눈이 쌓이고 눈이 오는 상황(대설주의보)	
1	화재	조리실	10 : 30	조리실 점심식사 준비 중 화재 발생으로 대피	
2	지진	전체	11 : 00	보육실의 놀잇감이 심하게 흔들림을 감지하여 대피	

주 : 1) 어린이집 비상대응계획에 근거하여 해당연도의 훈련계획(훈련 시기, 훈련 주요 내용, 재난 종류)을 연초에 1회 수립함

2) 어린이집 장은 비상대응계획을 작성하여 소방 대피, 지진 대피, 폭설 대비 훈련을 포함한 다양한 유형의 재난 대비 훈련을 월 1회 실시함

2) 비상대피훈련 시나리오 : 지진 등 천재지변 발생 시

<table>
<tr><td>훈련명</td><td>재난대피훈련</td><td>훈련일</td><td>6월 20일</td></tr>
<tr><td>참가자</td><td>보육교직원 7명 / 영유아 49명</td><td>시간</td><td>10시 00분</td></tr>
<tr><td>훈련 종류</td><td colspan="3">지진대피 실제훈련</td></tr>
<tr><td>훈련 목적</td><td colspan="3">지진 발생 시 행동요령을 익히고 안전한 대피 훈련을 통해 실제 상황에서 올바르게 적용할 수 있다.</td></tr>
<tr><td>재난 상황 시나리오</td><td colspan="3">B반 교실에서 먼저 흔들림을 감지하여 전체에게 알리고 대피(강도 4.5)</td></tr>
<tr><td>훈련 전 점검</td><td colspan="3">훈련계획의 내용 숙지, 재난 시 업무분담 숙지, 대피로 동선 파악, 소화기 위치 파악, 어린이집 앞 표지판 부착(비상대피훈련 중 - 집결지 안내)</td></tr>
<tr><td>훈련 내용</td><td colspan="3">1. 재난위험경보 사이렌 → 2. 지진 행동요령 진행 → 3. 대피경로로 대피, 대피 장소 집결(영유아 인원체크) → 4. 부상자, 사상자 확인 및 응급처치 → 5. 부모에게 연락 → 6. 훈련 종료</td></tr>
<tr><td>구분</td><td colspan="2">훈련</td><td>평가 중점 내용</td></tr>
<tr><td>시나리오 세부 내용</td><td colspan="2">1. 지진 발생 감지 및 알림
① B교사 지진 감지
• 지진 첫 감지자는 지진이 났다는 것을 주변 및 지휘명령 총괄(원장)에게 신속하게 알리고 지진 시 행동요령을 진행함
예) 큰 소리로“지진이 났어요!” 외침
• 인터폰을 이용하여 지휘명령 총괄(원장)에게 알림 등
② 원장 : 지휘명령 총괄
어린이집 전체에 지진 비상 상황 알림(재난위험경보 사이렌 울림)</td><td>지진 상황 전달 여부

어린이집 전체 지진 상황 알림</td></tr>
</table>

구분	대응활동	평가 중점 내용
시나리오 세부 내용	③ 취사원 : 가스 및 전기 차단 • 조리실 문 개방 • A반(만 0세)으로 이동 2. 지진 시 행동요령 진행 ① A, B, C, D, E반 교사 : 각 반 문 개방 • C반 교사는 비상문 개방 • 원장은 현관문 개방 ※ 진동이 심할 경우는 자세를 낮추고 머리를 보호 하는 것이 우선임 ② A, B, C, D, E반 전체 영유아가 자세를 낮추고 머리를 보호함 • C, E반 유아반은 책상 밑으로 대피 • A, B, D반 영아반은 휴식영역 쿠션 아래로(이불 속 등) 대피 ※ 주변에 방석이나 가방 등 쿠션감이 있는 것으로 머리를 보호 ③ 흔들림이 멈출 때까지 대기(2분 정도) • 지휘명령 총괄(원장) : 흔들림의 정도를 살핀 후 흔들림이 멈추면 (화재) 대피 경보기 울림	지진 시 행동요령 숙지
	3. 각 반 영유아 대피 시작 : (화재) 대피 경보기 울림 흔들림 멈춘 후 화재경보음 울림과 동시에 대피 시작 ① A, B, C, D, E반 대피 시작 • A, E반은 현관문으로 B, C, D반은 비상문으로 대피 • A, C반 교사는 영유아 선두에서 대피 유도 • B, E반교사는 영유아 제일 뒤에서 대피 유도 • 보행이 어려운 영아는 교사가 안고 대피 ※ A반(만 0세) 교사와 취사원이 안고 대피 • E 반 교사 : 현관에 있는 구급 약품 가지고 대피 • 각 반 교사 비상연락망(긴급연락표) 가지고 대비	질서 유지하며 대피
	[2-① 에서 현관문 및 비상문 개방에 실패했을 시] • A, C반 교사 : 현관문, 비상문 개방 (현관문, 비상문에 먼저 도착한 교사가 현관문, 비상문 개방) • 현관문, 비상문 중 한 곳이 문 뒤틀림으로 개방되지 않을 시 대피유도자는 동선을 바꾸어 대비 (동선 파악 및 상황에 맞게 대피훈련 실시)	대피시간
	② B반 교사 : 최종으로 각 반 교실 확인 후 대피 ③ 영유아 및 보육교직원 정해진 장소에 집결 • 각 반 인원 체크 지휘명령 총괄(원장)에게 보고 예 : "A반 인원 3명 이상 무"	대피한 영유아 수
	4. 부상자, 사상자 확인 및 응급처치 ① C반 교사 : 부상자 확인 후 응급처치 실시, 구급차 후송 ② A반 교사 : 관련 기관(인근 병원 등) 연락, 사상자 확인	부상자 응급처치/ 구급차 후송

<table>
<tr><th>구분</th><th>대응활동</th><th>평가 중점 내용</th></tr>
<tr><td>시나리오
세부 내용</td><td>③ B, D, E반 교사, 취사원 : 영유아와 안전한 곳에서 대피 지속
5. 각 반 영유아 부모에게 연락
각 반 담임교사가 비상연락망을 이용하여 부모에게 연락
6. 비상대피훈련 종료
• 부상자, 사상자 없을 시 1-2-3-6 진행
• 부상자, 사상자 있을 시 1-2-3-4-5-6 진행

[지진으로 대피 시 주의사항]
• 문이 비뚤어져 갇힐 수 있으므로 문을 열어서 출구 확보
• 엘리베이터 탑승 금지
• 건물 안에 있지 않고 외부로 대피
• 최종 집결 장소는 주변에 기둥이나 건물 등이 없는 넓은 공간이나 공터, 공원으로 집결
※ 실제 지진 상황에서는 경미하더라도 119 혹은 지역재난안전대책본부, 지방자치단체 등에 상황을 알림</td><td>연락시간/
응대 태도

대피시간</td></tr>
</table>

3) 영아를 위한 재난 안전교육 프로그램 활동의 예

<table>
<tr><th>그림책명</th><th>연령</th><th>활동명</th><th>안전교육 내용</th><th colspan="2">수준별 세부 내용</th></tr>
<tr><td rowspan="6">
마법의 빨간 수레</td><td rowspan="2">만 0~1세</td><td>비가 올 때는 집에 있어요</td><td rowspan="3">자연재난의 개념과 안전한 행동 알기(비)</td><td>1, 2 수준</td><td>비와 눈 오는 날씨 등에 보호자와 함께 안전하게 있기</td></tr>
<tr><td>비가 올 때 필요해요</td><td>3, 4 수준</td><td>날씨로 인한 안전사고의 위험에 대해 알기</td></tr>
<tr><td>만 2세</td><td>비바람을 안전하게 피해요</td><td>1, 2 수준</td><td>날씨에 따른 안전한 행동 알고 실천하기</td></tr>
<tr><td rowspan="2">만 0~1세</td><td>선생님(보호자)과 함께 있어요</td><td rowspan="3">자연재난의 개념과 안전한 행동 알기 (지진)</td><td rowspan="2">1~4 수준</td><td rowspan="2">보호자와 지진을 대피하는 연습에 참여하기</td></tr>
<tr><td>땅이 흔들려요</td></tr>
<tr><td>만 2세</td><td>선생님(보호자)과 함께 대피해요</td><td>1, 2 수준</td><td>지진 발생 시 대피방법을 알고 보호자와 이동하기</td></tr>
</table>

그림책명	연령	활동명	안전교육 내용	수준별 세부 내용	
 모모야 옷 입자	만 0~1세	눈이 펑펑 와요	자연재난의 개념과 안전한 행동 알기(눈)	1, 2 수준	날씨로 인한 안전사고의 위험에 대해 알기
		눈이 온 날에는		3, 4 수준	건널목에서 뛰지 않고 걸어가기
	만 2세	눈길을 조심조심 걸어요		1, 2 수준 *교통 안전 포함	날씨에 따른 안전한 행동 알고 실천하기
 생일 축하해, 훅	만 0~1세	촛불을 훅~	뜨거운 물건 이해하기	2 수준	보행로가 뜨겁다고 하며 만지지 않기
		뛰지 마! 누워서 굴러	옷에 불이 붙었을 때 대처법	1~4 수준	보호자와 함께 몸에 불이 붙었을 때 뛰지 않고 바닥에 구르며 끄는 방법 알아보기
	만 2세	불이야~ 불이 났어요	화재 시 대처법	1, 2 수준	화재 시 안전한 자세로 대피하는 방법을 알고 훈련하기
	만 0~1세	안전하게 촛불을 꺼요	화재의 원인과 예방법	1, 2 수준	보호자와 함께 위험한 요인이 없는 안전한 환경에 있기
		너무 뜨어워서 불이 나요		3, 4 수준	불이 날 수 있는 물건 알기
	만 2세	불이 날 수 있어! 조심해		1, 2 수준	불이 날 수 있는 상황 알기

출처 : 어린이집안전공제회(2017). 그림책을 활용한 영아 안전교육 프로그램.

마법의 빨간 수레
(글 · 그림 : 레나타 리우스카 / 출판사 : 천개의 바람)

활동명	선생님(보호자)과 함께 대피해요		
연령	2세 / 1, 2수준	활동영역	언어/역할
수준별 세부내용	재난대비안전 > 자연 재난의 개념과 안전한 행동 알기 > 지진 발생 시 대피방법을 알고 보호자와 이동하기		
주요 경험 (목표)	지진이 났을 때 선생님과 함께 대피한다. (기본생활 > 안전하게 생활하기 > 위험한 상황 알기 > 위험한 상황 시 어른의 지시에 따르기)		
활동자료	그림책 《마법의 빨간 수레》		
활동방법	1. 영아가 그림책을 볼 때 선생님과 함께 본다. – 여기 땅이 흔들리고 바람이 불지. – 동물들이 어떤 것 같니? 이럴 땐 어떻게 해야 하지? – 안전한 곳으로 가야 할 텐데…. 2. 지진에 대해 이야기한다. – (지진을 표현한 그림 자료를 보며) 갑자기 땅이 흔들리거나 하면 물건들이 다 쏟아질 수 있어. – 이럴 때 어떻게 해야 할까? 머리를 보호하고 선생님과 책상 밑으로 들어 가요. – 책상 밑으로 들어가서 몸을 숙여야 물건이 떨어졌을 때 머리가 다치지 않는단다. – 책상이 없으면 머리가 다치지 않도록 방석으로 머리를 덮어야 해~ 3. 역할영역에서 지진대피활동을 해 본다. – 어! 땅이 흔들려요~ 지진이 났어요? – 그래~ 머리를 보호하고 선생님과 책상 밑으로 대피해요.		
주요 상호작용	선생님과 책상 밑으로 대피해요		
연계활동	지진이 났을 때 머리를 보호할 수 있는 물건들을 일상생활 속에서 찾아본다.		
유의사항	지진에 대해 영아들이 놀라지 않도록 선생님과 함께 하면 안전하다는 것을 알려주어 위험한 상황 발생 시 항상 선생님(보호자) 곁에 있을 수 있도록 한다.		
평가	지진이 났을 때 선생님의 이야기를 듣고 안전한 곳으로 대피할 수 있다.		

4) 유아를 위한 재난 안전교육 프로그램 활동의 예

<table>
<tr><td>활동명</td><td colspan="3">여러 가지 자연 재난을 알아요</td></tr>
<tr><td>연령</td><td>5세</td><td>활동영역</td><td>이야기 나누기</td></tr>
<tr><td>누리과정
관련 요소</td><td colspan="3">• 신체운동 · 건강 : 안전하게 생활하기 – 비상시 적절히 대처하기
• 사회관계 : 나를 알고 존중하기 – 나를 알고, 소중히 여기기</td></tr>
<tr><td>활동목표</td><td colspan="3">• 자연재난(황사, 폭염, 폭설)의 위험성과 그 결과를 안다.
• 자연재난이 일어날 경우 어른과 함께 있어야 함을 안다.</td></tr>
<tr><td>활동자료</td><td colspan="3">PPT, 애니메이션 〈황사가 온대요〉, 활동지</td></tr>
<tr><td>활동방법</td><td colspan="3">1. 자연재난은 다양하며 각각의 자연재난에 따른 대처방법 또한 다름을 이야기 나눈다.
– 자연재난이란 무엇일까?
– 자연재난이 일어나면 어떻게 해야 할까?
– 자연재난은 다양하고 각각의 자연재난에 따른 대처방법도 다르단다.
2. 애니메이션 〈황사가 온대요〉를 보고 이야기 나눈다.
– 아리 치마가 왜 더러워졌을까?
– 엄마는 왜 창문을 닫았니?
3. PPT의 뿌연 하늘 사진을 보며 황사에 대해 이야기 나눈다.
– 황사란 무엇일까?
(몽골이나 중국 북부의 황토지대에서 바람에 의해 하늘 높이 올라간 많은 모래 먼지가 대기 중에 퍼져서 하늘을 덮었다가 서서히 내려오는 것이라고 알려준다)
– 황사가 있는 날 바깥놀이를 하면 어떻게 될까?
– 창문을 열어두면 어떻게 될까?
– 마스크를 해야 하는 이유를 알고 있니?
– 황사가 있는 날 외출했다가 집에 돌아와서 가장 먼저 해야 할 일은 무엇일까?
4. 여름철 무더운 날씨의 사진을 보며 폭염에 대해 이야기 나눈다.
– 여름철 날씨는 어떠니?
– 폭염이란 무엇일까?
(갑작스러운 매우 심한 더위이며 너무 심할 경우 농작물이 마르고, 사람들이 병에 걸리기도 한다는 것을 알려준다)
– 폭염은 왜 생기는 걸까?
(여름철에는 보통 여름 날씨가 무더워 고온 현상이 며칠간 계속되지만 최근 자동차 배기가스, 매연 등에 의해 날씨가 무더워지고 있음을 알려준다)
– 너무 더울 때는 어떻게 하면 좋겠니?
– 폭염에 건강을 잃지 않으려면 어떻게 해야 할까?
5. 눈이 많이 내린 사진을 보며 폭설에 대해 이야기 나눈다.
– 폭설이란 무엇일까?
(갑자기 눈이 많이 내리는 것이다)</td></tr>
</table>

활동방법	– 눈이 올 때 어떤 점을 조심해야 할까? – 눈이 오면 어떻게 할까? (길을 걸을 때 미끄러지지 않도록 바닥에 홈이 파인 운동화를 신는다. 어깨를 쭉 펴고 앞을 보고 걷는다. 주머니에서 손을 빼고 천천히 걷는다. 흰색을 제외한 밝은색 옷을 입는다. 귀마개는 소리를 잘 들을 수 없으므로 귀마개보다는 모자를 쓴다. 가급적 외출하지 않는다) 6. 자연재난이 일어났을 때에는 어떻게 해야 할지 이야기 나누고 보호자와 함께 있는 것이 가장 안전함을 설명한다.
확장활동	활동지 〈모래 바람이 불어요〉를 활용하여 황사가 있는 날 흰 종이 1장을 바깥에 하루 정도 놓아둔 후 실내의 종이와 비교하며 관찰 기록을 작성한다.
유의사항	계절의 상황(봄철 : 황사 / 여름철 : 폭염, 태풍 / 겨울철 : 폭설)에 따라 지도하는 것이 교육의 효과가 높다.
평가	• 자연재난의 개념을 알고 위험성을 이해하고 있는지 평가한다. – 자연재난의 개념을 알고 있는가? – 자연재난의 위험성을 알고 있는가?

출처 : 보건복지부 외(2016). 영유아를 위한 안전교육 프로그램 교사용 지도서.

CHAPTER 10

교통 안전교육

1. 교통 안전사고의 현황 | 2. 영유아 교통사고 유형 | 3. 교통 안전교육 내용
4. 교통 안전교육의 실제

CHAPTER

10

교통수단의 발달로 전국이 일일생활권이 되는 생활의 편리함을 주기도 했지만 교통수단으로 인한 사고로 물질적 피해뿐만 아니라 인적 피해 또한 증가되고 있다. 우리나라는 OECD 회원국 중 어린이 교통사고가 현저히 높은 것으로 나타나고 있으며, 어린이 사망 원인 2위가 교통사고(44.6%)임을 감안해 볼 때 어린이의 생명을 보호하는데, 교통 안전교육은 매우 중요한 과제라 할 수 있다. 영유아는 신체조절능력과 판단력의 미숙함으로 위험 상황에 대한 대처능력이 떨어지기에 교통사고가 많이 발생하고 있으므로 어린이 교통사고를 감소시키기 위해 안전한 생활습관과 안전의식을 기를 수 있는 체계적인 교통 안전교육을 실시해야 한다. 어린이 교통사고의 원인은 영유아의 발달적 미숙뿐만 아니라 운전자의 부주의에 의한 사고 또한 많이 발생하므로 가정과 연계한 안전교육 및 홍보를 통해 교통사고를 예방해야 한다.

1. 교통 안전사고의 현황

경찰청(2017)이 조사한 '경찰 교통사고 통계'자료에서 최근 5년간 어린이 교통사고 통계를 분석한 결과 교통사고 건수는 2015년에 비해 2016년이 다소 감소하였으나 한해 어린이교통사고의 발생건수는 평균 1만 1,000여 건으로 높게 발생하고 있다.

어린이 교통사고에서 보행 중 사고는 17.1%로 41명에서 35명으로 감소하였으나 승차 중 사고는 106.7%로 증가하였다. 이는 어린이들이 점차적으로 차량을 이용하는 경우가 다양해짐으로써 차량 이용 시 안전수칙뿐만 아니라 운전자와 성인 동승자의 체계적인 교육이 필요함을 나타내고 있다.

표 10-1 어린이 교통사고 현황(최근 5년간)

구분		2012년	2013년	2014년	2015년	2016년	대비(%)
전체 어린이 사고	발생(건)	12,497	11,728	12,110	12,191	11,264	−927(7.6)
	사망(명)	83	82	52	65	71	+6(9.2)
	부상(명)	15,485	14,437	14,894	15,034	14,215	−819(5.4)
보호구역 어린이 사고	발생(건)	511	427	523	541	480	−61(11.3)
	사망(명)	6	6	4	8	8	0(0)
	부상(명)	528	438	553	558	510	−48(8.6)
통학버스 어린이 사고	발생(건)	42	32	31	50	38	−12(24.0)
	사망(명)	2	4	2	3	1	−2(66.7)
	부상(명)	69	64	55	67	59	−8(11.9)

출처 : 경찰청(2017). www.police.go.kr

표 10-2 어린이 교통사고 현황

구분	발생(건)	사망(명)	부상(명)
2016년	11,264	71	14,215
2015년	12,191	65	15,034
대비	−927	+6	−819

출처 : 경찰청(2017). www.police.go.kr

표 10-3 어린이 사망사고 분석

(단위 : 명)

구분	계(명)	보행자	자전거	차량승차 중
2016년	71	35	5	31
2015년	65	41	9	15
대비	+6	–6	–4	+16

출처 : 경찰청(2017). www.police.go.kr

표 10-4 시간대별 어린이교통사고 현황(2016년 기준)

구분	계	0~2세	2~4세	4~6세	6~8세	8~10세	10~12세	12~14세	14~16세	16~18세	18~20세	20~22세	22~24세
사망(명)	71	2	1	0	2	4	8	11	7	16	14	4	2
부상(명)	14,215	130	36	33	144	1,370	1,200	1,513	2,539	3,091	2,327	1,316	516

출처 : 경찰청(2017). www.police.go.kr

표 10-5 어린이 보행자 사고 시 상태별 현황(2016년 기준)

(단위 : 건수)

구분	계	차도	횡단 중	보도	노상	길 가장자리 통행 중	놀이기구 사용 중	기타
사망(명)	36	3	18	3	1	1	0	10
부상(명)	4,402	153	3,176	127	93	135	40	678

출처 : 경찰청(2017). www.police.go.kr

시간대별 어린이 교통사고 현황을 보면 16~18시에가 가장 많이 발생하는 것으로 나타났으며 이는 어린이들이 보호자의 보살핌 없이 활동하는 활동량이 많은 하교시간 이후에 일어나는 것으로 볼 수 있다. 결국 보호자들은 어린이들이 하교시간 이후 활동에 대해 교통 안전 관련 지도가 필요하다.

사고 유형별로 살펴보면 어린이 교통사고 중 횡단하는 중에 발생한 사고건수가 사망 18명을 포함하여 3,194건으로 가장 비중이 높게 나타났다. 어린이들은 초록불이 켜지고 횡단보도를 건너면 차가 멈출 것이라는 생각으로 주의를 기울이지 않고 횡단을 하기에 이처럼 사망사고가 높게 나타난다고 볼 수 있다. 따라서 횡단 시 안전수칙에 대한 반복적이고 체계적인 교육이 이루어져야 한다.

2. 영유아 교통사고 유형

1) 무단횡단 및 뛰어들기 사고

놀이터나 주거지역에서 도로에 갑자기 뛰어들어 발생하는 어린이 교통사고가 빈번하다. 한 가지 일에 몰두하면 주위 다른 상황을 잘 살피지 못하는 영유아의 특성이기 때문이기도 하다. 횡단보도 건너편에서 친구가 부르면 신호를 보지 않고 건넌다거나 굴러가는 공을 잡기 위해 차도로 뛰어들어 사고가 발생한다. 항상 길을 건널 때, 차도로 나갈 때 '우선 멈추는 습관'을 길러 주어야 한다. 특히, 공이 찻길로 굴러가거나, 길 건너편에서 친구가 부를 때도 항상 우선 멈추는 것을 잊지 않도록 한다.

2) 횡단보도 사고

영유아는 신호가 바뀌면 주위를 살피지 않고 초록불이 켜지자마자 길을 건너 멈추지 못한 차량과 충돌하는 사고가 발생한다. 횡단보도 우측에 서서 초록색불이 들어와도 그냥 지나치는 차가 있으므로 반드시 '차량 멈춤'을 확인한 후 건너도록 지도한다.

3) 승합차의 바로 앞뒤 횡단사고

버스 앞, 뒤로 횡단 시 큰 차에 타고 있는 운전자의 시야에 키가 작은 영유아가 보이지 않으므로 교통사고가 발생한다. 버스나 통학차량에 내려서는 버스나 통학차량이 지나간 뒤, 차가 오는지 확인한

후 횡단하도록 지도한다. 통학차량에서 내린 영유아가 길을 건너야 할 경우 교사는 반드시 함께 길을 건너 안전하게 등·하원 지도를 한다.

4) 주·정차된 차량 사이 횡단사고

도로가나 주택가에 주차된 차 사이에서 갑자기 뛰어나와 사고가 발생한다. 천천히 걷는 경우보다 뛰는 것이 사고위험의 7배, 주·정차된 차량 사이를 뛰는 것이 18배나 위험이 높다는 것을 알려주고 항상 길을 건널 때 손을 들어 '차량 멈춤'을 확인하는 것과 '운전자와 눈 맞추는 습관'을 길러 준다.

5) 차가 회전하다 나는 사고

차가 급하게 회전할 경우 앞바퀴보다는 뒷바퀴가 안쪽으로 통과하므로 차도 가까이에 있을 경우 부딪칠 수 있으므로 항상 차도에 내려서 있지 말아야 하고 대형차가 지나갈 때는 차와 멀리 떨어지도록 지도한다.

6) 차 뒤, 밑에서 놀다 나는 사고

영유아는 물체의 그늘진 부분이나 구석진 곳에서 놀이하는 것을 좋아하므로 차 뒤에서 놀기를 좋아한다. 운전자가 운전석에 앉아 있으면 뒤에 있는 영유아가 보이지 않으므로 사고가 발생하게 된다. '멈추어 있는 차는 반드시 움직인다'는 점을 교육시켜 차 뒤에서 놀지 않도록 한다.

7) 보호 장구 미착용으로 일어나는 사고

자동차 구조상 앞좌석이 매우 위험하므로 앞좌석에 앉지 못하도록 하며 반드시 어린이 체격에 맞는 보호 장구 또는 안전벨트를 착용하도록 한다. 부득이 어린이 보호 장구가 없어 어른용 안전벨트를 매게 될 경우 방석을 2~3개 깔아 어린이를 높여준 후 벨트를 반드시 편 다음 목부터 배까지 수건을 동여매어 벨트가 헐겁지 않도록 해준다.

8) 자전거, 인라인스케이트 사고

반드시 체격에 맞는 자전거어린이가 안장에 앉아서 발끝이 땅에 닿는 크기를 타고, 자전거가 몸에 익숙하도록 충분히 연습한다. 또한 자전거와 인라인스케이트를 탈 때에는 머리에는 헬멧, 발에는 무릎보호대를 착용하여 자칫 안전사고에 대비하도록 해야 하며 무엇보다 더 중요한 것은 운동장 등 안전한 장소에서 탈 수 있도록 지도한다.

3. 교통 안전교육 내용

교통 안전교육이란 교통수단을 안전하게 이용하고 다양한 형태의 교통사고를 미연에 방지하여, 위험으로부터 자신을 지킬 수 있는 지식, 기술, 태도 등을 익히도록 하는 의도적이고 체계적인 교육을 반복적으로 진행하여 습관화하는 과정이다(이명조 외, 2015). 사회적 여건상 영유아의 놀이 공간을 확보하기 어려운 실정이기에 차가 다니는 곳에서 영유아들이 놀이하는 모습을 많이 볼 수 있다. 어린이 교통사고는 대부분 집근처나 교육기관, 어린이보호구역 내에서 발생하고 있다. 교통사고 위험으로부터 보호하기 위해 영유아의 활동범위를 축소시키는 것이 아니라 사고의 위험

표 10-6 교통 안전교육 내용

영역	교육 내용
보행 안전	• 유아교육기관까지 안전한 통학로 익히기 • 눈 · 비 오는 날의 안전한 보행방법 익히기 • 횡단보고, 육교, 지하도 안전하게 건너는 방법 알기 • 보행 시 위험 상황 예측하기 • 신호등이 없는 횡단보도의 안전한 횡단방법 알기 • 안전한 도로 횡단 수칙 알기 • 보호자와 함께 보행하는 것의 중요성 인식하기
교통 안전	• 교통 안전을 위해 수고하는 분들에 대한 고마움 • 교통신호와 교통 안전표지판의 의미와 중요성 • 교통사고의 위험성 인식과 대처방법
교통기관 이용 안전	• 통학버스를 안전하게 이용하는 방법 • 자동차 안에서의 안전한 행동
교통질서와 안전	• 교통신호와 교통표지 인식하기 • 횡단보도 건널 때 지켜야 할 안전규칙 알기 • 보행 시 남에게 피해를 주지 않는 법 알기 • 차도 근처에서 안전하게 놀이하는 방법 알기
자동차	• 각종 교통기관의 안전한 이용방법 알기 • 차 안에서 안전한 행동 알기 • 통학버스 타고 내릴 때의 지시
바퀴 달린 탈것의 안전	• 자전거표지판 인지하기 • 자전거 타는 장소 선별하기 • 자전거 탈 때의 장비와 옷차림 알기 • 길에서 자전거 타는 규칙 알기 • 바퀴 달린 탈것의 안전한 이용방법 알기
환경	• 안전한 교통환경 인지하기 • 주차장, 차도, 보도 구별하기

출처 : 황현주 · 신현정 · 신희이 · 이성복(2016). 아동안전관리.

요소를 찾아내고 해결방안과 대처능력을 향상시키므로 스스로 자신을 보호할 수 있는 교통 안전교육이 이루어져야 한다.

영유아 교통 안전교육은 교통 안전의 중요성과 사고 위험을 이해하고 영유아 스스로 자신의 몸을 보호하기 위하여 교통 안전과 관련된 지식, 기술, 태도를 기르기 위한 것이다.

1) 보행 안전교육

(1) 보도를 이용할 때

- 안전한 보행로를 선택하고, 보행 시에는 인도 안쪽으로 걷도록 한다.
  - 교사는 사전 점검을 통해 영유아가 이용하기에 보다 안전한 보행로를 확인한다

    차도를 가장 적게 건너는 길, 차가 많이 다니지 않는 길, 신호등이 있는 횡단보도나 육교, 지하도 등.
- 인도와 차도가 구분되지 않는 도로의 경우 길의 노란선 안쪽, 혹은 가장자리 가까이 보행하도록 한다.
- 좁은 길이나 골목에서 넓은 도로로 나올 때, 멈추어 좌우를 확인한다.
- 날씨의 특성을 고려한다.

표 10-7 날씨에 따른 안전한 보행방법

구분	내용
비오는 날	• 운전자의 눈에 잘 띄도록 밝은색 옷 입기 • 밝은 우산(혹은 투명 우산) 또는 우비 입기 • 우산을 똑바로 세워서 쓰기 • 차도와 떨어져서 걷기
바람 부는 날	• 날아가기 쉬운 물건은 가방에 넣기 • 바람에 날아간 물건을 줍기 위해 차도에 들어가지 않기
눈 오는 날	• 흰색 옷 입지 않기, 양손을 주머니에 넣지 않고 밖으로 빼고 걷기 • 길이 미끄러우므로 차에서 떨어져서 걷기 • 털모자, 목도리는 넘어질 경우 완충작용을 하지만 귀마개는 소리를 차단할 수 있으므로 위험

출처 : 서울특별시(2014).

그림 10-1 올바른 우산 사용방법

그림 10-2 밝은색 의상과 투명한 우산

(2) 횡단보도를 이용할 때

자기중심적인 사고를 가지고 있는 영유아들은 신호등이 초록불이거나 자신들이 손을 들고 건너면 무조건 자동차가 멈춘다고 생각하지만 운전자의 부주의로 멈추지

표 10-8 횡단보도를 건널 때 5대 원칙

원칙	내용	그림
1. 선다.	횡단보도 안전선에서 세 걸음 물러난다.	
2. 본다.	좌, 우를 살피면서 신호등이 초록색인지 확인한다.	
3. 손을 든다.	운전자가 잘 볼 수 있도록 손을 높이 든다.	
4. 확인한다.	자동차가 완전히 멈추었는지 꼭 확인한다.	
5. 건넌다.	건너는 동안 차를 보며 건넌다.	

않을 수 있음을 알려주고 세심하게 주의를 살펴 지도해야 한다.

- 신호등이 없는 횡단보도는 가급적 어른들과 함께 건넌다.
- 초록불이 깜박일 때는 다음 신호를 기다린다.
- 횡단보도를 건너며 장난을 치거나 휴대전화 · 게임기를 사용하지 않는다.

2) 차량 안전교육

많은 영유아가 등 · 하원을 위해 통학차량을 이용하거나 현장학습 등 야외활동 시 차량을 이용하는 중 통학차량 문에 옷이나 가방끈이 걸린 채 이동하여 발생하는 사고, 차량의 앞이나 뒤에 어린이가 있는 것을 보지 못하고 출발하여 발생하는 사고, 영유아가 차량에 갇혀 질식하는 사고 등 치명적인 안전사고가 발생하고 있다. 따라서 교육을 통해 영유아를 사고위험에서 지켜야 한다. 보건복지부는 영유아의 통학차량에서의 안전을 확보하기 위해 보육사업안내(2017)를 통해 어린이통학버스 운전자 및 동승보호자 표준매뉴얼을 다음과 같이 제시하였다.

(1) 영유아 안전수칙

- 차가 서기 전에 타려고 뛰어가지 않는다.
- 차가 완전히 정차한 후 일어난다.
- 밀지 않고 차례로 줄을 서서 차를 탄다.
- 안전벨트를 하고 자리에 바르게 앉는다.
- 물건이 떨어져도 차 밑으로 손을 넣지 않는다.
- 차에서 내리면 선생님 옆에 서 있는다.

(2) 교사 및 차량 동승보호자 안전수칙

영유아는 뛰어다니는 경향이 있으므로 항상 주위를 살피고, 세심한 주의를 기울여야 한다.

① 승차 시

- 차량이 보도나 길 가장자리 구역 옆에 안전하게 정지한 것을 확인한다.
- 어린이를 차례대로 승차시킨다.
- 좌석에 앉힌 후 안전띠를 매준다.
- 주변에 다른 어린이가 있는지 다시 확인한다.
- 모두 승차하면 문을 닫는다.
- 운전자에게 알려 서서히 출발하도록 한다.

② 차량 운행 중

- 어린이가 안전띠를 풀고 있지 않은지 수시로 확인한다.
- 어린이 안전띠가 풀어진 경우 즉시 매준다.
- 어린이가 차창 밖으로 손, 물건 등을 내밀거나 장난치지 않도록 한다.

③ 하차 시

- 차량이 보도나 길 가장자리 구역 옆에 안전하게 정지한 것을 확인한다.
- 어린이 안전띠를 풀어준다.
- 오토바이 · 자전거가 오는지 뒤쪽을 살피고, 먼저 하차한다.
- 어린이를 한 명씩 안전하게 하차시켜 보호자에게 인계한다.
- 하차한 어린이가 안전한 장소에 도착하는 것을 확인한다**하차한 어린이가 반대편으로 길을 건널 경우 동승보호자가 함께 건넌다.**
- 차 문을 닫고 운전자에게 알려 서서히 출발하도록 한다.

(3) 운전자 안전수칙

영유아는 몸이 작아 잘 보이지 않고, 작은 충격으로도 큰 피해를 입을 수 있으므로 운전자는 항상 영유아의 움직임에 세심한 주의를 기울여야 한다.

① 승차 시

- 차량 주위에 어린이가 있는지 확인한다.
- 보도나 길 가장자리 구역 옆에 안전하게 정차한다.
- 동승보호자가 어린이를 차례대로 승차시키는지 확인한다.

- 동승보호자가 어린이를 좌석에 앉힌 후 안전띠를 매는지 확인한다.
- 모두 승차하고 동승보호자가 문을 닫으면 출발을 알린다.
- 광각실외후사경 등을 확인하여 차량 주위에 어린이가 있는지 확인한다.
- 다른 어린이가 있는 경우 동승보호자를 통해 안전한 곳으로 이동시킨다.
- 안전하게 서서히 출발한다.

② **운행 중**

- 어린이가 안전띠를 풀고 있지 않은지 수시로 확인한다.
- 어린이 안전띠가 풀어진 경우 서행하면서 동승자에게 즉시 안전띠를 매도록 한다.
- 어린이가 차창 밖으로 손, 물건 등을 내밀거나 장난치지 않도록 수시로 확인한다.

③ **하차 시**

- 차를 보도나 길 가장자리 구역 옆에 안전하게 정차한다.
- 기어를 중립에 놓고, 사이드브레이크를 올린 후 동승보호자에게 알린다.
- 동승보호자에게 오토바이나 자전거가 오는지 뒤쪽을 살피도록 한다.
- 동승보호자가 문을 열고 먼저 내리도록 한다.
- 한 명씩 안전하게 하차시켜 보호자에게 인계하는 것을 확인한다.
- 하차한 어린이가 안전한 장소에 도착한 것을 확인한다**어린이가 반대편으로 길을 건널 경우 동승보호자가 함께 건너도록 한다.**
- 차 문을 닫고 서서히 출발한다.

(4) 원장 확인사항

- 「도로교통법」 규정에 맞는 어린이 통학버스를 구비하여 관할 경찰서장에게 신고한다.
- 운전기사 채용 시 채용신체검사서를 구비하고 교통 안전교육 이수 여부 확인 및 성범죄 경력을 조회한다.
- 운영자와 운전자는 「도로교통법」에 의해 정기적으로 2년에 1회 어린이통학버스 안전교육을 이수한다.

4. 교통 안전교육의 실제

1) 영아를 위한 교통 안전교육 프로그램 활동의 예

그림책명	연령	활동명	안전교육 내용	수준별 세부 내용	
 개구장이 아치 : 10. 빨간 공아 거기 서!	만 0~1세	찻길을 조심해요	차도, 보도 및 신호등의 의미 알기	3, 4 수준	보호자와 함께 차도(차가 다니는 길)와 보도(사람이 다니는 길)를 구분하여 다니기
		찻길은 위험한 곳이에요			
	만 2세	찻길은 차가 다니는 길이에요		1, 2 수준	보호자와 함께 차도(차가 다니는 길)와 보도(사람이 다니는 길)를 구분하여 다니기
 빠뿌야 놀자! 안전 yes, no	만 0~1세	손을 잡고 건너요	안전한 도로 횡단법	3, 4 수준	건널목을 건널 때 보호자와 손을 잡고 안전하게 건너기
		걸어서 길을 건너요			건널목에서 뛰지 않고 걸어가기
	만 2세	건널목에서 초록불에 건너요		1, 2 수준	길을 건널 때 차가 멈추는 것을 보고 건너기
 걷는 게 좋아	만 0~1세	손을 꼭 잡아요	어른과 손잡고 걷기	3, 4 수준	보행로에서 보호자와 손잡고 걷기
		손을 잡고 산책해요			
	만 2세	손을 잡고 안전하게 기다려요		1, 2 수준	탈것이 지나갈 때 안전한 곳에서 보호자 손잡고 기다리기
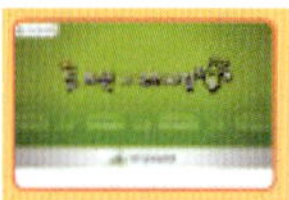 등·하원 시 주의사항(어린이집 안전공제회 동영상 장면 활용)	만 0~1세	카시트에 안전하게 앉아요	안전한 통학버스 이용법	3, 4 수준	통학차량에서 안전벨트를 하고 안전하게 앉아 있기
		안전벨트를 안전하게 해요			
	만 2세	손을 잡고 내려요		1, 2 수준	통학차량에서 하차 후 보호자와 함께 안전하게 이동하기(차량에서 하차 후 혼자 돌아다니지 않기)

출처 : 어린이집안전공제회(2017). 그림책을 활용한 영아 안전교육 프로그램.

빠뿌야 놀자! 안전 Yes, No

(글 · 그림 : 시공주니어 편집부 / 출판사 : 시공주니어)

활동명	손을 잡고 건너요		
연령	0~1세 / 4수준	활동영역	언어/음률
수준별 세부 내용	교통 안전 > 안전한 도로 횡단법 > 건널목을 건널 때 보호자와 손을 잡고 안전하게 건너기		
주요 경험 (목표)	• 건널목을 건널 때 손을 잡고(유모차를 타고) 안전하게 건넌다. (기본생활 > 안전하게 생활하기 > 위험한 상황에 반응하기 > 위험하다고 알려 주면 주의하기) • 개사한 〈건너가는 길〉 노래를 흥얼거린다. (예술경험 > 예술적 표현하기 > 리듬 있는 소리로 반응하기 > 리듬과 음높이에 맞추어 소리내기)		
활동자료	그림책 《빠뿌야 놀자! 안전 Yes, No》		
활동방법	1. 선생님과 함께 그림책을 살펴본다. – (그림책에 손을 잡고 건너는 모습을 짚어 보며) 여기 엄마, 아빠와 길을 건너고 있네. – 손을 잡고 길을 건너고 있구나. 2. 〈건너가는 길〉 노래를 불러본다. – (길을 건너가는 모습을 가리켜 보며) 〈건너가는 길〉 노래를 개사해 부른다. "건너가는 길을 건널 때~, 엄마와 건너요~, 손잡고 건너요~." 3. 선생님과 함께 손을 잡고 길을 건너는 활동을 해 본다. – 바닥에 횡단보도를 그려두고 영아와 손을 잡고 길을 건너본다. – 선생님과 손잡고 길을 건너볼까?		
주요 상호작용	손을 잡고 건너요		
연계활동	〈건너가는 길〉 개사한 노래를 영아와 함께 반복하여 흥얼거린다.		
유의사항	• 걷지 못하는 영아들은 차량이 적게 다닐 때 유모차를 타고 건널목을 건너보는 경험을 한다. • 영아들이 건널목에서 뿐만 아니라 일상생활에서도 실외나 위험한 곳에서 보호자의 손을 잡고 걷는 경험을 할 수 있도록 한다. • 영아들이 건널목에서 신호등이 바뀌어서 건널 때는 안전을 위해 차가 멈추었는지 눈으로 확인하고 건넌다.		
평가	건널목을 건널 때 보호자와 손을 잡고 안전하게 건널 수 있다.		

출처 : 어린이집안전공제회(2017). 그림책을 활용한 영아 안전교육 프로그램.

2) 유아를 위한 교통 안전교육 프로그램 활동의 예

<table>
<tr><td>활동명</td><td colspan="3">멈춘다, 살핀다, 건넌다</td></tr>
<tr><td>연령</td><td>5세</td><td>활동영역</td><td>이야기 나누기</td></tr>
<tr><td>누리과정
관련 요소</td><td colspan="3">• 신체운동 · 건강 > 안전하게 생활하기 > 교통 안전규칙 지키기
• 의사소통 > 듣기 > 동요 · 동시 · 동화 듣고 이해하기
• 사회관계 > 사회에 관심 갖기 > 사회적 가치를 알고 지키기</td></tr>
<tr><td>활동목표</td><td colspan="3">• 안전하게 길을 건널 수 있는 장소와 시설물을 안다.
• 보행 시 지켜야 할 약속이 있음을 안다.</td></tr>
<tr><td>활동자료</td><td colspan="3">애니메이션 〈멈춘다, 살핀다, 건넌다〉(아동안전사이버교육센터 영상), 동시자료, 블록으로 만든 횡단보도 모형, 블록과 어울리는 인형</td></tr>
<tr><td>활동방법</td><td colspan="3">1. 애니메이션 영상을 보고 이야기 나눈다.
– 아리가 처음 횡단보도에서 어떻게 행동했니?
– 왜 위험했을까?
2. PPT의 횡단보도가 그려진 도로그림을 보면서 이야기 나눈다.
– 이것의 이름은 무엇일까?
– 이것을 이용해 본 적이 있니?
– 횡단보도를 왜 차도에 그려 놓았을까?
– 횡단보도로 건너기 위해서는 어떻게 해야 할까?
3. 블록으로 만든 도로와 어디서 길을 건너야 할지 모르는 인형의 상황을 제시하고 문제해결하는 방법에 대해 이야기 나눈다.
– 길을 건널 때에는 어떤 곳을 찾아야 할까?
– 왜 그곳으로 건너가야 할까?
– 그곳으로 건너지 않으면 어떤 일이 일어날까?
– 신호등이 없는 곳에서는 어떻게 건널까?
– 성인의 손을 잡고 건넌다.
– 자동차가 멈추었는지 확인 후 건넌다.
– 뛰지 않고 반드시 걸어서 건넌다.
4. 여러 가지 블록으로 만든 횡단시설과 인형을 이용하여 동시의 내용을 들려준다.
– 동시를 읽어본다.
– 동시자료를 보며 함께 읽어본다.

어디로 건널까?
– 이경선 지음

어디로 건널까?
하얀 줄이 있는 곳 어디로 건널까?
차가 멈추는 곳 어디로 건널까?
나도 친구도 횡단보도로 건너요

5. 동시의 둘째 줄을 다양하게 바꿔서 읽는다.</td></tr>
</table>

확장활동	• 유아들의 집중도와 흥미를 고려하여 활동을 나누어서 진행해도 된다. • 횡단보도 이외에 육교, 지하도에 대해서도 알려준다.
유의사항	안전하게 길을 건널 수 있는 방법을 알고 실천할 수 있는지 평가한다. – 안전하게 길을 건널 수 있는가? – 안전하게 길을 건너는 방법을 알고 스스로 실천할 수 있는가?
평가	• 쌓기, 미술영역에서 블록을 이용하여 건널 수 있는 길과 시설물을 만들어 본다. • 쌓기, 미술영역에서의 활동을 통합하여 '안전하게 건너기' 주제로 역할놀이를 해 본다.

출처 : 보건복지부 외(2016). 영유아를 위한 안전교육 프로그램 교사용 지도서.

CHAPTER 11

사이버중독 예방교육

CHAPTER

11

교육부 고시 제2016-90호 학교안전교육 실시기준에 관한 고시에 따라 구성된 학교 안전교육 7대 표준안 중 10시간 교육, 학기당 2회 이상 실시하는 약물 및 사이버중독 예방교육영역의 하나로 사이버중독에 대한 예방 차원의 안전교육을 의미한다.

1. 사이버중독 예방교육의 필요성

우리가 살아가는 21세기는 정보화 시대, 즉 미디어의 홍수 속에서 살아가는 시대라고 한다. 인류의 미디어 변화는 그림을 통해 상형문자로 표시하는 올드 미디어old media 시대를 거쳐 인쇄물, 도서를 이용하는 뉴 미디어new media 시대 I 에서 컴퓨터, 인터넷을 활용하는 뉴 미디어 시대 II로 변천하고 있다(김양은, 2009).

카이저 패밀리 재단Kaiser Family Foundation 보고서(2003)에 따르면 TV와 컴퓨터로 대표되는 '전자미디어electronic media'는 신문, 잡지 등의 '활자미디어'에 대응되는 개념으로 전자 통신기술을 응용한 정보전달 매체를 총칭한다. 이들 전자미디어의 발달은 산업화 사회에서 지식정보화 사회로의 변모를 가능하게 했으며, 정보통신기술의 발달 및 컴퓨터와 인터넷의 상용화로 인해 정보화 사회로의 변화는 더욱 가속화되어 가고 있다(김민정 · 박은주 · 김갑순, 2007 재인용). 그러므로 유아들도 태어나면서부터 자연스럽게 접하는 텔레비전, 컴퓨터 등을 생활의 필수적인 도구로 받아들이는 것이 오늘날의 현실이다.

요즘 패밀리 레스토랑에서는 전에 없던 풍경을 심심찮게 볼 수 있다. 젊은 부부가 있는 테이블에 공통적으로 놓여 있는 것, 그것은 바로 우는 아이 달래는 특효약, '스마트폰'이다. 울고 보채는 아기에게 바로 스마트폰으로 뽀로로 같은 영상을 다운받아 보여 주고, 아기는 어느새 집중하며 부모를 자유롭게 한다. 요즘 유아들은 스마트폰으로 동영상을 보거나 교육용 게임을 하는 것은 물론이고, 직접 사진이나 동영상도 찍고, 인터넷 사이트에 접속해 어린이 전용 콘텐츠를 이용하기도 한다. 실제로 2016 인터넷 이용 실태조사'한국인터넷진흥원 결과에 따르면, 3~9세 아동의 인터넷 이용률이 무려 82.9%로 나타났다. 특히, 인터넷을 '하루 1회 이상' 이용하는 경우가 54%에 이른다. 이용 장소는 97.4%가 가정에서이며 주 목적이 여가활동으로 나타났다. 또한 모바일 인터넷 이용률이동전화, 스마트폰, 스마트패드 등이 61.4%, 스마트폰 이용률은 60.8%로 집집마다 PC · IPTV · 스마트 TV · 인터넷 전화뿐 아니라, 냉장고 · 세탁기 등 각종 가전과 사물이 인터넷에 연결되는 All-IP시대가 열리고 있다. 이와 같이 전자미디어는 생활의 일부로 자리 잡고 있으며 하이퍼성 시대를 살아가는 유아의 필수 아이템이기도 하다.

그러나 아동이 게임을 빨리 시작할수록 컴퓨터 게임중독이 높아지며 청소년기와 성인기로 이어져 심각하고 다양한 사회적 문제로 확대될 가능성이 높아(강신영·조준오, 2007) 유아의 발달 저해 및 게임 과몰입 등의 문제에 대한 우려의 소리가 커지고 있는 작금에서 유아가 컴퓨터 활용을 통해 얻어지는 영향력은 긍정과 부정적인 면으로 살펴볼 필요가 있다.

우선 재미있는 컴퓨터 놀이는 유아들이 무엇인가 탐구, 발견하고자 하는 많은 새로운 욕구들은 충족시켜 줄 수 있고, 나아가 컴퓨터 활동은 유아들에게 관찰력, 사고력, 자율성, 주변 환경에 쉽게 대체, 적응할 수 있는 능력, 사회·정서발달, 인지·언어발달, 신체발달, 자아개념발달에 도움이 된다(신혜경·서영숙, 2006). 따라서 컴퓨터 활동은 유아의 전인적 발달에 지대한 긍정적 영향을 미친다고 볼 수 있다.

그럼에도 불구하고 부정적인 영향 또한 무시할 수 없다. 컴퓨터를 너무 이른 시기에 사용하게 되면 구체적인 문제를 조작하는 학습이 이루어지지 못하게 되고, 컴퓨터와 상호작용하게 될 경우 인간성 상실의 위험에 놓일 수도 있다. 이 밖에도 컴퓨터 중독에 빠져 시간을 낭비하는 경우가 발생할 수 있다. 학령 전의 유아는 컴퓨터가 제공하는 상징적이고 추상적인 정보를 스스로 처리할 수 있는 발달적인 준비가 되어 있지 않으며 신체발달 측면에서 오랫동안 잘못된 자세로 컴퓨터를 사용함에 따라 눈의 피로나 긴장성 두통, 목의 통증 등이 나타난다. 심한 경우 게임중독증은 집중력 감소, 욕구 불만, 불안정한 태도와 일관성 없는 대답이 나오고, 비만과 시력장애를 유발하며 사회적 고립과 대인관계 장애가 나타날 수 있다. 또한 상대적으로 아이들과의 접촉이 줄어들어 또래와의 상호작용이 감소하게 되고 시간도 낭비하게 된다. 특히, 어린 유아들은 아직 세상의 위험성을 몰라서 혼자서 인터넷을 항해하다 자기도 모르는 사이에 혹은 호기심으로 성인사이트나 폭력만화 등의 사이트에 갈 수 있으며, 모르는 사람들에게 휘말려 사이버 치한들의 희생물이 될 수도 있다. 이러한 역기능으로부터 보호하려면 무엇보다도 유아와 부모 모두 바른 미디어 활동에 대한 교육이 요구된다(강신영·조준오, 2007 ; 신혜경·서영숙, 2006).

지금까지 살펴본 바와 같이 전자미디어의 발달적 관심은 이제 그것이 유아에게 좋은가 나쁜가에 대한 논란의 여부를 떠나 생활의 필수 아이템으로서 어떻게 효과적으로 사용하게 할 것인가로 전이되어 가고 있는 추세이다. 지금의 시점에서는 무엇보다도 유아 스스로가 자기조절능력을 길러내어 하이퍼성 시대를 살아가는 사이버 환경에 적응하도록 도와주는 사이버중독 예방교육이 필요한 것이다.

2. 사이버중독 예방교육의 내용

스마트폰 · 인터넷은 무한하고 신속한 정보를 검색하여 정보의 상호교류가 가능하며 쌍방향 의사소통과 시 · 공간을 초월한 교육이 가능하여 평등한 교육 기회 제공 및 자기주도적 학습을 가능하게 해 주는 긍정적 특징을 가진다. 그럼에도 불구하고 엄청나게 초래되는 부정적 특성으로 인한 피해가 크므로 유아교육기관에서부터 사이버중독에 대한 예방교육은 필수적이다. 2016년부터 학교 안전교육 7대 표준안에서 제시한 유치원에서의 사이버중독 안전에 대한 교육 내용은 TV, 인터넷, 통신기기스마트폰 등의 중독위해성을 알고 바르게 사용하기이다. 이를 세분하여 살펴보면 다음과 같다.

표 11-1 유치원에서의 사이버중독 안전 내용체계

교육 내용	분류	활동요소	활동
TV, 인터넷, 통신기기(스마트폰) 등의 중독위해성을 알고 바르게 사용하기	인터넷 게임 중독 예방	• 인터넷 게임중독의 개념 및 하위요인 • 중독의 개념 • 중독의 특성 • 중독으로부터 벗어나는 법	• 인터넷을 사용하는 올바른 습관을 가져요〈2차시〉 • 인터넷게임중독은 위험해요〈2차시〉 • 인터넷 예절을 알아보아요〈2차시〉 • 인터넷을 건전하게 사용할 수 있어요〈2차시〉
	스마트폰 중독 예방	• 스마트폰중독의 원인 • 스마트폰중독이 미치는 영향 • 스마트폰중독으로부터 벗어나는 방법	• 스마트폰을 사용하는 올바른 습관을 가져요〈2차시〉 • 스마트폰 중독은 위험해요〈2차시〉 • 스마트폰의 건강한 사용습관을 만들어요 • 스마트폰을 바르게 사용할 수 있는 방법을 찾아봐요

1) 인터넷 · 스마트폰중독에 대한 개념

(1) 인터넷중독의 개념

인터넷중독은 인터넷 사용에 있어 자율적으로 통제가 불가능하고 병적으로 집착하는 행위중독으로 금단, 내성 증상을 보이며 일상생활에 심각한 장애를 초래하는 상태를 말한다.

게임중독	채팅중독	음란물중독	검색중독
게임에 접속하여 자기 통제력을 잃고 병적으로 집착하여 사용하는 상태	문자 혹은 영상 대화에 과도하게 집착하여 심각한 사회적 · 정신적 지장을 받고 있는 상태	인터넷에서 음란물을 보거나 음란한 채팅을 하는 데 강박적으로 몰입하는 상태	특정한 지식과 정보를 설명하지 않고, 검색 자체에 병적으로 몰두하는 상태
• 게임 라벨을 높이기 위한 과도한 경쟁으로 장시간 게임에 빠짐 • 스스로 판단하여 중단하기 어려움 • 공격성 및 폭력성 심화 • 가상세계를 현실 도피 수단으로 사용 • 게임 아이템 현금 거래로 인한 폭력 문제 발생	• 신분 조작 · 은패로 정체성 상실 • 은어, 신조어, 압축어 등의 언어 파괴 • 일회성 만남, 채팅 사이트를 통한 성매매나 성폭력 관련 범죄 발생	• 음란물을 탐닉하는 자신의 행동에서 우울감, 죄책감을 느낌 • 왜곡된 성의식 형성 • 성 비행 행위, 모방성 범죄 유발	• 특정한 목적 없는 즉흥적 정보 검색으로 시간 통제가 어려움 • 일상의 지루함을 견디기 힘들어하며 정보 검색에 대한 집착을 보임

그림 11-1 인터넷중독의 종류 및 특징

(2) 스마트폰중독의 개념

스마트폰중독은 스마트폰을 너무 과도하게 사용함으로써, 결과적으로 스마트폰이 없는 상태를 견디지 못하며 불안해한다든지**금단**, 계속 스마트폰을 사용하고 사용

시간을 늘리는 것**내성**이다. 즉, 스마트폰중독이란, '스마트폰을 지나치게 사용하다가 스마트폰을 하지 못하게 되면 마음이 불안해지고 계속 스마트폰만을 하고 싶어지는 상황이 되어 다른 일에 집중하지 못하는 상태'를 말한다. 스마트폰중독의 특징은 다음과 같다.

- 다양한 앱과 콘텐츠 증가로 중독성이 강화될 가능성이 높음
- 일상생활에 대한 집중력 저하
- 우울증, 수면장애와 같은 정신과적 이상 증세 유발
- 가상 공간에서의 인간관계는 익숙하나 실제 생활에서의 대화에 부적응 발생

2) 인터넷 · 스마트폰중독의 원인

유아들이 인터넷에 중독되는 가장 큰 이유는 부모들이 연령대에 맞는 놀이를 알지 못하기 때문으로 부모가 직접 아이와 놀아주는 대신 컴퓨터 또는 스마트폰 앱 등을

직접적 원인		간접적 원인	
기술적 특성	개인의 심리적 특성	가정에서의 원인	학교에서의 원인
• 인터넷 · 스마트폰 보급률 증가 • 접근의 용이성 및 편리성 • 상호작용을 통한 온라인 의사소통 증가 • 게임 레벨을 이용해 지속적 접속 유도 • 아이템 매매 시 사용되는 사이버 머니로 사행심 조장 • 현실감 있는 3D 화면으로 반사회적 폭력성 증가	• 충동성, 외로움, 자기통제력 부족 등 • 감각추구 성향 • 현실에서의 대인관계 문제	• 부부 갈등 등 가족사의 부정적 문제 • 대화 부족 등 가족 내 무관심한 분위기 • 부모의 방임적 또는 권위주의적 양육태도 • 가족 여가활동 부족	• 인터넷 매개 학습으로 게임, 인터넷 접촉 가능성 제공 • 게임 · 인터넷 · 스마트폰과 게임을 통한 또래문화 형성 • 학업 스트레스 해소를 위한 탈출구 • 건전한 게임 · 인터넷 · 스마트폰 사용 방법 및 중독 예방 교육 부족

그림 11-2 인터넷 · 스마트폰중독의 직 · 간접적 원인

출처 : 한국미래교육센터(2017).

이용해 교육이나 놀이를 시키는 것도 원인이 된다. 이 밖에도 불안한 가정환경으로 외로움을 많이 타거나 평소 생활에 불만이 있을 경우에도 인터넷중독이 될 수 있다.

3) 인터넷 · 스마트폰중독으로부터 벗어나는 방법

(1) 가정에서의 대처방법

인터넷은 잘못 사용하면 아이교육에 악영향을 미치지 만, 부모가 관심을 기울여 올바르게 지도하면 값비싼 사교육 못지않은 교육적 효과를 얻을 수 있다. 무엇보다도 처음 인터넷을 접하기 시작할 때부터 올바른 사용습관부터 가르치며 부모 또한 일관된 태도로 바람직한 인터넷 사용환경을 조성하는 것이 중요하다. 따라서 가정에서는 다음과 같이 생활 속에서 스마트폰 · 인터넷중독 예방 및 대처방법을 고려해야 한다스마트쉼센터.

① 컴퓨터는 가족의 공용 공간에 둔다

컴퓨터를 거실처럼 공개된 공간에 배치해 아이가 몰래 인터넷을 사용할 수 없게 한다. 아이가 인터넷을 사용할 때는 항상 부모가 곁에 있어야 한다. 아이와 함께 이야기를 나누며 무엇을 하는지 지켜본다.

② 컴퓨터 사용시간을 정한다

컴퓨터 사용시간을 정해놓고 그 시간에만 이용하게 한다. 정해진 시간보다 더 많이 인터넷을 사용하려고 하면, 그동안 인터넷 사용시간을 표로 만들어 보여 준다. 스스로 얼마나 인터넷을 많이 사용해왔는지 수치로 보게 되면 아이도 알아서 사용시간을 줄이게 된다. 부모들이 인터넷과 관련해 흔히 저지르는 실수 가운데 하나는 컴퓨터를 이용해 공부하는 것에 대해서는 시간 제한을 두지 않는 것이다. 하지만 어린아이의 집중력은 10~30분을 넘지 않으므로, 이것 역시 시간 제한을 두는 게 좋다. 인터넷을 하며 밥이나 간식을 먹게 해서도 안 된다. 인터넷을 하며 군것질을 하는 것이 습관이 되면 식사시간을 지키지 않게 된다.

③ 올바른 자세를 유지하도록 한다

아이의 키에 맞는 컴퓨터 책상과 의자, 아동용 마우스 등을 설치해 아이가 올바른 자세를 유지하며 인터넷을 하도록 지도한다. 의자는 허리를 바로 세우고 앉았을 때 무릎이 90도 각도를 유지할 수 있는 높이여야 하고, 키보드는 아이의 배보다 낮은 위치에 두는 게 좋다. 모니터는 시선보다 약간 낮은 위치에 놓는다. 턱과 목은 바짝 당기고, 손목 보호대를 착용하게 한다. 스탠드를 켠 상태에서 모니터를 보면 눈이 더 피로해지므로 주의해야 한다.

④ 30분에 한 번씩 쉬게 한다

컴퓨터 이용시간을 확인해 30분에 한 번씩은 꼭 쉬도록 한다. 아이들이 거부해도 컴퓨터를 계속하려면 중간에 휴식이 필요하다는 것을 반드시 가르쳐야 한다. 쉬는 시간에는 컴퓨터로 인해 경직된 자세를 풀 수 있도록 함께 스트레칭을 하는 게 좋다.

⑤ 아이의 컴퓨터 사용 내역을 체크한다

아이가 컴퓨터로 무엇을 하는지 주기적으로 점검하는 것이 좋다. 아이가 혼자 있는 시간에도 인터넷을 사용할 수 있는 환경이라면 무료 인터넷 유해정보 차단 프로그램을 설치하자. 정보통신윤리위원회www. kiscom.or.kr, 보건복지가족부 아동청소년정책실http://youth. go.kr 등에서 프로그램을 다운받을 수 있다.

⑥ 아이가 인터넷에 중독된 경우 전문가와 상담한다

아이가 이미 인터넷에 중독됐다면 전문가를 만나 상담하는 게 좋다. 아이들이 인터넷중독에 빠지는 가장 큰 원인이 부모의 관심 소홀이다. 전문가의 조언에 따라 아이와 함께 운동을 하거나 취미생활을 하는 등 아이의 생활환경을 바꿔야 한다.

(2) 유아교육기관에서의 대처방법

교사는 안전한 컴퓨터 환경을 제공하고 놀이활동으로서 컴퓨터를 적절하게 운영하여야 한다. 또한 가정과의 연계를 하면서 연간 안전교육계획안에 따른 사이버중독 예방교육을 실시하여 유아 스스로 사이버환경에서 자기조절능력을 함양하도록 노력한다.

① 컴퓨터 영역 설치 및 배열

- 개방적인 공간을 활용한다.
- 읽기 영역과 같은 조용한 영역과는 떨어져 있는 것이 좋다.
- 각각의 영유아가 지닌 욕구가 확인, 질문, 대답 등을 통해 충족될 수 있도록 서로 볼 수 있는 130도 정도로 설치한다.
- 1대의 컴퓨터에 2~3개의 의자를 놓아 적어도 2~3명의 영유아가 서로 상호작용할 수 있도록 구성한다. 이는 또래끼리 서로 배우고 가르치기가 가능하기 때문이다.

② 교사의 역할

- 교사는 컴퓨터 활동을 놀이활동의 하나로서 즐겁게 상호작용하는 모델을 제시한다.
- 유아들에게 내재적 동기유발을 향상시키고 발달적으로 적합한 소프트웨어를 선택 제공한다.
- 컴퓨터 놀이학습 운영에서 또래 간의 협동학습이 잘 일어날 수 있는 사회적 틀을 마련한다.

③ 사이버중독 예방교육방법

- 동화 및 인형극을 활용한 교육
- 전문가를 활용한 교육
- 시청각자료를 활용한 교육

3. 사이버중독 예방교육의 실제

유치원 안전교육 7대 표준안**약물 및 사이버중독 예방**에서 제공하는 인터넷게임 중독 예방 관련 활동 '인터넷게임 중독은 위험해요'와 스마트폰중독 예방 관련 활동 '스마트폰의 건강한 사용습관을 만들어요'를 제시한다.

1) 인터넷게임중독 예방활동

생활주제	생활도구
활동명	인터넷게임중독은 위험해요
활동목표	인터넷게임중독의 위험성에 대해 알아본다.
대상연령	만 5세
활동자료	인터넷 동화 《망아지가 된 피노키오》
전개과정	활동방법
도입	• 인터넷게임을 해 보았거나 주변에서 인터넷 게임하는 것을 본 경험을 이야기해 본다. – 인터넷게임을 해본 적이 있니? – 어떤 게임을 했니? – 인터넷게임을 해보니 어땠니? – 주변에서 인터넷게임을 오래하는 사람을 본 적이 있니?
전개	• 《망아지가 된 피노키오》 동화를 통해 인터넷을 많이 했을 때의 위험성을 알아본다(참고자료). – 피노키오는 왜 망아지가 되었을까? – 아저씨가 피노키오에게 '인터넷중독'에 걸렸다고 했는데, '인터넷중독'은 무엇이니? – 어떻게 하면 망아지가 되지 않았을까? – 우리가 인터넷을 오랫동안 하게되면(중독되면) 어떻게 될까? – 우리 몸에는 어떤 변화가 생길까? – 우리 생활은 어떻게 변할까?
마무리	• 인터넷중독의 위험성을 통해 느낀 점을 이야기 나눈다. – 내(가족)가 인터넷에 중독이 된다면 어떻게 바뀔까? – 인터넷에 중독되지 않으려면 어떻게 해야 할까? – 인터넷을 오래 사용하는 가족이 있을 때 어떻게 해야 할까?
평가	인터넷게임중독의 위험성에 대해 알고 있는가?
지도상의 유의점	인터넷게임중독이 초래하게 될 위험을 알려주는 것도 좋지만 인터넷게임을 하면서 얻을 수 있는 긍정적인 측면도 함께 아이들에게 얘기해주도록 한다.

출처 : https://www.digitalculture.or.kr/sub03/showInfoLibDetail.do?article_id=BBS_0000000002019

2) 스마트폰중독 예방활동

생활주제	건강과 안전
활동명	스마트폰의 건강한 사용습관을 만들어요
활동목표	스마트폰을 건강하게 사용하는 방법을 알아본다.
대상연령	만 5세
활동자료	《에티와 함께하는 건강한 스마트폰 사용》 동영상
전개과정	활동방법
도입	• 스마트폰을 사용했던 경험에 대해 이야기한다. – 스마트폰으로 주로 무엇을 하니? – 집 이외의 장소에서 해본 적이 있니? – 공공 장소에서 다른 사람이 스마트폰을 해서 불편했던 적이 있었니?
전개	• 《에티와 함께하는 건강한 스마트폰 사용》 영상을 보면서 스마트폰을 건강하게 사용하는 방법에 대해 알아본다. – 스마트폰중독은 무슨 뜻일까? – 스마트폰을 오래 사용하게 되면 어떻게 될까? – 건강하게 스마트폰을 사용하려면 어떻게 해야 할까?
전개	※ 어른께 허락받고 사용하기, 정해진 시간만 사용하기, 정해진 시간이 끝나면 스로 끄기, 더 하겠다고 떼쓰지 않기, 게임 아이템 사지 않기, 차 안에서 사용하지 않기 – 에티가 말한 것 이외에 스마트폰을 바르게 사용하는 방법이 있을까?
마무리	• 스마트폰을 건강하게 사용하는 방법을 정리한다. – 건강하게 스마트폰을 사용하려면 어떻게 해야 할까? – '스마트폰 건강하게 사용하기'약속을 잘 지키기 위해 어떻게 하면 좋을까?
평가	스마트폰을 건강하게 사용하는 방법을 알고 있는가?
지도상의 유의점	유아들이 가정이나 유치원에서 지킬 수 있는 약속을 만들도록 지도한다.

<table>
<tr><th>전개과정</th><th>활동방법</th></tr>
<tr><td>참고자료</td><td>

에티와 함께하는 건강한 스마트폰 사용</td></tr>
</table>

출처 : https://www.iapc.or.kr/info/mediaAddc/showInfoMediaAddcDetail.do?article_id=ICCART_0000000040707&board_type_cd=A1

CHAPTER 12

아동학대 및 성폭력 안전교육

CHAPTER

12

최근 부모가 자녀를 상습적으로 학대나 폭행하여 다치거나 사망하게 하고 교육기관에서 교직원에 의한 아동학대와 성폭력이 벌어지는 충격적인 사건이 발생하고 있다. 이처럼 아동학대와 성폭력은 가정뿐만 아니라 아동이 속해 있는 모든 기관에서 신체적 · 심리적으로 학대를 가하고 돌보지 않고 방치하는 경우도 빈번하게 발생하고 있다. 이 장에서는 아동학대와 성폭력의 개념 및 유형, 징후와 후유 증상을 알아보고 올바른 대처방법을 제시하고자 한다.

1. 아동학대

"아동은 한 인간으로서 고유한 존재이며, 스스로가 권리의 주체자임을 인식하고 적극적인 참여를 통해 자신의 권리를 향유하고 자신의 권리를 온전하게 보장받을 수 있어야 함"이라고 UN 아동권리협약에서는 명시하고 있다. 이것은 아동에게는 태어나는 순간부터 권리를 누릴 수 있는 권리의 주체로 살아가야 한다는 것이다. 그러나 많은 성인들의 잘못된 아동관과 양육관으로 아동을 성인의 소유물로 생각하거나 의존적 존재로 생각한다. 아동의 권리를 무시하거나 인정하지 않기에 끊임없이 아동학대나 아동성폭력사건이 발생하는 것이다. 이에 아동학대의 개념과 학대의 유형을 살펴보고 아동학대 예방방법을 알아보고자 한다.

1) 아동학대의 개념

아동학대란 보호자를 포함한 성인이 아동의 건강 또는 복지를 해치거나 정상적 발달을 저해할 수 있는 신체적 · 정신적 · 성적 폭력이나 가혹행위를 하는 것과 아동의 보호자가 아동을 유기하거나 방임하는 것으로 규정하고 있다「아동복지법」 제3조 제7항. 「아동복지법」에서 아동에게 금지하는 행위에 대해 구체적으로 제시하기도 하였으며 그 내용을 살펴보면 아동학대는 행동으로 가하는 행위를 넘어 유기와 방임과 같은 소극적인 행위까지 포함하고 있으며, 결국 신체적 학대와 정신적인 학대를 포함한다고 할 수 있다.

아동복지법에서 금지하는 행위

1. 아동을 매매하는 행위
2. 아동에게 음란한 행위를 시키거나 이를 매개하는 행위 또는 아동에게 성적 수치심을 주는 성희롱 등의 성적 학대행위
3. 아동의 신체에 손상을 주거나 신체의 건강 및 발달을 해치는 신체적 학대행위
4. 삭제 〈2014. 1. 28〉
5. 아동의 정신건강 및 발달에 해를 끼치는 정서적 학대행위

6. 자신의 보호 · 감독을 받는 아동을 유기하거나 의식주를 포함한 기본적 보호 · 양육 · 치료 및 교육을 소홀히 하는 방임행위
7. 장애를 가진 아동을 공중에 관람시키는 행위
8. 아동에게 구걸을 시키거나 아동을 이용하여 구걸하는 행위
9. 공중의 오락 또는 흥행을 목적으로 아동의 건강 또는 안전에 유해한 곡예를 시키는 행위 또는 이를 위하여 아동을 제3자에게 인도하는 행위
10. 정당한 권한을 가진 알선기관 외의 자가 아동의 양육을 알선하고 금품을 취득하거나 금품을 요구 또는 약속하는 행위
11. 아동을 위하여 증여 또는 급여된 금품을 그 목적 외의 용도로 사용하는 행위

출처 : 아동복지법 제17조(개정 2014. 1. 28).

2) 아동학대의 유형

아동학대는 신체적 학대, 정서적 학대, 성학대, 방임의 네 가지 유형으로 분류해 볼 수 있다.

(1) 신체적 학대

신체적 학대란 보호자를 포함한 성인이 아동의 건강 또는 복지를 해치거나 정상적 발달을 저해할 수 있는 신체적 폭력이나 가혹행위를 하는 것이다. 신체적 학대의 유형은 다음과 같다.

- 직접적으로 신체에 가해지는 행위 : 손, 발 등으로 때림, 꼬집고 물어뜯는 행위, 조르고 비트는 행위, 할퀴는 행위 등
- 도구를 사용하여 신체를 가해하는 행위 : 도구로 때리기, 흉기 및 뾰족한 도구로 찌르기 등
- 완력을 사용하여 신체를 위협하는 행위 : 강하게 흔들기, 신체 부위 묶기, 벽에 밀어붙이기, 떠밀고 잡아당기기, 아동 던지기, 거꾸로 매달기, 물에 빠뜨

리기 등

- 신체에 유해한 물질로 신체에 가해지는 행위 : 화학물질 또는 약물 등으로 신체에 상해를 입히는 행위, 화상 입히기 등

(2) 정서적 학대

정서적 학대는 직접적인 정서학대와 간접적인 정서학대로 나누어 볼 수 있는데, 직접적인 정서학대는 아동을 지속적으로 무시하거나 폭언을 하고 아동을 거부하는 행동이 해당된다. 간접적인 정서학대는 아동에게 직접적으로 정신적 손상을 주지는 않지만 정서에 부정적인 영향을 미치는 것으로 부부간의 폭행 · 폭언 등으로 아동에게 불안감을 조성하는 것 등이 해당된다. 정서학대는 모든 유형의 아동학대가 시간이 경과되면 정서적으로 부정적인 결과를 수반하기 때문에 가장 본질적인 학대라 할 수 있다.

- 원망적 · 거부적 · 적대적 또는 경멸적인 언어폭력 사용
- 잠을 재우지 않는 행위
- 벌거벗겨 내쫓는 행위
- 형제나 친구 등과 비교, 차별, 편애하는 행위
- 가족 내에서 따돌리는 행위
- 아동이 가정폭력을 목격하도록 하는 행위
- 아동을 시설 등에 버리겠다고 위협하거나 짐을 싸서 쫓아내는 행위
- 미성년자 출입금지 업소에 아동을 데리고 다니는 행위
- 아동의 정서발달이나 연령상 감당하기 어려운 것을 강요하는 행위 : 감금, 약취 및 유인, 아동 노동 착취
- 다른 아동을 학대하도록 강요하는 행위

(3) 성학대

성학대는 아동을 대상으로 성적인 즐거움을 얻고자 강압적으로 유도하는 모든 행위를 의미한다. 아동은 저항을 하거나 싫다는 표현을 하지 못해도 자발적인 것이라 할 수 없으므로 아동에 대한 성적 행동이나 성폭력에 의한 불안감이나 공포심을 조성하는 모든 행위를 성폭력, 즉 성학대라 할 수 있다(박은혜 외, 2006).

- 성적 만족을 위해 아동을 관찰하거나 아동에게 성적으로 노출하는 행위 : 관음적 행위, 성관계 장면 노출하기, 나체 및 성기 노출하기, 자위행위 노출 또는 강요하기, 음란물을 노출하기 등
- 아동 신체부위를 성적으로 추행하는 행위
- 아동에게 유사성행위를 하는 행위
- 성교를 하는 행위 **성기삽입, 구강성교, 항문성교**
- 성매매를 시키거나 성매매를 매개하는 행위

(4) 방임

아동은 아직 스스로 생존하고 보호할 수 없으므로 책임 있는 성인, 즉 보호자로부터 보호와 양육을 받아야 한다. 그럼에도 불구하고 보호자가 아동에 대한 양육 및 보호책임을 완수하지 못함으로 인하여 아동의 건강 혹은 복지를 해치거나 정상적인 발달을 저해할 수 있는 모든 행위를 방임이라 한다(김일옥 외, 2016). 방임은 물리적 방임과 의료적 방임, 교육적 방임, 유기로 구분할 수 있다.

① 물리적 방임

- 의식주를 제공하지 않는 경우
- 불결한 환경이나 위험한 상태에 아동을 방치하는 경우
- 아동의 출생신고를 하지 않는 경우
- 보호자가 아동들을 가정 내에 두고 가출하는 경우
- 보호자가 시설 근처나 친족 집 근처에 아동을 두고 사라진 경우

② 의료적 방임

아동에게 필요시 의료적 처치 및 개입을 하지 않는 모든 행위

③ 교육적 방임

- 보호자가 특별한 이유 없이 아동을 교육기관에 보내지 않는 경우
- 아동의 장기적인 무단결석을 방치하는 경우

④ 유기

- 아동을 보호하지 않고 버리는 행위
- 아동을 병원에 입원시키고 사라진 경우
- 시설 근처에 버리고 가는 행위

3) 아동학대 발생 원인

아동은 발달특성상 자신의 감정이나 생각을 정확하게 표현하는 것이 미흡하고 자신을 보호하는 데 취약하기에 학대의 위험에 노출되어 있다. 아동학대는 아동의 건강한 성장발달을 저해할 뿐만 아니라 가족과 그들이 속한 사회 전반에 큰 사회적 문제를 발생시키기도 한다. 아동학대의 원인을 부모요인, 교육기관요인, 사회적인 요인별로 살펴보면 표 12-1과 같다.

표 12-1 아동학대 발생 원인

구분	가정	구분	어린이집
부모 요인	• 양육에 대한 지식 부족 • 부모의 그릇된 아동관 및 양육관 (아동인권존중에 대한 인식 부족) • 아동에게 지나친 기대 • 어릴 적 학대받은 경험 • 불안, 우울증, 기타 정신질환 • 미성숙 또는 자아존중감이 낮은 경우 • 알코올중독 · 약물중독 • 정서적 욕구불만 또는 사회적 고립 • 부모의 분노, 좌절 혹은 성적 욕구와 같은 충동과 감정조절의 무능력	보육 교사 요인	• 과도한 업무와 스트레스 • 아동발달과 보육에 대한 지식 부족 • 잘못된 아동관 및 보육관 (아동인권존중에 대한 인식 부족) • 아동에게 지나친 기대 • 어릴 적 학대받은 경험 • 불안, 우울, 기타 정신질환 • 미성숙 또는 자아존중감이 낮은 경우

구분	가정	구분	어린이집
가정 · 지역사회 요인	• 가족관계 문제 • 신체적 체벌에 허용적인 문화 • 아동을 존중하지 않는 문화 • 자녀에 대한 소유의식 • 사회적 고립 및 사회적 지지체계 결여	어린이집 요인	• 아동발달에 부적합한 환경 • 교사교육 부족 • 아동문제 지도방안에 대한 어린이집 내 논의 부족 • 아동문제해결을 위한 전문기관의 연계 부족

출처 : 보건복지부 · 중앙육아종합지원센터(2016).

4) 아동학대의 징후

아동학대의 유형에 따라 피해아동에게 특별한 증상들이 나타나는데, 아동학대를 조기에 발견하고 예방하기 위해서는 아동학대의 징후와 후유증을 면밀히 살펴볼 필요가 있다. 아동학대 유형별 신체와 행동으로 나타나는 징후와 후유 증상은 다음과 같다.

(1) 신체학대 징후

지속적인 신체적 폭력이나 가혹행위가 반복되는 경우 표 12-2와 같은 징후가 나타난다.

표 12-2 신체학대 징후

구분	내용
신체적 징후	• 설명하기 어려운 신체적 상처나 흔적 • 손발이 차거나 붉게 부어오른 상태 • 발생 및 회복에 시간차가 있는 반복되는 상처 • 비슷한 크기의 반복적으로 긁힌 상처 • 사용된 도구의 모양이 그대로 나타나는 상처 • 담뱃불 자국, 뜨거운 물에 잠겨 생긴 화상자국 • 입, 입술, 잇몸, 눈, 외음부 상처 • 손목이나 발목에 긁힌 상처 • 성인에 의해 물린 상처 • 다치기 어려운 부위의 상처(겨드랑이, 팔뚝 안쪽 등) • 머리카락이 뜯겨나간 두피 및 두부 손상 • 고막 천공이나 귓불이 찢겨진 상처와 같은 귀 손상 • 여러 부위의 골절 • 복부 손상 및 흉부 손상

구분	내용
행동적 징후	• 어른과의 접촉을 회피하는 행동 • 다른 아동의 울음소리에 공포를 나타내는 행동 • 공격적이거나 위축된 극단적 행동 • 양육자에 대해 두려움을 나타내는 행동 • 집(어린이집)에 가는 것을 두려워하는 행동

(2) 정서학대 징후

아동을 지속적으로 무시하거나 폭언을 하고, 아동을 거부하는 등의 행동은 정서에 부정적인 영향을 미친다. 이런 정서학대가 반복될 경우 나타나는 신체적 · 행동적 징후는 표 12-3과 같다.

표 12-3 정서학대 징후

구분	내용
신체적 징후	• 발달지연 및 성장장애 • 신체발달 저하
행동적 징후	• 특정물건을 계속 빨고 있거나 물어뜯음 • 행동장애(반사회적 · 파괴적 행동장애) • 신경성 기질장애(놀이장애) • 정신신경성 반응(히스테리, 강박, 공포) • 언어장애 • 극단행동, 과잉행동, 자살 시도 • 실수에 대한 과잉반응 • 양육자와의 접촉에 대한 두려움

(3) 방임의 징후

모든 사람은 주위 사람들로부터 관심을 받고 싶어 하는 욕구가 있다. 아동학대는 아이를 심하게 때리는 것만이 아니라 물리적 · 교육적 · 의료적 방임 또한 아동학대에 속한다. 이런 방임이 반복되는 경우 나타나는 징후는 표 12-4와 같다.

미성숙한 시기의 아동에게 일회적인 학대가 가해지더라도 피해는 매우 치명적이다. 그러나 대부분의 아동학대가 지속적으로 행해지고 있으므로 이로 인해 아동의 성장을 방해하는 등 신체적 · 정서적으로 심각한 후유증을 발생시킬 수 있으므로 조

표 12-4 방임의 징후

구분	내용
신체적 징후	• 발달 지연 및 성장장애 • 비위생적인 의복이나 신체상태 • 예방접종과 의학적 치료 불이행으로 인한 건강상태 불량 • 아동에게서 악취가 지속적으로 나는 경우
행동적 징후	• 계절에 맞지 않는 옷차림 • 음식을 구걸하거나 훔치는 행동 • 비행 또는 도벽 • 학교에 일찍 등교하고 집에 늦게 귀가함 • 지속적인 피로 또는 불안정감 호소 • 수업 중 조는 태도 • 잦은 결석

출처 : 중앙아동보호전문기관 홈페이지(www.korea1391.org).

기 발견을 위한 관찰과 치료가 중요하다. 아동학대 후유증으로는 크게 신체적 후유증과 정신적 후유증으로 나누어 살펴볼 수 있다. 유형별로 후유증의 내용을 살펴보면 표 12-5와 같다.

표 12-5 아동학대 후유증 유형

유형	내용
신체적 후유증	• 신체 손상 : 신체 일부의 변형, 피부의 결손, 자상, 화상, 기능 손실 (예 : 청력 저하, 시력 저하, 대 · 소변 조절능력의 저하 등) • 발육 부진 : 평균 신장과 체중에 미달
정신적 후유증	• 지능 손상 : 지능발달에서 결함을 보임 • 충동조절능력의 저하 : 높은 충동성으로 인해 각종 충동적인 행동을 보임 • 감정의 불안정성 : 불안, 우울, 감정의 기복 등을 보임 • 사회성의 저하 : 또래관계 및 대인관계를 잘 맺지 못하거나 유지가 어려움 • 학교 부적응 : 학교를 반복적으로 결석하거나 혹은 졸업을 하지 못함 • 각종 정신과적 장애 : 반응성 애착장애, 탈억제형 사회적 참여 장애, 외상후스트레스장애, 급성스트레스장애, 적응장애

출처 : 교육부 · 보건복지부(2016).

5) 아동학대 현황

보건복지부와 중앙아동보호전문기관에서 발간한 〈전국아동학대현황보고서〉에서 연도별 아동학대 사례건수를 살펴보면 2006년 5,202건이었던 아동학대가 2015년에는 1만 1,715건으로 상당수가 증가되었다. 학대처벌법 시행(2014. 9. 29)으로 아동학대 신고의무가 강화되어 피해아동 발견 및 아동학대사례 신고가 활성화됨에 따라 2014년은 47.5%로 가장 높은 증가율을 보였고, 2015년에도 전년 대비 16.8%가 증가하였다.

아동학대를 유형별로 분류해 볼 때 총 발생건수는 1만 7,662건이며 아동학대 사례 유형 중 정서학대가 전체 40.7%에 해당하는 7,197건으로 가장 많은 빈도를 보였고, 다음으로 신체학대가 6,661건37.7%, 방임이 3,175건18.0%으로 나타났다.

아동학대 발생 장소는 가정 내에서 발생한 사례가 총 9,641건82.3%으로 가장 높게 나타났고 어린이집에서 일어난 학대는 총 432건3.7%, 유치원에서는 총 207건1.8%이 발생하였다. 학대가 가장 많이 일어나는 가정에서 학대가 발생하면 외부에 발견되기 어려울 뿐만 아니라 학대가 지속적으로 발생할 수밖에 없다. 따라서 가정에서 일어나는 학대를 조기 발견하여 적절한 관리와 조치가 필요하다.

어린이집과 유치원 등의 교육기관에서 교사들은 '교육'이라는 명목 아래 영유아의 행동을 제한하고 일방적인 지시를 하거나 바른 행동을 하지 않을 경우에는 책임을 전가하거나 비웃기, 창피 주기, 위협하기, 애정이나 정서적 지지 주지 않기, 무시하거나 함께 시간을 보내지 않기, 웃어주지 않기, 비난하기, 강압적 훈육 등 죄책감을 갖게 하는 정서적 학대를 하기도 한다. 이런 행동은 영유아가 성인에게 일방적으로 가르침을 당하는 수직적 관계로 보기 때문이다. 이처럼 아이의 정상적 발달을 저

표 12-6 연도별 아동학대사례 건수

구분		2006	2007	2008	2009	2010	2011	2012	2013	2014	2015
아동학대사례	건수	5,202	5,581	5,578	5,685	5,657	6,058	6,403	6,769	10,027	11,715
	증가율	–	12.3	7.3	−0.1	1.9	−0.5	7.1	5.7	6.1	47.5

출처 : 보건복지부 · 중앙아동보호전문기관(2016).

분류	%	건
정서학대	40.7	7,197
신체학대	37.7	6,661
방임	18	3,175
성학대	3.6	629

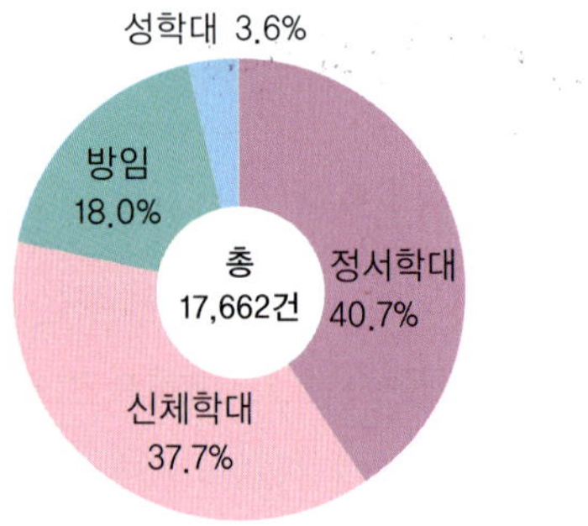

그림 12-1 아동학대 유형

출처 : 보건복지부 · 중앙아동보호전문기관(2016).

해할 수 있는 정신적 폭력이나 가혹행위를 모두 아동학대로 본다. 이런 정서학대는 그 결과가 심각하게 나타나지 않기 때문에 더 주의가 필요하다. 교사는 가정이나 교육기관에서 아동학대를 발견하거나 아동학대 의심이 있는 경우 신고하여 아동이 적절한 보호와 서비스를 받을 수 있도록 해야 한다.

표 12-7 아동학대 발생 장소

(단위 : 건, %)

발생 장소		건수(비율)	계
가정 내	아동가정 내	9,381(80.1)	9,641(82.3)
	학대협의자 가정 내	260(2.2)	
집 근처 또는 길가		213(1.8)	1,686(14.4)
친척집		78(0.7)	
이웃집		19(0.2)	
어린이집		423(3.7)	
유치원		207(1.8)	
학교		258(2.2)	
학원		68(0.6)	
병원		49(0.4)	
복지시설	아동복지시설	331(2.8)	
	기타 복지시설	31(0.3)	

발생 장소	건수(비율)	계
숙박업소	31(0.5)	388(3.3)
종교시설	24(0.2)	
기타	286(2.4)	
파악 안 됨	17(0.1)	
계		11,715(100.0)

출처 : 보건복지부 · 중앙아동보호전문기관(2016).

가장 많이 발생하는 가정에서의 아동학대 가해자는 부모에 의한 학대가 79.8%로 가장 많은 비중을 차지하는 것으로 나타났으며, 부모 이외의 가해자 중 모르는 사람보다 친인척과 대리 양육자 등 주로 함께 생활하거나 아는 사람에 의해 발생하는 것으로 나타났다.

부모에 의한 학대의 주요 원인은 부모의 부적절한 양육태도와 양육방법에 대한 지식 부족이 가장 높게 나타났으며, 사회적 · 경제적 어려움으로 쌓인 스트레스에 의한 학대가 이루어지고 있는 것으로 나타났다. 이를 해결하기 위해서는 부모의 양육태도와 기술을 함양하고 가족의 역량을 강화할 수 있는 가족지원이 필요하다(황현주 외, 2016).

구분	%
부모	79.8
친인척	4.8
대리양육자	12.2
타인	1.6
기타	1.4

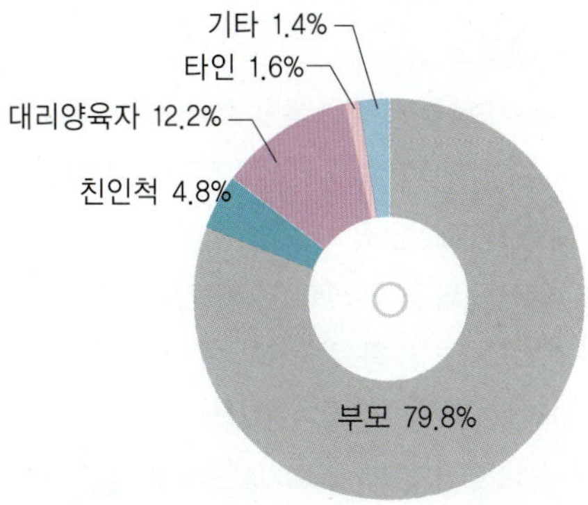

그림 12-2 학대행위자와 피해아동과의 관계

출처 : 보건복지부 · 중앙아동보호전문기관(2016).

6) 아동학대 신고체계

(1) 아동학대 신고의무자 정의

아동학대 신고의무자란 업무를 수행하면서 아동학대범죄 사실을 알게 되거나 의심되는 경우에 아동보호전문기관 또는 수사기관에 즉시 신고할 의무가 있는 자를 말한다. 영유아교육기관 원장과 교사는 아동학대 신고의무자에 해당한다. 아동학대 신고의무자는 「아동학대범죄의 처벌 등에 관한 특례법」2016. 5. 29 개정에 따라 아동학대범죄가 의심만 되도 즉시 신고하여야 하며 신고하지 않은 경우 500만 원 이하의 과태료가 부과된다. 교사는 학대 여부를 파악하기 위해 매일 아동의 건강과 기분상태뿐만 아니라 신체적 · 정신적 · 심리적 측면에서 영유아의 상태를 세밀하게 관찰해야 한다.

아동학대 신고의무자(27개 직군)

- 가정위탁지원센터
- 아동복지전담공무원
- 건강가정지원센터
- 구급대원
- 사회복지 전담공무원 및 사회복지시설
- 성폭력피해상담소, 성폭력피해자 보호시설
- 보육교직원
- 육아종합지원센터
- 유치원 교직원 및 강사
- 장애인복지시설
- 청소년보호 · 재활센터
- 학원 및 교습소
- 아동복지시설
- 취약계층아동에 대한 통합서비스지원 수행인력
- 가정폭력 관련 상담소 및 피해자 보호시설
- 다문화가족지원센터
- 성매매피해상담소
- 성폭력피해자통합지원센터
- 의료기관의 장 및 의료인, 의료기사
- 응급구조사
- 청소년시설 및 청소년단체
- 한부모가족복지시설
- 아이돌보미(아이돌봄지원법상)
- 입양기관
- 정신의료기관, 정신질환자사회복귀시설, 정신요양시설 및 정신보건센터
- 「초 · 중등교육법」의 교직원 및 전문상담교사, 산학겸임교사(교육복지사 포함)
- 입양기관 · 취약계층아동에 대한 통합서비스 지원 수행인력(드림스타트)

(2) 아동학대 신고의무자 교육

아동학대 신고의무자가 소속된 기관의 장은 소속 신고의무자에게 아동학대 예방 및 신고의무와 관련된 교육을 매년 1시간 이상 실시하여야 한다「아동복지법 시행령」 제26조. 또한 정부는 아동학대 신고의무자에게 신고의무교육을 실시할 수 있으며, 자격 취득과정이나 보수교육과정에 아동학대 예방 및 신고의무와 관련된 교육을 1시간 이상 포함시켜야 한다. 아동학대 신고의무자 교육은「아동학대 예방 및 신고의무에 관한 법령」, 아동학대 발견 시 신고방법, 피해아동 보호절차 등의 내용을 포함하여야 하며, 아동학대 신고의무자 직장교육을 미실시할 경우 300만 원 이하의 과태료가 부과된다「아동복지법」 제75조.

(3) 아동학대 신고방법

아동학대 신고의무자 중 영유아교육기관 교직원은 학대받고 있는 아동을 보호하는데 있어 매우 중요한 역할을 담당하고 있다. 이는 아동과 함께 지내는 시간과 아동을 관찰할 수 있는 기회가 많기에 아동을 잘 관찰할 수 있어 아동학대를 발견하기 쉽기 때문이다. 특히, 어린 아동일수록 학대 후유증이 심각하므로 피해아동을 보호하기 위해 영유아교육기관에서의 세심한 관찰 후 신고가 매우 중요하다.

① 학대 발견하기

피해아동의 신체적 · 행동적 징후뿐만 아니라 아동의 가정환경도 아동학대 의심 증거가 될 수 있다. 가족관계가 변한 경우부모의 실직, 이혼, 사별 등, 아동의 상처에 대해 보호자가 설명을 못하는 경우, 아동의 부모가 자주 음주상태에 있는 것을 알게 된 경우, 아동을 빈번하게 제 시간에 어린이집에 보내지 않거나 뒤늦게 데리러 오는 경우에는 피해아동에게 좀 더 관심을 가져야 한다.

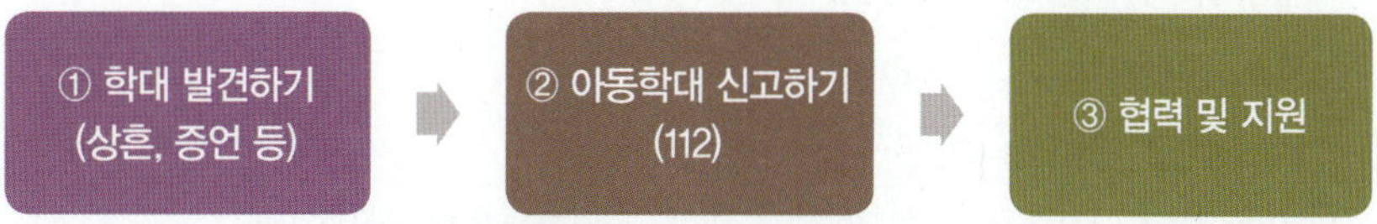

그림 12-3 아동학대 신고 흐름도

② 아동학대 신고하기

아동학대가 의심되는 아동을 발견했을 경우 아동학대 신고전화 112에 신고한다. 아동학대 신고 시 신고자는 학대의심 내용, 피해아동과 학대 의심자 정보, 신고자 정보 및 학대에 대해 알고 있는 모든 사항을 제공해야 한다. 또한 아동학대 신고의 무자는 아동학대 신고 시, 보호자에게 신고 내용을 알리므로 아동학대 증거가 은폐되지 않도록 해야 한다.

표 12-8 아동학대 신고 시 신고할 내용

구분	내용	구분	내용
학대 의심 내용	• 학대 의심 증거 • 학대 발견 시 정황 • 학대 상처 • 학대 지속성	피해아동 정보	• 이름, 성별, 나이, 주소, 전화번호 • 피해아동의 특징 • 피해아동의 현재 상태 등
학대행위 의심자정보	• 이름, 전화번호, 직업 • 학대 행위자 특징 • 피해아동과의 관계 • 피해아동과의 동거 여부 등	신고자	• 이름, 전화번호 • 피해아동과의 관계 • 학대사실을 알게 된 경위 등

출처 : 보건복지부 · 중앙육아종합지원센터(2016).

아동학대 신고전화요령

• ○○유치원/어린이집에 재직하고 있는 교사로 아동학대 신고의무자입니다.
• ○○유치원/어린이집에 등원하는 아동 중에
 – ○○월 ○○일부터 ○○월 ○○일까지 ○일 동안 무단결석한 아동이 있어
 – ~~~~의 이유로 아동학대가 의심되어 신고합니다.
• 아동의 현재 상황은 ~~~~~ 합니다.
 ※ 아동 안전 여부, 응급조치 필요 여부, 아동의 심신상태, 가정 상황 등
• 아동의 인적 상황은 ~~~~~ 합니다.
 ※ 성명, 성별, 연령, 주소, 전화번호 등
• 학대행위자로 의심되는 사람은 ~~~~~ 입니다.
 ※ 이름, 성별, 나이, 주소 등(학대행위자 정보를 파악하지 못해도 신고 가능)
• 신고자는 ~~~~입니다.
 ※ 성명, 전화번호, 주소, 아동과의 관계 등

③ 협력 및 지원

영유아교육기관 교직원은 신고 후에도 이전과 같이 동일한 태도로 아동을 대하고 지지해야 하며 아동의 말을 경청하고 비언어적인 대화에도 반응을 해 주어야 한다. 아동에게 지나친 반응이나 관심을 보이면 그로 인해 불안감을 증가시키게 되므로 주의해야 하며, 아동 자신이 학대를 받은 것이 아동의 잘못이 아니라는 것을 이야기해주는 것도 보육교직원의 역할이라 할 수 있다. 학대피해아동에게 지속적인 관심과 관찰을 통하여 학대 재발생 여부 및 학대 지속성을 관찰해야 한다. 아동보호전문기관 상담원과 면담하는 경우, 알고 있는 사실 모두를 전달해야 학대피해아동을 안전하게 보호하는 데 많은 도움이 되므로 적극적으로 협조 한다.

(4) 관리 · 대응 매뉴얼

2016년 유치원에 다니던 아동이 가정 내 아동학대를 받다가 숨진 '평택아동학대사건'이 발생함에 따라 아동학대 조기 발견을 위한 유치원 · 어린이집 결석 아동에 대한 대책이 필요함을 인식하고 교육기관에서 2일 이상 무단결석으로 아동의 안전과 소재가 파악되지 않은 경우 수사기관112에 신고하도록 하는 아동학대 관리 · 대

표 12-9 무단결석 관리 · 대응 매뉴얼

결석 기간	할 일
결석 당일(1일)	• 담임교사는 유선으로 결석 사유와 아동의 안전을 확인하고 다음 출석일을 확인 • 유선 연락이 되지 않는 경우 원장 · 원감에게 보고하고, 유선 연락 지속 실시
2일	• 원장은 수시로 보호자에게 유선 연락을 실시하여 아동의 안전을 확인 • 원장은 유선으로 아동의 안전이 확인되지 않은 경우 가정방문을 실시하여 아동의 안전을 직접 확인 – 가정방문은 교직원, 읍 · 면 · 동 공무원으로 구성된 2인이 함께 실시 • 가정방문 결과 아동학대가 의심되거나 아동의 소재 · 안전이 확인되지 않는 경우 장은 수사기관(112)에 신고 ※ 출석하기로 한 기일이 지나도 출석하지 않는 경우에는 가급적 가정방문 실시
사후관리	• 수사기관에서 협조요청 시 담임교사 또는 원장은 평상시 아동의 상태 등에 대해 안내하고 기타 요청사항에 대해서 적극 협조 • 교사는 무단결석한 아동이 재등원하였을 경우, 아동의 심리 · 정서적 상태를 고려하여 적절히 조치 • 원장은 해당 보호자에 대해서 면담 또는 부모교육 등을 실시

출처 : 교육부 · 보건복지부(2016).

응 매뉴얼을 발표하였다. 교육기관에서는 부모로부터 '아동의 안전한 보호와 양육을 위한 보호자 동의서'를 받아 교육기관에 보관하고 영유아가 무단으로 결석을 할 경우 표 12-9와 같은 대응 매뉴얼에 따라 진행한다.

아동의 안전한 보호와 양육을 위한 보호자 동의서

안녕하십니까? 최근에 드러난 아동학대는 모든 영역에서 아동의 안전을 위해 보다 적극적인 노력을 기울여야 함을 보여 주고 있습니다. 우리 어린이집은 아동 안전을 위한 범정부대책으로 마련한 유치원 · 어린이집 아동학대 조기발견 및 관리대응 매뉴얼에 따라 무단결석에 대한 관리와 대응을 강화하고자 합니다.

근거 : 아동복지법, 아동학대범죄의 처벌 등에 관한 특례법

♣ 보호자님, 아동 결석은 반드시 사전에 알려 주시기 바랍니다. 결석 시 사전에 어린이집으로 연락하지 않거나 보호자와 연락이 되지 않는 경우, 무단결석으로 간주하여 다음과 같은 절차를 진행하겠습니다.

1일		2일(전화 연락이 되지 않는 경우)	
전화 연락 →	필요할 경우 아동과 통화 →	가정방문 →	가정방문 결과에 따라 아동보호전문기관 상담 또는 112 신고

1. 1일차에는 담임교사가 가정으로 전화 연락을 실시합니다.
2. 2일차에도 연락이 되지 않을 경우에는 유관기관과 협조하여 가정방문을 실시합니다.
3. 가정방문 결과 아동과 연락이 되지 않거나 소재 안전이 확인되지 않는 경우 아동학대가 의심되는 경우로 판단하여 아동보호전문기관 상담 또는 수사기관(112)에 신고합니다.

무단결석 시 정보 제공 및 가정방문 동의서

정보 제공 동의	제3자 제공 동의
1. 수집이용목적 : 아동 소재 · 안전 파악 2. 수집항목 : 아동명, 학급명, 성별, 주민등록번호, 주소, 전화번호, 보호자명 3. 이용 및 보유기간 : 해당 업무 종료 시까지 4. 동의를 거부할 수 있으며 동의 거부 시 무단결석 아동의 소재 · 안전 파악에 제한이 있을 수 있습니다. 개인정보 수집 동의 □ 예 □ 아니오	1. 제공받는 자 : 읍 · 면 · 동주민센터, 아동보호전문기관, 수사기관 2. 제공받는 자의 이용 목적 : 아동 소재 · 안전 파악 3. 제공하는 항목 : 수집항목과 일치 4. 제공받는 자의 보유이용기간 : 해당 업무 종료 시까지 5. 동의를 거부할 수 있으며 동의 거부 시 무단결석 아동의 소재 · 안전 파악에 제한이 있을 수 있습니다. 개인정보 제3자 제공 동의 □ 예 □ 아니오
가정방문 동의	
1. 이용목적 : 아동 소재 · 안전 파악 2. 동의를 거부할 수 있으며 동의 거부 시 무단결석 아동의 소재 · 안전 파악에 제한이 있을 수 있습니다.	가정 방문 동의 □ 예 □ 아니오

반명	반	아동명	
보호자(동의자) 성명	(서명) 또는 (인)		

년 월 일

○○ 어린이집원장 귀하

그림 12-4 아동의 안전한 보호와 양육을 위한 보호자 동의서

출처 : 교육부 · 보건복지부(2016).

7) 교육기관의 역할

영유아교육기관의 교직원들은 아동학대 신고의무자로 직무상 아동학대범죄를 인지할 수 있는 가능성이 가장 많은 직군이면서 또한 아동학대를 유발하는 성인 중 하나이다. 교사는 학대로부터 아동을 보호하기 위해 매일 아동의 건강과 기분상태, 신체적 변화 등을 면밀히 관찰할 뿐만 아니라 교사로 인한 아동학대 예방을 위해 교육기관에서는 다각적 측면의 노력이 필요하다. 첫째, 교육기관에서는 영유아를 진심으로 배려하고 보육할 수 있는 기본 인성을 갖춘 사람으로 채용해야 하며, 둘째, 아동학대 예방을 위한 아동학대 의무교육 등 다양한 교직원교육을 실시해야 한다. 셋째로는 교직원이 편안한 마음으로 영유아를 관리할 수 있는 근무환경을 개선해야 한다. 영유아교육기관에서는 아동학대 의심 영유아가 있을 경우 아동학대 신고의무자 점검표 체크를 통해 조기 발견에 활용한다.

표 12-10 아동학대 신고의무자용 점검표

- 아동학대 체크리스트는 아동학대 신고의무자가 직무 중에 학대로 의심되는 아동을 조기발견하기 위해 활용
- 1개 문항 이상 '예' 라고 체크된 경우, 아동학대를 의심해 볼 수 있는 상황. 아동학대가 의심되면 아동학대 신고전화 112로 반드시 신고

※ 아동학대를 의심할 수 있는지 여부에 대해서는 아동보호전문기관과 상담

연번	평가항목	평가	
		예	아니오
1	사고로 보이기에는 미심쩍은 상흔이나 폭행으로 보이는 멍이나 상처가 발생한다.		
2	상처 및 상흔에 대한 아동 및 보호자의 설명이 불명확하다.		
3	보호자가 아동이 매를 맞고 자라야 한다는 생각을 가지고 있거나 체벌을 사용한다.		
4	아동이 보호자에게 언어적 · 정서적 위협을 당한다.		
5	아동이 보호자에게 감금, 억제, 기타 가학적인 행위를 당한다.		
6	기아, 영양실조, 적절하지 못한 영양섭취를 보인다.		
7	계절에 맞지 않는 옷, 청결하지 못한 외모를 보인다.		
8	불결한 환경이나 위험한 상태로부터 아동을 보호하지 않고 방치한다.		
9	성학대로 의심될 성질환이 있거나 임신 등의 신체적 흔적이 있다.		

연번	평가항목	평가	
		예	아니오
10	나이에 맞지 않는 성적 행동 및 해박하고 조숙한 성지식을 보인다.		
11	자주 결석하거나 결석에 대한 사유가 불명확하다.		
12	필요한 의료적 처치를 하지 않거나 예방접종이 필요한 아동에게 예방접종을 실시하지 않는다.		
13	보호자에 대한 거부감과 두려움을 표현하거나 집(보호기관)으로 돌아가는 것에 대해 두려워한다.		
14	아동이 히스테리, 강박, 공포 등 정신신경성 반응을 보이거나 공격적이거나 위축된 모습 등의 극단적인 행동을 한다.		
15	'아동학대 점검표' 1~14에 해당되지는 않지만 그 외의 학대로 의심되는 경우 (학대 의심사항 :)		

출처 : 교육부 · 보건복지부(2016).

8) 부모참여와 협력

부모들은 아동학대가 심각한 사회적인 문제라고 생각하면서 본인들이 자녀에게 하는 행동은 부모로서 자녀를 올바르게 키우기 위한 양육방법이라 생각한다. 부모를 통한 아동학대가 가장 많은 비중을 차지하는 것과 학대 발생 이유가 부적절한 양육태도와 양육방법 때문이라는 통계를 볼 때 교육기관에서는 부모에게 자녀의 발달을 이해하고 올바른 양육태도를 기를 수 있는 다양한 부모참여를 계획하고 진행하여야 한다.

2. 성폭력 안전

성폭력은 자신의 성적인 즐거움을 위해 아동에게 강제로 하는 성적인 모든 행위를 말하며 실제 발생한 아동성폭력사건의 10% 이하만 신고가 이루어지고 있다(여성부, 2009). 아동성폭력을 예방하고 적극적인 대처방법을 알아보고자 한다.

1) 아동성폭력의 정의

성폭력이란 아동을 대상으로 성적인 쾌락을 얻고자 강압적으로 유도하는 모든 행위로써 자신의 성적 즐거움을 위하여 강제로 하는 성기 노출, 신체 및 성기 추행, 성기 삽입, 음란물 보여 주기, 성매매를 매개하는 행위 등 모든 성적인 행위를 말하며, 특히 아동의 경우 저항하거나 싫다는 표현을 하지 않았더라도 자발적인 것이 아니므로 아동에 대한 성적 행동이나 성폭력에 의한 불안감 · 공포심을 조성하는 모든 행위를 성폭력이라 할 수 있다(박은혜 외, 2006).

2) 성폭력 발생 원인과 특성

아동성폭력은 모르는 사람에 의해서 발생하는 것이 아닌 주로 가족, 친인척, 이웃 등 아는 사람이 친밀감을 이용해서 발생한다. 아동성폭력은 성인성폭력과는 다른 몇 가지 특성이 있다.

(1) 유인책에 의해 발생한다

아동성폭력은 폭행이나 협박에 의해서 발생하기보다는 주로 유인, 위계나 위력에 의해 발생한다. 금품, 놀이, 애정과 칭찬 등과 같은 유인방법을 사용하여 접근하기도 한다.

(2) 아동은 성폭력과 친밀감을 구분하기가 어렵다

가해자는 아동에게 신체적 힘을 사용하기보다 놀이, 속임수, 위협 등의 형태로 강요하면서 아동을 침묵하게 만든다.

(3) 피해가 반복적으로 일어난다

성폭력 사실을 쉽게 표현하지 못하므로 지속되고 은폐되는 경향이 있다.

(4) 주로 아는 사람에 의해 피해가 발생한다

성폭력은 가족이나 친인척 등 면식범에 의해 이루어지는 경우가 많다.

3) 성폭력 징후와 후유증

아동은 자신에게 관심을 보이는 성인을 잘 따르고 친근하다고 생각하는 경향이 있으므로 성폭력의 가해자는 아동의 주변에 있는 잘 알고 있는 사람이 대부분이다. 유년시절 성폭력 피해는 오랜 시간이 지나도 잊혀지지 않기에 아동의 성폭력으로 인한 징후를 교사와 부모는 잘 파악하고 있어야 한다.

(1) 아동성폭력 징후

아동성폭력 징후는 표 12-11과 같다.

표 12-11 아동성폭력의 징후

구분	내용
신체적 징후	• 신체적 지표 – 학령 전 아동의 성병 감염 – 임신 • 생식기의 증거 – 아동의 질에 있는 정액 – 찢기거나 손실된 처녀막 – 질에 생긴 상처나 긁힌 자국 – 질의 홍진(紅疹) – 배뇨 곤란 – 요도염 • 항문 증후 – 항문 괄약근의 손상 – 항문 주변의 멍이나 찰과상 – 항문 내장이 짧아지거나 뒤집힘 – 항문 입구에 생긴 열창 – 항문이 좁아짐 – 회음부의 동통과 가려움 – 변비 – 대변에 혈액이 나옴 • 구강 증후 – 입천장의 손상 – 인두(咽頭)임질
행동적 징후	• 성적(性的) 행동지표 – 나이에 맞지 않는 성적 행동 – 해박하고 조숙한 성지식 – 명백하게 성적인 묘사를 한 그림들 – 타인과의 성적인 상호관계 – 동물이나 장난감을 대상으로 하는 성적인 상호관계 • 비(非)성적인 행동지표 – 위축, 환상, 유아적 행동(퇴행행동) – 자기 파괴적 또는 위험을 무릅쓴 모험적인 행동 – 혼자 남아 있기를 거부 또는 외톨이 – 비행, 가출 – 특정 유형의 사람들 또는 성에 대한 두려움 – 방화/동물에게 잔혹함(주로 남아의 특징)

구분	내용	
행동적 징후	– 야뇨증 – 자기 파괴적 행동(자살 시도) – 우울, 불안, 사회관계의 단절 – 유뇨증/유분증 – 저조한 학업수행	– 약물 및 알코올 남용 – 범죄행위 – 수면장애 – 섭식장애(폭식증/거식증) – 외상후스트레스 장애

출처 : 중앙아동보호전문기관 홈페이지(www.korea1391.org).

(2) 아동성폭력의 후유증

아동성폭력 후유증은 신체적 상해뿐만 아니라 우울증, 자아존중감 저하, 수면장애, 공포 등 심각한 정신적인 휴유증을 유발하는 것으로 나타난다. 성폭력 후유증은 피해아동의 연령, 지속된 기간, 학대수준, 위협이나 강압 정도에 따라 다르게 나타난다. 아동성폭력의 후유증은 다음과 같다(황현주 외, 2016).

- 성폭력은 두려움과 무서움, 억울함과 분노, 수치심, 죄책감, 불안, 무력감을 생기게 한다.
- 면식범에 의해 발생하는 경우가 많으므로 주변 사람들에 대한 불신감이 생긴다.
- 아동기의 성폭력 경험은 성인이 되어서도 성에 대한 두려움과 부정적인 사고를 갖게 한다.
- 성폭행으로 자신의 몸이 더럽다는 생각으로 자신을 비하, 비난하는 등 자존감이 낮아진다.

4) 성폭력 예방과 교육

아동성폭력은 자신에게 보여 준 행동의 기준으로 좋은 사람인지, 나쁜 사람인지 판단을 하기도 하고 애정표현과 성폭력행동을 구분할 수 있는 능력이 부족하여 성폭력에 대한 도움을 요청할 수 있는 기회가 제한되어 있다. 아동성폭력사고를 예방하기 위해서는 영아기 때부터 발달수준에 적합한 내용과 방법으로 체계적인 성폭력 예방교육이 이루어져야 한다.

(1) 성폭력 예방교육 시의 주의사항

아동에게 성폭력의 위험성에 대하여 가르치고 예방교육을 하는 것은 그리 쉬운 일이 아니며, 아동에게 너무 예방법을 강조하는 것 자체가 그리 바람직하지 않다. "내가 말을 듣지 않아서 이렇게 된거야."라는 식의 잘못된 죄책감을 가중시킬 수 있다. 과도하게 '성폭력'이라는 주제에 대해서만 강조하기보다 평상시에 아동과 함께 다양한 주제로 서로의 생각과 감정을 표현해보는 시간을 통해 아동이 쉽게 말 못할 고민이 생겼다든지 어려움이 생겼을 경우 성인에게 이야기할 수 있는 환경을 만들어줘야 한다. 또한 아동의 행동이나 얼굴 표정, 감정 등에 대해서 부모나 교사는 항상 관심을 가지고 살펴봄으로써 평소와 다른 행동을 보이는 것 등에 대해 쉽게 감지할 수 있는 민감성을 높여야 한다.

(2) 아동을 위한 성폭력 예방교육

아동에게 자신과 다른 사람의 몸이 소중함을 알게 하고 남녀의 신체특성과 차이를 알게 하며, 나와 다른 사람에 대한 존중감을 기를 수 있도록 일상 속에서 꾸준히 예방교육을 해야 한다. 성폭력 예방을 위한 안전수칙은 다음과 같다.

① 아동이 좋은 느낌과 나쁜 느낌 구별하기

내 몸의 소중함을 알려주고 좋은 느낌과 나쁜 느낌이 어떤 것인지 구분하게 한다. 긍정적인 접촉을 많이 해본 영유아는 가해자가 하는 나쁜 느낌의 행동을 직감적으로 구분할 수 있다. 따라서 평소 좋은 접촉으로 긍정적인 경험을 할 수 있게 해주고 마음이 전달되도록 애정표현을 해 준다.

② 다른 사람이 내 몸을 만질 경우 대처방법 알려주기

싫은 느낌이 들면 "안돼요. 싫어요."라고 단호하게 표현하도록 알려준다.

주변에 성인이 있으면 큰소리로 도움을 청하고 그 자리에서 가능한 빨리 도망치도록 알려준다.

③ 성폭력을 당했을 때 교사나 부모에게 말하기

성폭력을 당한 아동은 공포심과 죄책감으로 주변의 도움을 구하는 것을 망설일 수 있다. "~하지 말라"는 예방법만 강조하지 말고 어떤 이야기라도 괜찮으며 도움이 필요할 땐 언제든지 생각이 들게 해 준다보호자와의 신뢰가 중요하므로 평소에 편안한 분위기에서 이야기를 들어준다.

④ 외출할 때는 보호자에게 이야기하기

누구와 함께 어디를 가든지 꼭 부모님의 허락을 받고 가도록 알려준다. 아는 사람이 함께 가자고 해도 "부모님께 허락받고요."라고 하고 부모에게 전화를 하여 허락을 받아야 하며, 부모와 전화연락이 안 된 경우는 가지 말아야 함을 알려준다.

⑤ 안전한 곳과 위험한 곳 알려주기

아이가 다니는 길이나 놀이 장소에서 안전한 곳과 위험한 곳이 어디인지 함께 찾아보고 위험한 곳에는 가지 않도록 지도한다길이 좁고 어두운 곳, 사람들이 잘 안 다니는 곳.

⑥ 혼자 집에 있을 때 아무나 문 열어주지 않기

혼자 집에 있을 경우, 미리 약속된 믿을 만한 사람이 아니면 그 누구도 집에 들어오게 해서는 안 된다는 것을 알려준다. 계속 들어오겠다는 표현을 하면 부모에게 전화하거나 초인종을 눌러도 대답하지 않도록 지도한다.

5) 성폭력 사후관리

성폭력 사건이 발생했을 때 또는 의심될 때, 얼마나 신속하고 적절하게 대처했는지 여부에 따라 피해자의 회복 및 가해자에 대한 조치 정도가 달라지므로 부모 및 교사의 세심한 주의가 필요하다. 성폭력 안전사고가 발생했을 경우 구체적인 대처 방안은 다음과 같다.

(1) 아동성폭력 발생 시 대응절차 및 유의사항

- 아동성폭력 피해가 의심되나 확실하지 않은 경우에도 전문기관에 문의 및 상담을 한다.
- 아동성폭력 피해를 알게 된 즉시 경찰에 신고한다.
- 성폭력이 의심되는 근거들을 보존한다. 가해자 식별의 주요 단서가 되는 의학적 근거는 진찰을 받아야 얻을 수 있고 시간이 지남에 따라 소멸되기 때문에 신속한 조치가 필요하다.
- 부모에게 연락한 후 부모와 긴밀히 협력하고 부모대응지침을 고지한다.
- 보육교사는 신고의무자로서 신고해야 할 의무가 있으므로 성폭력 피해가 의심되는 경우에도 신고하도록 한다.

(2) 보호자의 유의사항

- 자녀에게 흥분하지 않으며, 침착하고 안정적인 모습을 보여 준다.
- 자녀의 말을 참을성 있게 들어주고, 믿어주고 감싸고 보호해준다.
- 성폭력은 피해자 아동의 잘못이 아니라는 것을 알려주고 안심시킨다.
- 부모가 임의로 사건을 해결하지 않는다.
- 부모의 미흡한 대처로 수사 및 치료 시기를 놓치는 사례가 발생할 수 있으므로 전문기관을 통한 지원을 받도록 한다.
- 아동에게 피해사실의 심각성을 강조하거나 부각시키지 않는다. 부모의 행동으로 자신에게 큰일이 생겼다고 생각하고 불안 등의 정신적인 문제가 발생할 수 있다.

- 피해 사실에 대해 아이에게 추궁하듯 반복해서 묻거나 대답을 강요하지 않는다.
- 아이를 비난하는 언행을 삼간다.

(3) 성폭력 피해 전문기관

우리나라에는 아동성폭력을 예방하고 성폭력 피해아동을 지원하는 다양한 기관이 있다. 이러한 기관은 다양한 법적 근거에 따라 운영되고 있으며, 기관에서 지원하는 대상과 기능은 표 12-12와 같다.

표 12-12 성폭력 피해 전문기관

전문기관	구분	내용
해바라기센터(아동)	주요 기능	의학적 진단 및 평가, 피해자 심리상담 · 치료, 의료 지원, 법률 지원 등
	지원 대상	성폭력 피해 아동
성폭력상담소	주요 기능	예방교육, 의료비 지원, 경찰연계, 법률상담, 경찰 · 검찰조사 시 동행
	지원 대상	성폭력피해자 지원(전 연령 지원)
긴급전화 1366	주요 기능	1차 긴급상담 서비스 연계, 유관기관과 네트워크 구축
	지원 대상	성폭력, 가정폭력, 성매매피해자
여성 · 학교폭력피해자 원스톱지원센터	주요 기능	피해자접수상담, 수사, 법률서비스, 의료적 조치(증거 채취), 24시간 지원
	지원 대상	가정폭력, 성폭력, 성매매, 학교폭력피해자

3. 성폭력 안전교육의 실제

1) 영아를 위한 성폭력 안전교육 프로그램 활동의 예

그림책명	연령	활동명	안전교육 내용	수준별 세부 내용	
 소중한 나의 몸	만 0~1세	기저귀 갈 때 좋은 느낌	좋은 느낌과 싫은 느낌	1, 2 수준	좋은 느낌과 싫은 느낌 경험하기
		속옷을 입는 곳은 더욱 소중해~	성폭력 예방법과 대처법	3, 4 수준	몸의 소중한 부분으로 놀이하거나 함부로 만지지 않기
	만 2세	싫어요 안돼요~	좋은 느낌과 싫은 느낌	2 수준	싫은 느낌일 때 적극적으로 표현하고 반응하기
 코코코 해 보아요	만 0~1세	코! 코! 코!	내 몸의 정확한 명칭	1, 2 수준	내 몸의 움직임 경험하기
		코! 코! 코! 아이~	내 몸의 소중함	4 수준	내 몸이 불편하면 보호자에게 신호 보내어 알리기
	만 2세	옷을 입어요		2 수준	내 몸을 안전하게 보호하며 옷 입기
	만 0~1세	코는 어디 있나?	내 몸의 정확한 명칭	3, 4 수준	내 몸의 이름 알기
		내 몸의 여기 이름은?			
	만 2세	눈, 코, 입 퍼즐을 맞춰 보아요		1, 2 수준	내 몸이 하는 일 알고 알맞게 사용하기

출처 : 어린이집안전공제회(2017). 그림책을 활용한 영아 안전교육 프로그램.

소중한 나의 몸 (글 · 그림 : 정지영 · 정혜영 / 출판사 : 비룡소)	

활동명	기저귀 갈 때 좋은 느낌		
연령	1세 / 2수준	활동영역	언어 / 음률
수준별 세부 내용	성폭력 · 아동학대 예방 > 좋은 느낌과 싫은 느낌 > 좋은 느낌과 싫은 느낌 경험하기		
주요 경험 (목표)	친숙한 교사와 기저귀를 갈 때 좋은 느낌을 안다. (기본생활 > 건강하게 생활하기 > 몸을 깨끗이 하기 > 몸이 깨끗해졌을 때 기분이 좋음 알기)		
활동자료	그림책 《소중한 나의 몸》		
활동방법	1. 영아가 그림책에 관심을 보이면 선생님과 함께 살펴본다. – ○○이가 그림책을 보고 있구나. – 어떤 그림책을 보고 있니? 2. 느낌을 표현하는 장면을 보며 이야기한다. – (그림책의 장면을 보며) 친구들이 ○○이를 보면서 미소 짓고 있네. – 엄마, 아빠가 아가를 꼭~ 안아주고 있네. – (선생님과 안아보며) 이렇게 엄마, 아빠, 선생님이 '○○아, 사랑해'하며 꼭 안아주는 건 좋은 느낌이란다. 3. 영아가 기저귀를 갈 때 좋은 느낌을 이야기한다. – (기저귀를 갈며) ○○이가 쉬를 했구나. 선생님이 기저귀를 갈아 줄게. – (기저귀 매트에 누워 새 기저귀를 하며) ○○이의 새 기저귀구나. 보송보송하구나. 아이 좋아! – ○○아, 새 기저귀 입으니 기분이 어때? 보송보송! 아이 좋아!		
주요 상호작용	아이 좋아!		
연계활동	〈내 몸은 소중해〉 노래에 맞춰 영아 신체 마사지를 한다.		
유의사항	• 내 몸의 소중한 곳이 보일 때 보호할 수 있도록 기저귀, 팬티를 입어야 함을 자연스럽게 알려준다(너무 강조하여 지나치지 않도록 유의한다). • 일상생활 속에서 영아들이 좋은 느낌과 싫은 느낌을 구분해 볼 수 있도록 반복적으로 상호작용한다.		
평가	친숙한 성인이 기저귀를 갈아주었을 때 기분 좋은 반응을 보인다.		

출처 : 어린이집안전공제회(2017). 그림책을 활용한 영아 안전교육 프로그램.

2) 유아를 위한 성폭력 안전교육 프로그램 활동의 예

활동명	함부로 만지지 마세요		
연령	3세	활동영역	게임, 이야기 나누기
누리과정 관련 요소	• 신체운동 · 건강 > 신체활동에 참여하기 > 자발적으로 신체활동에 참여하기 • 안전하게 생활하기 > 비상시 적절히 대처하기 • 사회관계 > 나와 다른 사람의 감정 알고 조절하기 > 나와 다른 사람의 감정 알고 표현하기		
활동목표	• 좋은 접촉과 좋은 느낌, 나쁜 접촉과 나쁜 느낌의 차이를 안다. • 다른 사람이 내 몸을 만졌을 때 자신의 생각을 정확하게 표현한다.		
활동자료	애니메이션 〈함부로 만지지 마세요!〉, PPT, 신호악기, 경음악, 워크북		
활동방법	1. 애니메이션 〈함부로 만지지 마세요!〉 영상을 시청하고 좋은 접촉 좋은 느낌과 나쁜 접촉 나쁜 느낌에 대해 이야기 나눈다. – 아리에게 어떤 일이 생겼니? / 왜 강아지에게 물릴 뻔 했을까? – 아리는 기분이 어땠을까? / 내가 만약 강아지라면 기분이 어땠을까? 2. PPT의 신체접촉 그림을 보며 게임방법에 대해 이야기 나눈다. – 이 그림은 무엇을 하고 있는 걸까? (안고 있다, 악수한다, 등을 두드린다, 어깨동무를 하고 있다) – 이런 행동은 누구와 할 수 있니?(친한 친구랑, 엄마 아빠와, 선생님과) – 이런 접촉은 언제 할 수 있니?(반가울 때, 칭찬할 때, 인사할 때) 3. 그림처럼 행동하는 게임을 해본다. – 게임방법을 설명해 준다. (음악에 맞춰 걷다가 음악이 멈추면 교사가 그림을 보여주면, 가장 가까운 친구와 그림처럼 행동해보기) – 이 게임에는 아주 중요한 약속이 있단다. 그게 뭘까? (서로 기분좋은 표현이므로 너무 세게 행동하지 않는다. 만약 불편하거나 아프면 친구에게 자신의 감정을 정확하게 표현해 준다) 4. 게임에 대한 평가와 신체 접촉 시 기분에 대해 이야기 나눈다. – 친구와 행동해 봤는데 기분이 어땠니? / 혹시 불편한 사람은 없었니? 5. 좋은 접촉 좋은 느낌, 나쁜 접촉 나쁜 느낌의 그림을 보며 이야기한다. – 어떨 때 좋은 느낌이 들었니? – 불편하고 나쁜 느낌을 받은 경험이 있었니? 언제 그런 일이 있었니? 6. 불쾌한 신체 접촉 시에는 거부의사방법을 알고 표현해 본다. – 만약에 나쁜 접촉 나쁜 느낌이 들 때는 어떻게 해야 할까? 1단계 : "안돼요, 하지 마세요."라고 말한다. 2단계 : 그 자리를 피한다. 3단계 : 일어난 일에 대해 부모님 등 믿을 수 있는 사람에게 말한다.		

확장활동	• 동시 짓기 : 좋아요! 싫어요! – 동시 〈좋아요 싫어요〉를 읽어준 후 이야기 나눈다. – 동시의 내용에 자신의 경험이나 생각을 넣어서 변형해 본다.
유의사항	• 유아에게 질문을 한 후 충분히 생각하고 대답할 수 있는 시간을 준다. • 불쾌한 신체접촉 시 거부의사를 표현하는 것이 때로는 더 위험한 상황을 초래할 수도 있기 때문에 위협적인 느낌이 들 때는 저항하지 않는 것이 나을 수도 있다.
평가	• 좋은 느낌과 싫은 느낌의 차이를 알고 있는지 평가한다. • 자신의 생각을 정확하게 표현할 수 있는지 평가한다.

출처 : 보건복지부 외(2016). 영유아를 위한 안전교육 프로그램 교사용 지도서.

CHAPTER

13

실종 · 유괴의 예방 · 방지교육

1. 실종 예방교육 | 2. 유괴 예방교육 | 3. 아동안전지킴이집
4. 실종 · 유괴의 예방 · 방지교육

CHAPTER

13

실종아동이란, 납치, 유인, 유기, 사고 또는 가출하거나 길을 잃는 등의 사유로 보호자로부터 이탈된 아동을 이른다. 이 장에서는 실종 · 유괴사건이 발생했을 경우 행동요령과 예방 중심으로 살펴보고자 한다.

1. 실종 예방교육

1) 실종의 개념

실종아동이란 납치, 유인, 유기, 사고 또는 가출하거나 길을 잃는 등의 사유로 인하여 보호자로부터 이탈된 아동을 말한다. 경찰청 통계에 따르면 매년 발생되는 실종아동은 약 2,000건 이상 된다. 대부분의 경우 실종 후 1~2일 내에 발견되어 부모에게 인계가 되고 48시간 이상 미발견된 아동의 경우는 장기 실종아동으로 명명되어 실종아동 전문기관으로 관련 자료가 넘어가며 13.5%가 유괴, 성폭행, 강도와 같은 2차 범죄로 이어지고 있다. 곧 아이를 찾는다고 하더라도 아이와 부모에게는 그 시간이 긴장과 두려움의 시간이다. 아이는 정서적 · 심리적 충격을 받을 수 있고 만약 아이를 찾지 못했을 경우 가정 해체의 결과까지도 초래한다. 따라서 실종아동은 발생 후 대처보다 예방이 중요하다(서울시 어린이집 안전수칙 매뉴얼, 2015).

경찰청 통계에 따르면 매년 증가하던 실종아동 발생이 2012년 2월「실종아동법」개정으로 도입된 '지문 사전등록제'와 '위치 추적제' 실시로 실종아동 발생률은 감소하고 있으나, 미발견 건수는 점점 늘고 있는 추세이다.

표 13-1 실종 아동의 발생 및 발견 현황

연도	발생건수		발견 현황	
			보호자 인계	미발견
2013	전체	30,712	30,702	10
	일반아동	23,089	23,089	0
	장애인	7,623	7,613	10
2014	전체	29,315	29,308	7
	일반아동	21,591	21,589	2
	장애인	7,724	7,719	5

연도	발생건수		발견 현황	
			보호자 인계	미발견
2015	전체	27,739	27,372	7
	일반아동	19,428	19,424	4
	장애인	8,311	8,308	3
2016	전체	28,412	28,382	30
	일반아동	19,870	19,854	16
	장애인	8,542	8,528	14
2017.11	전체	26,389	26,208	181
	일반아동	18,534	18,425	109
	장애인	7,855	7,783	72

주 : 1) 일반아동(실종신고 당시 만 18세 미만 아동)
2) 2017년 11월 30일 기준

출처 : 초록우산어린이재단(2017).

실종 발생으로 인한 문제는 개인에 국한되는 것이 아니라 사회 전체의 문제로 확대된다. 특히, 문제의 당사자인 실종 가족들은 슬픔, 죄의식, 죄책감으로 인해 큰 스트레스를 겪으며 많은 경우 가족 갈등을 야기하여 가정이 해체된다. 또한 실종 아동을 찾기 위하여 실직이나 이직을 경험함으로써 경제적으로 어려움을 동반하게 된다.

표 13-2 실종 발생으로 인한 문제

구분	문제
개인	• 부모와의 분리 경험 • 건전한 성장과 발달에 위협
가족	• 심리적 어려움, 육체적 건강상태 저하 • 사회적 관계 위축, 경제적 상황 약화, 가족 해체
사회	• 사회적 비용 손실 • 사회적 불안 야기

2) 실종 예방교육방법

아동 실종 예방교육을 하기 위해서는 다음과 같은 사항에 주의하여 교육하여야 한다.

- 학습한 내용을 잊지 않도록 지속적 · 반복적으로 지도한다.
- 밝고 재미있는 분위기에서 관심을 유도한다.
- 아동에게 필요한 것은 낯선 사람에 대한 지식이 아니라 실제 상황에 대한 판단력과 행동능력이므로 역할극을 통해 체득할 수 있도록 지도한다.
- 연령별 특성 및 아동발달단계에 맞추어 쉽게 이해할 수 있도록 지도하며, 영아의 경우 개별적으로 지도한다.

표 13-3 연령별 교육방법

구분	교육방법	
3~5세	특성	머릿속 생각이 아닌 육체적 경험을 통해 지식을 내재화함
	지도법	역할극 등 구체적 교구를 활용한 실물을 통해 실제적으로 교육해야 함
	예시	만약 아저씨가 과자를 사준다고 같이 가자고 하면 어떻게 할까? (가상경험, 구체적 교구 활용)
6~8세	특성	논리적 구조에 대해 명확히 이해하지 못하고 사고체계가 비논리적인 경향이 있음
	지도법	위험 상황으로부터 벗어날 수 있도록 교육해야 하며 즉각적인 행동수칙과 요령 등을 교육해야 함
	예시	모르는 사람이 말을 걸어오면 무조건 사람들이 많은 곳으로 뛰어가라.

출처 : 보건복지부 위탁 실종아동전문기관(2016) ; 보건복지부 외(2017).

실종 예방지침

❶ 우리 아이에게 실종아동 예방 3단계 구호를 알려주세요

- 1단계 : 멈춰요
  길을 잃어버리거나 선생님, 부모님과 헤어지면 움직이지 말고 제자리에 서서 기다리도록 알려준다.

- 2단계 : 생각해요
  침착하게 자신의 이름과 부모님 이름, 어린이집 이름, 전화번호 등을 생각해 보도록 알려준다.

- 3단계 : 도와주세요
  장소에 따라 안전요원, 아이와 함께 있는 성인, 경찰 등에게 도움을 구하도록 알려준다.

❷ 영유아 부모라면 기억해 주세요

- 자녀와 함께 다니고 자녀를 집에 혼자 있게 하지 않는다.
- 외출 시 자녀의 착의사항을 기억한다.
- 이름, 나이, 주소, 연락처, 부모 이름 등을 기억하도록 알려준다.
- 실종아동 예방 3단계(멈춰요! 생각해요! 도와주세요!)를 기억하도록 함께 연습한다.
- 아동 등 실종예방 사전등록제를 신청한다(경찰청 안전 Dream http://www.safe182.go.kr).

❸ 어린이집 보육교사라면 기억해 주세요

- 외부 활동 시, 사전에 도움 인력을 확보하고 교사들 간 역할을 분담한다.
- 단체복, 미아방지 손목밴드, 목걸이, 명찰 등을 준비한다.
- 나들이, 산책, 견학 전 영유아가 입은 옷을 기억한다.
- 영유아의 개별적 특성을 고려하여 짝꿍을 정해준다.
- 바깥 활동 시 수시로 인원을 점검한다.
- 영유아와 꼭 함께 이동한다.

출처 : 서울시 · 서울시육아종합지원센터(2017).

3) 실종아동 예방방법

(1) 길을 잃었을 때 도움 요청하는 방법

- 부모와 바로 만나지 못할 경우 유아로 하여금 가장 가까이에 있는 아주머니아이와 함께 있는에게 도움을 구하도록 한다.
- 길을 잃었을 때 아이들이 큰 소리로 울면 다른 사람이 쉽게 주목하기 때문에 누군가 아이를 데리고 갈 수 있음을 인식시키고, 도움을 요청할 어른을 유아가 스스로 선택하도록 해야 한다.
- 경찰복, 가게 및 기관의 유니폼, 명찰 착용을 한 신분이 확실한 사람에게 도움을 요청하도록 한다.
- 부모에게 전화가 안 될 때에는 공중전화를 찾아 긴급통화 112로 연락하여 경찰에게 도움을 요청하게 한다.

지문 등 사전등록제

미리 지문, 사진, 보호자 인적사항 등을 등록해 놓고, 실종되었을 때 등록된 자료를 활용해 신속히 발견하는 제도이다.

❶ 지문 등 사전등록 대상

18세 미만 아동, 지적장애인과 치매질환자 중 보호자가 원하는 사람

❷ 신청방법

- 안전Dream 사이트(www.safe182.go.kr)에서 등록한다. 단, 지문등록은 방문해서 등록한다.
- 경찰서 지구대/파출소에 방문하여 등록한다.

(2) 실종아동 발생 시 대처법

평소 똑똑한 아이도 길을 잃고 겁에 질리게 되면 묻는 말에도 제대로 대답할 수가 없으므로 아이의 불안한 마음상태를 이해하고 달래주는 것이 중요하다(경찰청

안전 Dream).

- 가장 먼저 경찰청 실종아동 찾기 센터국번 없이 182로 신고한다.
- 아이가 있는 장소에 그대로 서서 일단은 아이의 부모를 기다린다. 아이가 잠깐 한눈을 팔거나 부모의 부주의로 아이와 떨어진 경우 아이의 부모는 가까운 장소에 있기 마련이다.
- 아이에게 이름과 사는 곳, 전화번호 등을 물어본다. 이름을 불러주면서 달래준다. 아이가 집에 간다고 혼자서 가버리게 내버려두면 안 된다.
- 아이의 의복이나 신발, 소지품 등을 확인한다. 유괴 방지를 위해서 아이의 이름이나 집 전화번호 등을 보이지 않는 곳에 새겨두는 경우가 많다.
- 백화점이나 쇼핑센터의 경우 안내데스크나 방송실에 문의를 하면 실종아동 찾기 안내 방송을 해준다.
- 아이를 실종아동보호센터나 경찰서, 파출소 등에 인계하는 경우 아이를 발견하신 분의 이름, 연락처와 주소 등은 남겨둔다.

2. 유괴 예방교육

1) 유괴의 개념

유괴란 사람을 종래의 생활환경에서 이탈시켜 자기 또는 제3자의 실력적 지배하에 두어 그 자유를 침해하는 일이다. 그 방법이 폭행·협박을 수단으로 하는 경우를 약취라 하고, 기망·유혹을 수단으로 하는 경우를 유인이라고 하며, 이 둘을 총칭해서 유괴라고 한다.

형법은 약취와 유인을 구별해서 규정하고 있으나, 그 법정형은 같다. 주로 미성년자를 대상으로 하는 경우가 많으며 유괴는 예로부터 각국에서 범죄로 취급되어 왔다. 이미 로마법에서 자유인을 약취하여 노예로 삼는 것을 벌하였고, 게르만법에서도 약취는 살인과 같이 엄벌하였다(네이버 지식백과/두산백과).

어린이 유괴범죄 10건 가운데 6건은 범행 대상 어린이와 안면이 있는 사람에 의해 저질러진 것으로 나타났다.

24일 한국형사정책연구원이 2004년부터 5년간 전국에서 발생한 어린이 유괴 범죄 315건을 분석해 내놓은 '아동 실종 및 유괴범죄의 실태와 대책'이라는 연구보고서에 따르면 가해자가 면식범인 사건이 59.2%로 비면식범(40.8%)인 경우보다 훨씬 많았다.

전체 범죄의 비면식범 비율이 22.8%인 점과 비교하면 어린이 유괴범죄의 면식범 비율이 특히 높은 것이라고 보고서는 밝혔다. 유괴 목적으로는 양육 27.9%, 성적인 목적 19.8%, 영리 11% 등의 순이었으며 복수와 단순한 애착, 특별한 목적 없이 충동에 의한 범행도 있었다. 이를 반영하듯 우발적인 범행이 36.3%로 계획적 범행(34.3%)보다 많았다.

피해자는 여자 어린이를 대상으로 한 범죄가 65.9%로 남자 어린이(34.1%)보다 2배 가까이 많았으며, 학령기 아동(7~12세)이 39.3%로 13세 이상의 청소년(32.5%)이나 6세 이하의 미취학 아동(28.2%)에 비해 더 쉽게 유괴범의 표적이 됐다.

가해자는 남자가 65.3%로 여자(34.7%)보다 2배가량 많았지만, 다른 범죄와 비교하면 여성 범죄자의 비율이 매우 높은 편이라고 보고서는 설명했다.

사건 발생 시간은 오후 1~6시가 38.8%로 가장 많아 어린이 유괴의 취약시간대로 분석됐고 오전과 밤시간대 발생률은 각각 21.6%, 20.6%였다. 또 집 인근에서 유괴되는 경우가 가장 잦았고 학교와 학원 주변이 그 뒤를 이었다고 보고서는 전했다.

출처 : 파이낸셜뉴스(http://www.fnnews.com) 2010년 1월 24일자.

2) 아동 유괴범죄의 유형

아동 유괴범죄의 유형을 살펴보면 호기심 유발형, 동정심 유발형, 지인 사칭형, 물리적 강제동원형으로 나누어 볼 수 있다. 자세한 내용은 표 13-4와 같다.

표 13-4 아동 유괴범죄의 유형

구분	내용
호기심 유발형	아동이 좋아할 만한 것(간식, 강아지, 경품추첨 등)으로 호기심을 유발하여 유인함. 좋아하는 것에 몰입하는 아동의 심리를 이용하여 경계심이 풀어지는 때를 노림
동정심 유발형	아픈 몸을 통해 도움을 요청하거나, 길을 물어보며 아동의 동정심에 호소함. 처음 보는 사람이나 어른을 따라 가서 도와주려는 아동의 심리는 도움이 필요한 사람을 외면하지 못하는 동정심과 자신의 착한 행동을 칭찬받고 싶은 굿보이신드롬에서 비롯됨 ※ 굿보이신드롬 : 착한 아이를 선호하는 한국의 전통문화, 예의 바르게 행동하는 것이 좋은 것이라고 가르치는 학교와 사회, 착한 아이로 성장하기를 바라는 부모가 만드는 심리(서울대학교 곽금주 교수)
지인 사칭형	보모님과 잘 아는 사이, 이웃 등으로 가장하여 친근감 있게 접근함. 이름을 부르거나 말을 걸며 안심시킨 후 아동이 경계를 늦추면 유괴함
물리적 강제동원형	저항하는 아동을 물리적인 힘으로 억지로 끌고감

출처 : 보건복지부위탁 실종아동전문기관(2016) ; 보건복지부 외(2017).

3) 유괴 예방교육방법

- 유괴범들의 접근방식에 대해 상황을 직접 재연하여 역할놀이를 통한 교육이 필요하다.
- 유괴범들은 험상궂게 생기거나 무섭게 행동하기보다는 오히려 친절하게 접근한다는 점을 강조해야 한다.
- 낯선 사람이든, 아는 사람이든 부모의 허락 없이 따라가지 않도록 교육해야 한다.
- 강제로 데려가려 하면 분명하고 완강하게 저항하도록 평소에 훈련시켜야 한다. 그러나 소리치는 것이 생명에 위협이 될지도 모르는 상황인지를 분별하는 것이 필요하다.

보건복지부 위탁 실종아동전문기관에 소개된 유괴 예방지침에는 다음과 같은 세부 수칙들이 안내되어 있다.

(1) 부모님 수칙

- 비상시를 대비하여 자녀의 친구나 그 가족들, 주변 사람들을 미리 알아둔다.

- 자녀의 이름, 주소, 전화번호 등은 눈에 띄는 곳에 적어놓지 말고 옷 안, 신발 안, 가방 안 등 보이지 않는 곳에 써 놓는다.
- 부모의 허락 없이는 낯선 차를 타거나 아는 사람의 차라도 타지 않도록 교육한다.
- 혼자 있게 하지 않는다차 안, 유모차, 공중 화장실 갈 때 등.
- 낯선 차가 접근하면 차량 근처로 가지 않게 한다.
- 누군가 억지로 데려가려고 할 때 "안돼요! 싫어요!"라고 외치게 한다.
- 자녀들이 어디에 있는지 항상 관심을 가지고 지켜본다.
- 자녀들이 자신을 스스로 보호할 수 있도록 수칙들을 반복해서 연습시킨다.

(2) 자녀 수칙

- 누군가 강제로 데려가려고 하면 "안돼요! 싫어요!"라고 소리치며 발버둥친다. 그리고 아는 사람이 있는지, 안전한 곳이 있는지, 밝은 사람이 많은 곳으로 뛰어가 도움을 청한다.
- 밝고 환한 곳에서 친구들과 함께 논다.
- 낯선 사람이 이름, 사는 곳, 전화번호를 물어보면 절대 알려주지 않는다.
- 아는 사람이 같이 가자고 해도 따라가지 말고 부모님께 먼저 말씀드린 후 허락을 받는다.
- 만약 집에서 혼자 있을 때에는 문과 창문을 꼭 잠그고 있는다.
- 만약 집에 혼자 있을 때 누군가 찾아오면 "쉿!"하고 없는 척을 한다.
- 만약 말을 하게 되면 부모님이 바쁘시니 나중에 오시라고 전한다.
- 하루 어떤 일들이 있었는지 엄마, 아빠와 얘기해 본다.

유괴 예방교육 tip

- 격리된 공간에 유괴범과 단둘이 있을 때는 울음을 참고 고분고분할 것
- 고개를 숙이고, 유괴범의 얼굴을 가급적 보지 말 것
- 음식을 주면 먹기 싫더라도 꼭 먹을 것
- 묻는 말에 대답을 잘하고 대화에 적극적으로 참여할 것

3. 아동안전지킴이집

아동안전지킴이집이란 학교 주변, 통학로, 공원 주변의 문구점, 편의점, 약국 등을 안전지킴이집으로 지정하여 위험에 처한 아동을 임시보호하고 경찰에 인계하는 곳이다.

2008년 경기도 안양시에서 발생한 초등학생 유괴 · 살인 사건 이후 아동을 대상으로 한 강력범죄가 연달아 발생하면서 지역사회와 경찰이 함께하는 아동안전지킴이집을 도입 시행하게 되었다. 2008년 9월, 총리실 주관의 정부합동 현장점검에서 "지역특성에 맞는 다양한 운영으로 효과 있는 아동보호 제도로 단시간 내 정착되었다"라는 평가를 받았다.

아동안전지킴이집 로고

아동안전지킴이집 로고는 경찰과 주민이 손을 잡고 함께 아동을 보호한다는 의미로 이현세 만화가에게 의뢰하여 아동 친화적으로 제작하였다.

4. 실종 · 유괴의 예방 · 방지교육의 실제

1) 영아를 위한 실종 · 유괴의 예방 · 방지교육 프로그램 활동의 예

그림책명	연령	활동명	안전교육 내용	수준별 세부 내용	
 동물원에 가면	만 0~1세	선생님(보호자)과 함께 있어요	길을 잃을 수 있는 상황 이해하기	1, 2수준	보호자의 돌봄 속에서 지내기
		싫어요–안돼요!	유괴범에 대한 개념	3, 4수준	낯선 사람 경계하기
	만 2세	선생님(보호자) 도와주세요	유인 유괴 행동에 대한 이해 및 유괴 예방법	1, 2수준	낯선 사람이 도와달라고 하면 바로 보호자에게 알리기
 아기 오리는 어디로 갔을까요?	만 0~1세	엄마와 같이 가요!	길을 잃을 수 있는 상황 이해하기	1, 2수준	보호자의 돌봄 속에서 지내기
		혼자 가면 안 돼!		3, 4수준	보호자와 함께 다니기
	만 2세	엄마를 찾아주세요!	미아 및 유괴 발생 시 대처방법	1, 2수준	길을 잃었을 때 주변에 도움 청하기
 똑똑똑 누가 왔을까?	만 0~1세	누굴까요?	미아 및 유괴 발생 시 대처방법	1, 2수준	보호자와 다른 사람 인지하기
		모르는 사람이에요	유괴범에 대한 개념	3, 4수준	낯선 사람 경계하기
	만 2세	문을 열지 않아요	유인 · 유괴 행동에 대한 이해 및 유괴 예방법	1, 2수준	낯선 사람이 도와달라고 하면 바로 보호자에게 알리기
 (길을 잃었을 때) 엄마 어디 있어요?	만 0~1세	엄마(보호자) 옆에 있어요	미아 및 유괴 발생 시 대처방법	1, 2수준	보호자와 다른 사람 인지하기
		엄마 어디 있어요?		3, 4수준	보호자가 보이지 않을 때 찾으며 주변에 알리기
	만 2세	엄마를 찾아주세요		1, 2수준	길을 잃었을 때 주변에 도움 청하기

출처 : 어린이집안전공제회(2017). 그림책을 활용한 영아 안전교육 프로그램.

동물원에 가면 (글 그림 : 파울린 아우드 / 번역 : 최용은 / 출판사 : 키즈엠)	

활동명	선생님(보호자) 도와주세요!		
연령	2세 / 1, 2수준	활동영역	언어
수준별 세부 내용	실종 유괴의 예방 · 방지 > 유인 · 유괴행동에 대한 이해 및 유괴 예방법 > 낯선 사람이 도와달라고 하면 바로 보호자에게 알리기		
주요 경험 (목표)	모르는 사람을 경계하고 주변에 도움 청하는 방법을 알아본다. (의사소통 > 말하기 > 자신이 원하는 것을 말하기 > 표정, 몸짓, 말소리로 의사표현하기)		
활동자료	그림책 《동물원에 가면》		
활동방법	1. 그림책에 관심을 보이면 선생님과 함께 살펴본다. – (동물원에 간 장면을 보며) 동물 친구들이 동물원을 갔네. – 동물원에 가본 적이 있니? – 누구와 함께 갔니? 엄마 아빠와 함께 갔구나. 2. 모르는 사람이 다가왔을 때에 대해 이야기한다. – 모르는 사람이 과자를 주면서 같이 가자고 하면 어떻게 해야 할까? 따라가면 위험하지? – "싫어요! 안돼요!", "선생님(보호자) 도와 주세요~"라고 말할 수 있지? 3. 모르는 사람이 먹는 것을 주거나 관심을 보이며 같이 가자고 할 때 경계해야 한다는 것을 알려준다. – 모르는 사람이 과자나 사탕을 주면 어떻게 해야 될까? – 모르는 사람이 혼자 있을 때 주는 것을 받으면 안 돼요. – 모르는 사람이 나를 데려가려 할 때 "도와주세요!"라고 큰소리로 이야기해 보자.		
주요 상호작용	선생님(보호자) 도와주세요!		
연계활동	역할영역에서 다양한 방법으로 유괴범이 접근할 때 경계할 수 있는 상황놀이를 한다.		
유의사항	• 단순히 '모르는 사람'을 경계하라고 할 것이 아니라 가족 이외에 '너를 데리고 가려는 사람'을 조심해야 한다고 말해 준다. • 안전교육을 할 때 너무 어른들에 대한 두려움을 갖지 않도록 이야기한다.		
평가	모르는 사람이 유인하여 가자고 할 때 따라가지 않고 주변에 알릴 수 있다.		

출처 : 어린이집안전공제회(2017). 그림책을 활용한 영아 안전교육 프로그램.

2) 유아를 위한 실종 · 유괴의 예방 · 방지교육 프로그램 활동의 예

활동명	도와주세요	활동영역	역할
누리과정 관련 요소	• 신체운동 · 건강 : 안전하게 생활하기 – 비상시 적절히 대처하기 • 사회관계 : 다른 사람과 더불어 생활하기 – 친구와 사이좋게 지내기 • 예술경험 : 예술적 표현하기 – 극놀이로 표현하기		
활동목표	• 미아사고 대처방법을 안다. • 마트나 극장에서 미아가 되었을 때 도움을 요청하는 방법을 안다.		
활동자료	PPT, 유니폼 입은 사람들의 사진, 역할영역을 마트나 극장으로 꾸며주기, 유니폼, 활동지		
활동방법	1. PPT의 마트, 극장에서 길을 잃은 그림을 보면서 길을 잃을 수 있는 장소에 대해 이야기 나눈다. – 그림 속의 친구에게 어떤 일이 생긴 것 같니? – 길을 쉽게 잃을 수 있는 장소는 어디일까? – 왜 이런 장소에서는 길을 잃어버리게 될까? 2. 길을 잃었을 때 도움을 요청하는 방법에 대해 알아본다. – 여기(마트, 극장)에서 길을 잃었을 때 어떻게 해야 할까? – 여기(마트, 극장)에서 길을 잃었을 때에는 밖으로 나가지 않아야 한단다. – 경찰의 도움을 받을 수 없을 때 누구에게 도움을 요청해야 할까? 3. 각 장소에 따라 도움을 받을 수 있는 사람에 대해 이야기 나눈다. – 마트에서 길을 잃었을 때 누구에게 도움을 요청하면 좋을까? – 극장에서 길을 잃었을 때 누구에게 도움을 요청하면 좋을까? – 유니폼에 대해 설명해 주고, 유니폼 입은 사람들이 하는 일을 알려준다. 4. 역할영역을 마트(극장)로 꾸며주고 각자 역할을 맡아 역할극을 해본다. – 마트(극장)에서 길을 잃었을 때 어떻게 해야 할지 역할극을 통해 알아보자. 어떤 역할들이 있어야 할까? (부모, 아이, 유니폼 입은 사람 등 필요한 역할을 유아들이 정하거나 교사가 정해준다) 5. 활동 후 평가한다. – 마트(극장)에서 길을 잃었을 때는 어떻게 했니? – 친구가 역할놀이에서 길을 잃었을 때 바르게 행동한 것 같니? – 어떤 점을 고치면 훨씬 더 안전할까? – 역할극을 해보니 어땠니?		
유의사항	마트나 극장에서 길을 잃었을 때에는 주변의 아무한테나 도움을 청하지 않고 그 곳의 직원(유니폼 또는 명찰 착용)에게 도움을 청하도록 알려준다.		
평가	마트나 극장에서 길을 잃었을 때 도움을 요청할 수 있는 사람을 알고 있는지 평가한다. – 길을 잃었을 때 도움을 요청할 수 있는 사람을 알고 있는가?		
확장활동	활동지 〈도와달라고 말할 수 있는 사람은?〉을 활용하여 길을 잃었을 때 도움을 요청할 수 있는 사람을 찾아 표시해 보도록 한다.		

출처 : 보건복지부 외(2016). 영유아를 위한 안전교육 프로그램 교사용 지도서.

CHAPTER 14

약물 오남용 예방교육

1. 약물 오남용의 개념 및 필요성 | 2. 의약품 복용법 | 3. 가정과의 연계
4. 교직원교육 | 5. 약물 오남용 예방교육의 실제

CHAPTER

14

영유아는 아동발달특성상 호기심이 많고 탐구하려는 충동이 강하지만, 조절능력이나 인지 판단능력이 부족하기 때문에 교사는 약물과 관련된 지식과 내용을 정확하게 파악하여 사고를 사전에 예방하도록 한다.

1. 약물 오남용의 개념 및 필요성

1) 관련 용어의 정의

- 약물 : 사람 또는 동물에게 발생하는 질환의 예방 · 진단 · 치료의 목적으로 이용되는 물질이다(네이버지식백과).
- 의약품 : 약국에서 수납되는 사람이나 동물의 질병 진단 · 치료 또는 예방의 목적으로 사용되는 것이다. 또한 사람이나 동물의 신체구조 또는 기능에 영향을 미치는 것을 목적으로 하는 것이다(간호학대사전).
- 의약외품 : 질병을 치료하거나 예방하기 위해 쓰는 의약품보다는 인체에 대한 작용이 경미한 물품에 대해 보건복지부가 따로 정한 분류 기준에 의한 약품을 지칭한다. 예를 들어, 생리대, 반창고, 마스크보건용, 수술용, 가정용 살충제, 모기기피제, 치약, 가글액, 치아미백제, 손소독제, 구강청결용액, 물휴지 등이 있다(식품의약품안전처, 2017. 4).
- 약물 오용 : 의도적은 아니지만 적절한 용도로 사용하지 못하고 잘못 사용하여 피해를 보게 되는 것을 말한다(LG사이언스랜드/과학자료실).
- 약물 남용 : 의학적 상식, 법규, 사회적 관습에서 일탈하여 쾌락을 추구하기 위하여 약물을 사용하거나 과잉으로 사용하는 행위를 말한다(장경하, 2012).

전문의약품과 일반의약품 기준

- 전문의약품 : 약리작용이나 약물을 사용할 수 있는 적응증으로 볼 때 의사 또는 치과의사의 전문적인 진단과 지시 감독 아래 사용해야 하는 의약품이다. 특히, 부작용이 심하고 습관성 및 의존성이 있으며 내성이 잘 생기고 약물 간 상호작용으로 약효가 급상승 또는 급감할 수 있는 약은 전문약으로 규정한다.
- 일반의약품 : 전문의약품 이외의 것으로 안전성과 유효성이 인정돼 약사나 소비자가 임의로 선택할 수 있는 품목을 말한다. 즉, 의사의 처방을 받지 않아도 부작용 등의 문제가 크지 않기 때문에, 약사나 소비자가 판단하여 사용할 수 있게 한 약으로 이러한 의약품은 의사의 처방전이 없어도 약국에서 구입할 수 있다.

출처 : 네이버 지식백과.

2) 약물 오남용 예방교육의 필요성

영유아와 아동의 발달특성상 주변 사물이나 환경에 대해 호기심이 많고 탐구하려는 충동이 강하지만 조절능력이나 인지 판단능력이 부족하기 때문에 주기적인 약물 오남용 예방교육으로 교사가 정확한 내용을 숙지하고 지도를 해야 사고를 예방할 수 있다.

또한 주변의 세제나 방향제, 스프레이, 소독제 등의 의약외품은 인체에 대한 작용이 경미하다고 하나 어린 영유아에게는 치명적인 사고를 일으킬 수 있는 소지가 있고 이것이 몸에 해롭다는 판단이 미숙하므로 성인의 각별한 주의와 일상생활 속에서의 예방교육이 필요하다.

한국소비자원www.kca.go.kr이 2012년 1월부터 2014년 12월까지 소비자위해감시시스템CISS에 접수된 14세 이하 어린이 중독사고 1,004건을 분석한 결과, 6세 이하 취학 전 어린이 사고가 831건으로 전체 어린이 중독사고의 80% 이상을 차지하는 것으로 나타났다.

특히, 걸음마기1~3세에 발생하는 중독사고601건가 전체 어린이 중독사고1,004건의 절반 이상을 차지하고 있어 안전에 가장 취약한 것으로 나타났으며 성별로는 활동성이 강한 남자 어린이의 중독사고557건, 55.5%가 여자 어린이의 중독사고447건, 44.5%보다 더 높은 것으로 나타났다. 사고 발생 장소별로는 '가정'이 760건75.7%으로 가장 높은 비율을 차지하였다(한국소비자원, 2015).

표 14-1 중독사고의 연령 및 성별 현황 (단위 : 건, %)

구분		남아	여아	합계
취학 전	1세 미만(영아기)	60(52.6)	54(47.4)	114(100.0)
	1~3세(걸음마기)	318(52.9)	283(47.1)	601(100.0)
	4~6세(유아기)	75(64.7)	41(35.3)	116(100.0)
	소계	453(54.5)	378(45.5)	831(100.0)
취학	7~14세(취학기)	104(60.1)	69(39.9)	173(100.0)
합계		557(55.5)	447(44.5)	1,004(100.0)

표 14-2 사고 발생장소별 현황

(단위 : 건, %)

구분	건수	비율
가정	760	75.7
상업시설	53	5.3
여가 및 문화놀이시설	24	2.4
교육시설	23	2.3
교통시설	8	0.8
스포츠/레져시설	3	0.3
의료서비스시설	3	0.3
기타	130	12.9
합계	1,004	100.0

위해품목별로 살펴보면 의약품이 245건24.4%으로 가장 높은 비율을 차지하고, 특히 의약품에는 보호자가 매일 복용하는 만성질환 관련 의약품혈압약, 당뇨약 등, 감

표 14-3 위해 품목별 현황

(단위 : 건, %)

발생 품목	건수	비율	발생 품목	건수	비율
의약품	258	25.7	손세정제	14	1.4
살충제	68	6.7	탈취제	14	1.4
표백제	64	6.4	식기세척용품	11	1.1
비누 & 세탁소용제	33	3.3	담배	11	1.1
기타 어패류 & 어패류가공식품	28	2.8	방향제	10	1.0
매니큐어용품	22	2.2	접착제	10	1.0
소독살균제	18	1.8	세정제	9	0.9
체온계	16	1.6	화장품	8	0.8
방습제	14	1.4	기타	396	39.4
합계				1,004	100.0

주 : 빙초산의 경우 위해 증상이 화상으로 11건이 접수되었음

기약, 해열제, 피임약, 안약 등이 포함되어 있다. 이 밖에 살충제 68건6.7%, 표백제 64건6.4%, 세탁세제 33건3.3% 등이 중독사고 상위 품목으로 나타났다.

가정에서 사용하는 빙초산의 경우 마시거나 엎질러 피부에 닿게 되면 화상을 입을 수 있고, 알코올이 함유된 구강청결제를 어린이가 다량 삼키게 되면 구토나 복통, 졸음 등의 증상을 일으킬 수 있다. 이에 한국소비자원은 "유럽이나 미국의 경우 빙초산[1] 및 구강청결제[2]에 대해 어린이보호포장을 의무화하고 있다"며 "중독사고의 근본적 예방을 위하여 해당 품목에 대한 어린이보호포장[3] 도입이 필요하다"고 밝혔다.

국내에서는 어린이 중독사고 예방을 위해 어린이보호포장제도가 시행되고 있지만 일부 품목이 대상에서 제외되어 여전히 위험에 노출되고 있으며 성인의 각별한 주의와 보관 및 관리가 필요하다.

또한 어릴 때부터 오랜 기간 동안 지속적으로 약물을 오용하거나 남용하게 되면 다음과 같은 문제점이 발생할 수 있다(LG사이언스랜드/과학자료실).

(1) 약물 남용의 문제점

- 약물을 계속 상용하고자 하는 충동이 생긴다.
- 약물에 대한 내성이 생긴다.
- 유전적으로 선천성 기형아를 낳을 가능성이 높다.
- 중독자들은 가족에 버림받고, 가정 경제를 파괴시키며 각종 범죄를 저지른다.

(2) 약물 오남용이 가져다 주는 폐해

약물 오남용이 가져다 주는 폐해는 표 14-4와 같다.

---

1) 빙초산 : EU에서는 '유해물질의 분류, 라벨 표기, 포장에 관한 EU법'에서 초산의 농도가 90% 이상인 경우 어린이보호포장을 의무화하고 있음

2) 구강청결제 : 미국에서는 '중독방지포장법'에서 3g 이상의 에탄올을 함유한 구강청결제는 특별포장 대상으로 정함

3) 어린이보호포장 : 성인이 개봉하기는 어렵지 않지만 만 5세 미만의 어린이가 일정 시간 내에 내용물을 꺼내기 어렵게 설계 · 고안된 포장(용기 포함)을 말함(「품질경영 및 공산품안전관리법」 제2조 제11호). 국내에서는 세정제, 코팅제, 접착제, 방향제, 부동액, 자동차용 앞면창유리 세정액과 같은 화학제품, 의약품, 화장품 등의 품목에 어린이보호포장제도를 도입함

표 14-4 약물 오남용이 가져다 주는 폐해

신체적 후유증	사회적 후유증
• 일시적인 환각과 도취감에 빠지고 혼수상태에 이른다. • 기억력, 판단력, 집중력이 저하된다. • 의욕을 잃게 되고, 발작을 일으킬 수 있다. • 생리작용의 저하로 사망할 수 있다.	• 판단력과 도덕심의 상실로 범죄와 각종 비행에 쉽게 빠진다. • 가족이나 타인에게 신체적 · 정신적 · 경제적 피해를 입힌다. • 사회가 불안해진다.

2. 의약품 복용법

어린이집에서 교사가 알아야 하는 의약품 복용법은 다음과 같다(대한약사회).

1) 어린이 약 먹이기

"우유와 함께 먹여도 될까요?", "먹이려고 아무리 애를 써도 도로 뱉는데…", "식후 복용으로 되어 있어 그대로 먹였더니 토하고 나서 먹지 않는데, 어떻게…" 등 근심 어린 표정으로 문의를 해오는 어머니들이 많다.

소아는 저항력이 약해서 쉽게 병에 걸리는 반면, 쓴맛의 약먹기를 거부하거나 억지로 먹여도 토해 내는 경우가 많다. 또한 콩팥의 약물대사능력이 낮아서 적은 양의 약물로도 쉽게 부작용이 나타나기도 한다.

따라서 소아의 경우에는 어머니가 병에 대한 지식과 올바른 약의 복용법을 알아 효과적인 치료가 될 수 있도록 해야 한다.

(1) 복용 횟수와 시간

하루 3~4번의 정확한 복용은 규칙적인 생활을 하는 어른들의 경우에도 매우 어려운 일이다. 그러므로 소아는 약을 복용시키는 보호자와 소아 자신의 생활리듬을 고려해 복용방법을 정하는 것이 좋다. 또 소아는 위장이 아직 충분하게 성숙되지 않아 구토를 잘 일으키고 식후에는 배가 불러 약 먹기를 거부하므로 식사 직전에 먹이는 것이 좋으며 자극성이 강한 약일 경우에는 약 먹은 후에 우유를 먹이도록 한다.

(2) 가루약 먹이기

가루약은 쓴맛과 나쁜 냄새 때문에 그냥 먹이기는 어렵다. 유아의 경우에는 소량의 물에 개어 젖꼭지에 발라서 먹이거나 입 윗천정에 바르고 주스나 우유를 먹인다. 또한 평소에 자주 마셔보지 못한 주스나 과즙, 벌꿀 등에 섞어서 먹이면 쉽게 먹게 된다. 목이 마를 때 먹이는 것도 한 방법이다.

(3) 액제(시럽제) 먹이기

감기에 먹는 시럽제의 경우, 증상에 따라 다른 약을 섞어 먹일 때가 있는데, 이때에는 먹이기 전에 흔들어서 약이 충분하게 섞이도록 해야 하는데, 지나치게 흔들면 거품 때문에 정확한 양을 재기가 어려우므로 주의를 해야 한다. 또 대부분의 시럽제는 감미료와 방향료가 들어 있어 맛이 좋으므로 어른들이 없을 때 어린이가 전부 먹어버리는 경우가 생길 수 있어 보존에 각별히 신경을 써야 하는데, 냉장고에 보존할 때에는 종이봉지 같은 데에 넣어 잘 보이지 않게 숨겨 두도록 한다.

(4) 정제와 캡슐제 먹이기

정제나 캡슐제는 입 안이나 목에 걸리는 경우가 있으므로 물을 미리 머금게 하여 약을 먹이고, 삼키고 나서도 물을 많이 먹이는 것이 좋다. 3세 이하의 어린이는 본인이 삼킬 수 있다 하더라도 먹이지 않는 것이 좋다.

(5) 좌제 사용법

변이 정체되어 있는 상태에서 좌제를 사용하면 변과 좌제가 함께 배출되는 일이 있으므로 가급적이면 배변 후에 굵은 쪽부터 항문 깊숙히 넣어 준다. 좌제는 사용 후 15분이 지나야 녹으며 충분히 삽입한 것 같아도 수 분 후 항문에서 빠져나가는 경우도 있고 나이가 든 아이는 이물감 때문에 꺼내버리는 일도 있으므로 삽입한 후 15분 정도는 어른이 지켜보아야 한다.

약 잘 먹이는 요령

- 약을 달게 해서 먹인다. 설탕을 타도 약효는 전혀 줄어들지 않는다. 아이들이 먹는 시럽에는 애초부터 50%쯤 설탕이 들어 있다. 초코시럽, 설탕시럽, 콜라처럼 아이들이 잘 먹는 것은 무엇이든 괜찮다. 좋아하는 잼에 가루약을 개어 먹이는 것도 한 방법이다.
- 우유는 섞어서 먹이지 않는 것이 좋다. 아주 어린 아기라면 문제가 없지만, 맛을 분간할 줄 아는 아이에게 약을 탄 우유를 먹이면, 나중엔 우유까지 먹기를 거부하게 된다.
- 약을 토하면 즉시 다시 먹여야 한다. 부모들은 아기가 토하느라 고생했다고 생각해 조금 있다 먹이는 일이 많다. 그러나 토한 직후에는 뇌에 있는 구토중추가 피로해져서 구토능력이 상실되지만, 조금 지나면 다시 회복되어 또 토하게 된다. 때문에 토하면 즉시 다시 먹여야 한다.
- 약은 한 숟가락에 단번에 먹여야 한다. 두 번, 세 번 나누어 먹이면 아무리 달래도 두 번째부터는 약 먹기를 거부한다.
- 가루약은 물 위에 뜨지 않고 완전히 개어 먹여야 한다. 성가시다고 대강하면 가루가 폐로 흩어져 들어가 기침이 나고, 기침을 하면서 토하게 된다.

2) 복용량, 보관, 복용시간

(1) 약의 복용량

복용할 약의 양은 환자의 나이, 체중, 질병의 정도에 따라 의사나 약사가 복용할 양을 결정한다. 따라서 마음대로 약품량을 환자가 가감하거나, 약간 나았다고 생각해서 복용을 도중에 중지한다든지 하지 말고 지시된 양을 지시된 기간만큼 확실하게 복용해야 한다.

(2) 약의 보관

습기, 고온, 직사광선을 피하고 어린이의 손이 닿지 않는 안전한 곳에 보관해야 한다. 약품 사용 설명서나 약사가 냉장 보관할 것을 지시하면 그대로 이행해야 하고 조제한지 오래된 약은 부작용이나 사고의 원인이 될 수 있으므로 반드시 버려야 하며 환자가 먹다 남긴 약을 다른 이가 먹어서는 안 된다. 또한 사용하는 도중 다른 용기에 약품을 옮길 경우 잘못 사용될 수 있으므로 용기를 바꾸지 않아야 한다.

(3) 약의 복용시간

복용시간은 정확히 지키고 또 약은 충분한 물과 함께 복용한다. 더러 물을 너무 적게 먹는 것이 원인이 되어 원하지 않는 부작용**예 : 식도궤양**이 생기는 경우가 있으니 주의해야 한다. 의약품의 복용시간 준수는 약물의 인체 내 흡수 및 이에 따른 치료율 향상과 큰 연관관계가 있으므로 반드시 의사, 약사의 지시에 따라 복용하여야 한다. 약 먹는 시간을 놓쳤을 때는 생각난 즉시 복용하도록 하나, 단 다음 복용시간이 가까운 경우에는 미루도록 하고 2회분을 연속적으로 복용하거나 동시에 먹어서는 안 된다.

3. 가정과의 연계

1) 스티커 붙이기

영유아들이 만지면 안 되는 약품, 세제류, 방향제, 스프레이류, 손소독제, 구강청결용액 등에 붙여보며 이야기 나누어 보고 스티커를 가정으로도 보내 부모님과 함께 붙이는 활동을 하여 가정과의 연계성을 갖는다.

그림 14-1 위험물품에 붙이는 스티커의 예

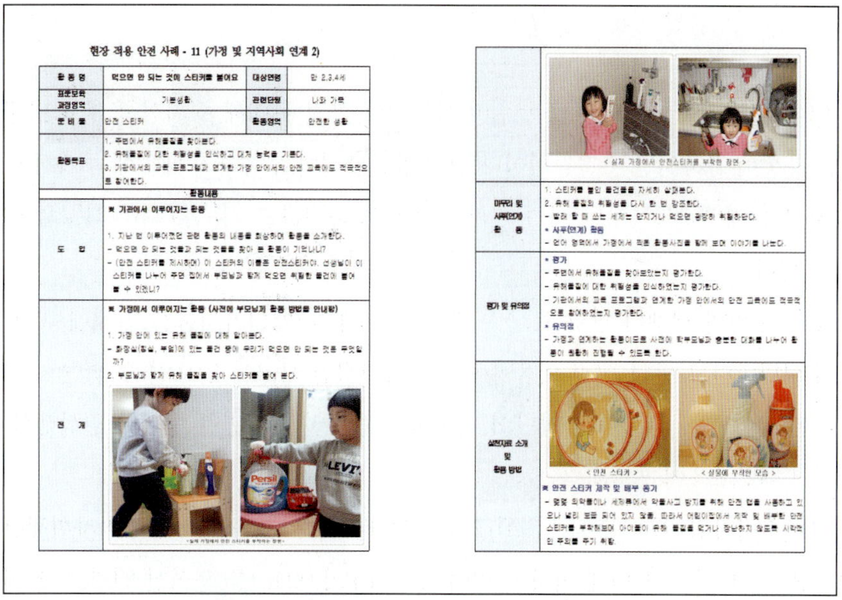

그림 14-2 가정과의 연계활동 사례 : 스티커 붙이기

2) 가정통신문

약물 오남용 예방교육 시 영유아뿐 아니라 가정에도 관련 교육 내용이나 자료를

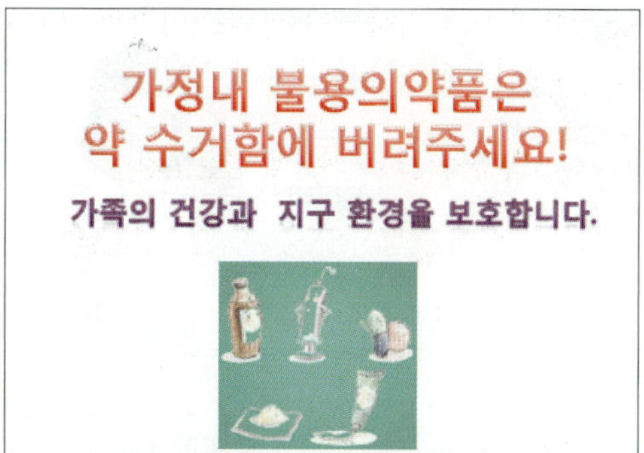

'환경'이라는 주제에 진행된 약물 오남용 예방교육의 포스터 : 어린이집에서 각 가정의 불용의약품을 수거한 후 지역사회 연계활동으로 약국에 방문하여 버리는 활동으로 진행

그림 14-3 '약 보관법'과 관련된 가정통신문

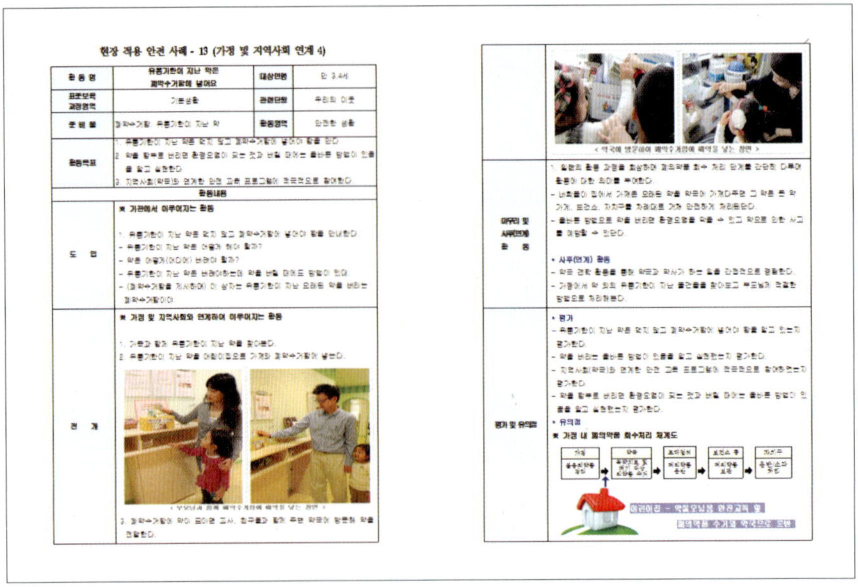

현장 적용 안전 사례 - 13 (가정 및 지역사회 연계 4)

활동명	유통기한이 지난 약은 폐약수거함에 넣어요	대상연령	만 3,4세
표준보육과정영역	기본생활	관련단원	우리의 이웃
준비물	폐약수거함, 유통기한이 지난 약	활동영역	안전한 생활
활동목표	1. 유통기한이 지난 약은 먹지 않고 폐약수거함에 넣어야 함을 안다. 2. 약을 함부로 버리면 환경오염이 되는 것과 버릴 때에는 올바른 방법이 있음을 알고 실천한다. 3. 지역사회(약국)와 연계한 안전 교육 프로그램에 적극적으로 참여한다.		
활동내용			
도입	※ 기관에서 이루어지는 활동 1. 유통기한이 지난 약은 먹지 않고 폐약수거함에 넣어야 함을 안내한다. - 유통기한이 지난 약은 어떻게 해야 할까? - 약은 어떻게(어디에) 버려야 할까? - 유통기한이 지난 약은 버려야하는데 약을 버릴 때에도 방법이 있다. - (폐약수거함을 제시하며) 이 상자는 유통기한이 지난 오래된 약을 버리는 폐약수거함이야.		
전개	※ 가정 및 지역사회와 연계하여 이루어지는 활동 1. 가족과 함께 유통기한이 지난 약을 찾아본다. 2. 유통기한이 지난 약을 어린이집으로 가져와 폐약수거함에 넣는다. < 부모님과 함께 폐약수거함에 폐약을 넣는 장면 > 3. 폐약수거함에 약이 모이면 교사, 친구들과 함께 주변 약국에 방문해 약을 전달한다. < 약국에 방문하여 폐약수거함에 폐약을 넣는 장면 >		
마무리 및 사후(연계) 활동	1. 일련의 활동 과정을 회상하며 폐의약품 회수 처리 단계를 간단히 다루며 활동에 대한 의미를 부여한다. - 너희들이 집에서 가져온 오래된 약을 약국에 가져다주면 그 약은 큰 약가게, 보건소, 자치구를 차례대로 거쳐 안전하게 처리된단다. - 올바른 방법으로 약을 버리면 환경오염을 막을 수 있고 약으로 인한 사고를 예방할 수 있단다. • 사후(연계) 활동 - 약국 견학 활동을 통해 약국과 약사가 하는 일을 간접적으로 경험한다. - 가정에서 약 외의 유통기한이 지난 물건들을 찾아보고 부모님께 적절한 방법으로 처리해본다.		
평가 및 유의점	• 평가 - 유통기한이 지난 약은 먹지 않고 폐약수거함에 넣어야 함을 알고 있는지 평가한다. - 약을 버리는 올바른 방법이 있음을 알고 실천했는지 평가한다. - 지역사회(약국)와 연계한 안전 교육 프로그램에 적극적으로 참여하였는지 평가한다. - 약을 함부로 버리면 환경오염이 되는 것과 버릴 때에는 올바른 방법이 있음을 알고 실천했는지 평가한다. • 유의점 ※ 가정 내 폐의약품 회수처리 체계도 가정 → 약국 → 도매업체 → 보건소 등 → 자치구 어린이집 - 약물오남용 안전교육 및 폐의약품 수거의 약국으로 운반		

그림 14-4 가정과의 연계활동사례 : 폐약수거

송부하여 함께 교육하는 것이 효과적이다. 어린이집 자체에서 제작할 수도 있으며 식품의약품안전처에서 제공하는 리플릿을 활용해도 좋다.

그림 14-5 의약품 관련 가정통신문

출처 : 식품의약품안전처(www.mfds.go.kr).

4. 교직원교육

영유아의 건강과 안전을 위하여 교사**교직원**도 약의 종류 및 복용법 등의 투약방법, 보관 및 유통기한 등 일반적인 내용에 대해서 교사교육을 실시하고 숙지하도록 한다.

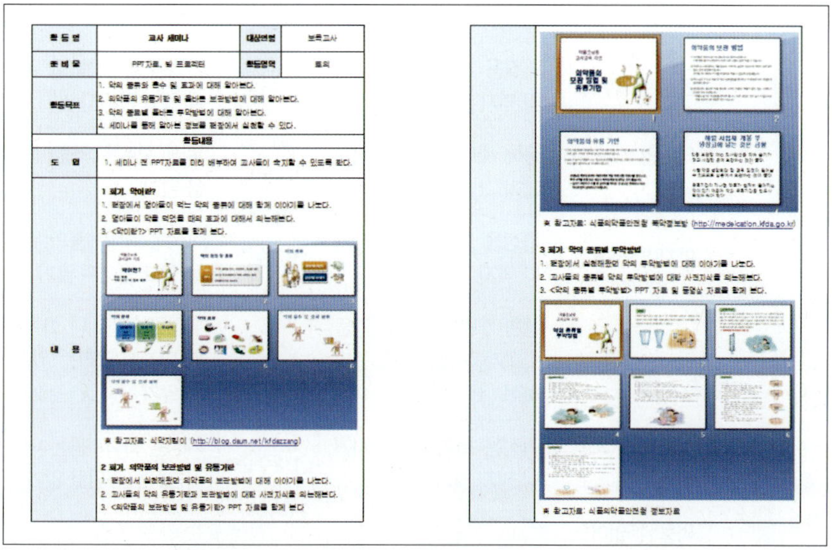

활 동 명	교사 세미나	대상연령	보육교사
준 비 물	PPT자료, 빔 프로젝터	활동영역	토의
활동목표	1. 약의 종류와 효능 및 효과에 대해 알아본다. 2. 의약품의 유통기한 및 올바른 보관방법에 대해 알아본다. 3. 약의 종류별 올바른 투약방법에 대해 알아본다. 4. 세미나를 통해 알아본 정보를 현장에서 실천할 수 있다.		
활동내용			
도 입	1. 세미나 전 PPT자료를 미리 배부하여 교사들이 숙지할 수 있도록 한다.		
내 용	**1 회기. 약이란?** 1. 현장에서 영아들이 먹는 약의 종류에 대해 함께 이야기를 나눈다. 2. 영아들이 약을 먹었을 때의 효과에 대해서 의논해본다. 3. <약이란?> PPT 자료를 함께 본다. ※ 참고자료: 식약지킴이 (http://blog.daum.net/kfdazzang) **2 회기. 의약품의 보관방법 및 유통기한** 1. 현장에서 실천해왔던 의약품의 보관방법에 대해 이야기를 나눈다. 2. 교사들의 약의 유통기한과 보관방법에 대한 사전지식을 의논해본다. 3. <의약품의 보관방법 및 유통기한> PPT 자료를 함께 본다 ※ 참고자료: 식품의약품안전청 복약정보방 (http://medeication.kfda.go.kr) **3 회기. 약의 종류별 투약방법** 1. 현장에서 실천해왔던 약의 투약방법에 대해 이야기를 나눈다. 2. 교사들의 종류별 약의 투약방법에 대한 사전지식을 의논해본다. 3. <약의 종류별 투약방법> PPT 자료 및 동영상 자료를 함께 본다. ※ 참고자료: 식품의약품안전청 정보자료		

그림 14-6 약물 오남용 예방교육 관련 교사 세미나 일지

5. 약물 오남용 예방교육의 실제

1) 영아를 위한 약물 오남용 예방교육 프로그램 활동의 예

그림책명	연령	활동명	안전교육 내용	수준별 세부 내용	
 아기 꿀꿀이의 참방참방 목욕놀이	만 0~1세	아무거나 먹지 않아요	몸에 해로운 약물 위험성 알기	1, 2수준	약물이 안전하게 보관된 환경에서 지내기
		만지지 않아요	가정용 화학제품 만지거나 먹지 않기	3, 4수준	가정용 화학제품의 위험함을 알고 만지지 않기
	만 2세	먹으면 배가 아파요	몸에 해로운 약물 위험성 알기	1, 2수준	몸에 해로운 약물이 있음을 알기
	만 0~1세	만지면 안돼!	가정용 화학제품 만지거나 먹지 않기	3, 4수준	가정용 화학제품의 위험함을 알고 만지지 않기
		만지면 위험해	생활 주변의 해로운 약물 화학제품 그림으로 구별하기	3, 4수준	위험한 약물이나 화학제품의 만지지 말라는 위험 표시 알기
	만 2세	어른들이 사용하는 것이에요!	가정용 화학제품 만지거나 먹지 않기	1, 2수준	가정용 화학제품은 어른만 사용하는 것임을 알기
 가을 숲 도토리 소리	만 0~1세	먹을 수 없어요	모르면 먼저 어른에게 물어보기	3, 4수준	모르는 것은 보호자와 함께 안전하게 탐색하기
		맘대로 먹지 않아요			
	만 2세	몸에 해로운 것이 있어요		1, 2수준	모르는 것은 보호자에게 물어보고 보호자의 도움으로 사용하기
	만 0~1세	냠냠 할 수 있을까?	모르면 먼저 어른에게 물어보기	3, 4수준	모르는 것은 보호자와 함께 안전하게 탐색하기
		아플 때만 약물 먹어요	어린이 약도 함부로 많이 먹지 않기	1~4수준	약은 아프거나 다쳤을 때만 사용해야 하는 것임을 경험하기
	만 2세	약은 어른과 함께 먹어요		1, 2수준	약은 보호자와 용량과 용법에 맞게 먹어야 함을 알기

출처 : 어린이집안전공제회(2017). 그림책을 활용한 영아 안전교육 프로그램.

아기 꿀꿀이의 참방참방 목욕놀이 (글 : 마이크 달 / 그림 : 오리올 비달 / 옮김 : 초록색 연필 / 출판사 : 키즈엠)	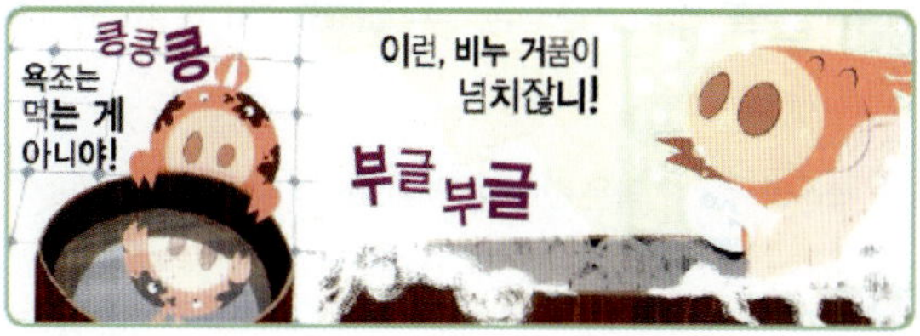

활동명	만지지 않아요		
연령	0세 / 3, 4수준	활동영역	언어 / 탐색
수준별 세부 내용	약물 오용 · 남용 예방 > 가정용 화학제품 만지거나 먹지 않기 > 가정용 화학제품의 위험함을 알고 만지지 않기		
주요 경험 (목표)	생활 주변의 화학제품의 위험성을 알고 만지지 않는다. (기본생활 > 안전하게 생활하기 > 위험한 상황에 반응하기 > 위험하다고 알려주면 주의하기)		
활동자료	그림책《아기 꿀꿀이의 참방참방 목욕놀이》 목욕탕 화학제품 사진, ×표시 스티커		
활동방법	1. '아기 꿀꿀이의 참방참방 목욕놀이 그림책'을 살펴본다. – 꿀꿀이가 거품을 이용해 참방참방 몸을 씻고 있구나. 2. 화학제품(예 : 세제, 락스, 목욕탕 세척 세정제 등), 사진을 살펴보고 이야기 나눈다. – ㅇㅇ도 본 적이 있니? 이 물건은 엄마, 아빠가 사용하는 물건이지? – 함부로 만지면 위험해~ 아프거나 다칠 수 있어. – 집에서 보더라도 함부로 만지면 아플 수 있어~ 위험해! 만지면 안돼요! 만지면 위험해! 3. 화학제품 사진에 ×표시 스티커를 붙여 본다. – 만지면 안 되는 사진에 ×표시 스티커를 붙여 볼까? – (×표시 스티커를 붙이며) 만지면 위험해! 만지면 안돼요!		
주요 상호작용	만지면 위험해!		
연계활동	영아들이 목욕탕 등에서 세제를 보는 경우 "만지지 않아요~", "손이 닿지 않는 곳에 둬요~"라고 반복적으로 이야기해본다.		
유의사항	• 목욕탕의 화학제품을 영아들의 손에 닿지 않는 곳에 보관한다. • 영아들이 로션 등도 입에 넣을 수 있으므로 연계하여 지속적으로 이야기한다.		
평가	목욕탕의 화학제품들을 만지면 위험하다는 것을 알고 만지지 않는다.		

출처 : 어린이집안전공제회(2017). 그림책을 활용한 영아 안전교육 프로그램.

2) 유아를 위한 약물 오남용 예방교육 프로그램 활동의 예

<table>
<tr><td>활동명</td><td>약은 간식이 아니에요</td><td>활동영역</td><td>이야기 나누기
수 · 과학</td></tr>
<tr><td>누리과정
관련 요소</td><td colspan="3">• 신체운동 · 건강 : 안전하게 생활하기–안전하게 놀이하기
• 의사소통 : 듣기 – 이야기 듣고 이해하기 / 말하기 – 느낌, 생각, 경험 말하기
• 자연탐구 : 수학적 탐구하기 – 기초적인 측정하기 / 과학적 탐구하기 – 물체와 물질 알아보기</td></tr>
<tr><td>활동목표</td><td colspan="3">• 약과 사탕은 다르다는 것을 안다.
• 어린이 약도 함부로 먹지 않아야 함을 안다.</td></tr>
<tr><td>활동자료</td><td colspan="3">PPT, 애니메이션 〈약은 간식이 아니야〉, 캐릭터 그림이 그려진 비타민과 마시는 음료, 주스 색깔의 물약, 약병, 여러 종류의 약(가루약, 알약, 젤리형 비타민, 캡슐, 물약) 맛보기 막대, 투명 용기, 활동지</td></tr>
<tr><td>활동방법</td><td colspan="3">1. 애니메이션 〈약은 간식이 아니야〉를 보고 난 후 이야기 나눈다.
– 아리는 왜 한결이의 약을 먹고 싶어 했을까?
– 약은 몸에 좋은 걸까?
– 만약 너희가 아프게 된다면 어떻게 하겠니?
2. 유아들이 자주 접하는 약(캐릭터 그림이 그려진 비타민, 음료수)에 대해 이야기 나눈다.
– 이것은 무엇이니?
– 이것을 어디서 보았니?
– 먹어본 적 있니?
– 한 번에 몇 개 먹어봤니?
3. PPT의 약을 함부로 먹는 그림자료를 보며, 약은 아플 때 먹는 것이고 어린이 약도 함부로 먹지 않아야 함을 알려준다.
– 좋아하는 캐릭터가 그려진 비타민은 사탕이 아니란다.
– 좋아하는 캐릭터가 그려진 음료수는 많이 먹으면 어떻게 될까?
– 물약은 주스가 아니고 알약은 사탕이 아니야. 정해진 만큼만 먹어야 해.
(양의 개념을 측정단위에 관심을 갖도록 함께 설명해 준다. 약병들의 눈금 및 mL 등의 단위 표시 활용)
– 맛있는 냄새(향)가 나는 약도 함부로 많이 먹지 말고, 정해진 만큼만 먹어야 한단다.
4. PPT를 보며 약을 먹을 때 물이 아닌 다른 음료수와 함께 먹는 경우에 대해 이야기 나눈다.
– 약이 써서 먹기 싫었던 적 있니?
– 약을 먹을 때 오렌지주스나 우유와 함께 먹으면 어떻게 될까?
(약을 오렌지주스나 우유와 함께 먹으면 약의 효능이 낮아질 수 있다)
– 약은 미지근한 물과 함께 먹어야 한단다.</td></tr>
</table>

유의사항	• 비타민도 많이 먹으면 좋지 않다는 것을 알려준다. • 가정과의 연계를 통해 가정에서도 영유아에게 약을 먹일 때 '맛있는 것'이라고 말하지 않도록 하고 약 보관에 주의를 기울이도록 한다.
평가	• 약과 사탕이 다르다는 것을 알고 있는지 평가한다. – 약과 사탕을 구별할 수 있는가? • 어린이 약도 함부로 먹지 않아야 함을 알고 있는지 평가한다. – 어린이 약도 함부로 먹지 않음을 알고 스스로 지킬 수 있는가?
확장활동	• 약물 오남용에 관련된 책이나 리플릿을 언어영역에 비치하여 약물 오남용을 예방할 수 있도록 한다. – 보건소나 약국, 병원 등 약과 관련 있는 기관이나 식품의약품안전처 등 관련 사이트를 활용하면 다양하게 자료를 수집, 비치할 수 있다. • 활동지 〈비교해 보세요〉를 활용하여 약물과 비슷한 먹는 것들이 같은 점과 차이점을 비교해 본다. – 약물에 좀 더 주의를 기울일 수 있도록 한다. – 소그룹으로 과학영역에서 활동을 하고 실물의 맛을 봐도 무해한 것을 준비한다. 하지만 영유아에게는 맛을 보면 안 된다는 것을 충분히 주의주어야 한다.

출처 : 보건복지부 외(2016). 영유아를 위한 안전교육 프로그램 교사용 지도서.

참고문헌

국내문헌

강신영 · 조준오(2007). 유아에게 나타난 컴퓨터 활용의 역기능에 관한 연구. **유아교육논집, 16**(1), 43-61.

교육과학기술부 · 보건복지부(2012). 3~5세 연령별 누리과정(보건복지부 고시 제2012-82호, 교육과학기술부 고시 제2012-16호).

교육과학기술부 · 보건복지부(2013a). 3~5세 연령별 누리과정 교사용 지침서.

교육과학기술부 · 보건복지부(2013b). 3~5세 연령별 누리과정 해설서.

교육부(2015). 유치원 교육과정(교육부 고시 제2015-61호).

교육부 · 경상남도교육청 · 학교안전공제중앙회(2016). 학교안전교육 7대표준안 유치원용.

교육부 · 보건복지부(2016). 유치원 · 어린이집 아동학대 조기발견 대응 매뉴얼.

김민정 · 박은주 · 김갑순(2007). 연령에 따른 유아의 전자미디어 이용 관련 현황과 어머니의 인식의 차이. **유아교육학논집, 11**(4), 247-268.

김양은(2009). **디지털시대의 미디어 리터러시**. 커뮤니케이션북스.

김영실 · 윤진주 · 김정주(2011). **영유아 안전관리**. 정민사.

김영실 · 윤진주 · 김정주(2013). **영유아 안전관리**. 공동체.

김일옥 · 이정은 · 박현정(2016). **아동안전관리**. 양서원.

박영선 신동주(2014). 유아교육기관 유아 안전사고의 잠재적 요인에 관한 연구. **유아교육연구, 43**(2), 347-370.

박은혜 · 이명선 · 성원경 · 함인자(2016). **성교육 및 성폭력 예방교육 지침서**. 교육인적자원부

박은혜 · 조혜선 · 이성희 · 황보영(2011). **영유아 안전교육**. 도서출판 파란마음.

법률 제14778호 응급의료에 관한 법률. [시행 2017. 7. 19]

보건복지가족부(2008). 2008 보건복지통계연보. 보건복지부.

보건복지부 · 한국보육진흥원(2017). 제3차 어린이집 평가인증 안내 통합지표.

보건복지부(2010). 보육시설 급식운영 관리 매뉴얼.

보건복지부(2013). 영유아를 위한 안전교육 프로그램 교사지도서.

보건복지부(2013a). 제3차 어린이집 표준보육과정(보건복지부 고시 제2013-8호).

보건복지부(2013b). 어린이집 표준보육과정에 기초한 영아보육프로그램 운영의 이해.

보건복지부(2013c). 0~2세 어린이집 프로그램.

보건복지부(2013e). 제3차 어린이집 표준보육과정 교사용 지침서(0~2세).

보건복지부(2013f). 제3차 어린이집 표준보육과정 해설서(0~2세).

보건복지부(2017). 보육사업안내 – 어린이통학버스 운전자 및 동승보호자 표준매뉴얼.

보건복지부 · 교육과학기술부(2013). 누리과정교사지도서.

보건복지부 · 어린이집안전공제회(2014). 어린이집 야외활동 안전 길라잡이.

보건복지부 · 어린이집안전공제회(2017). 어린이집 보육교직원 안전교육

보건복지부 · 어린이집안전공제회 · 중앙육아종합지원센터(2017). 어린이집 보육교직원 안전교육.

보건복지부 · 한국보육진흥원(2016). 2016 어린이집 평가인증 안내.

보건복지부 · 한국생활연합 · 대한적십자사 · 서울시립대학교(2013). 영유아를 위한 안전교육프로그램 교사용 지도서.

보건복지부 외(2016). 영유아를 위한 안전교육 프로그램 교사용 지도서.

보건복지부 외(2017). 2017 어린이집 보육교직원 안전교육.

보건복지부위탁 실종아동전문기관(2016). 아동실종 유괴예방을 위한 교사 가이드.

서울시여성가족재단(2016). 우리 아이 지킴이 가이드–아동성폭력 및 아동학대 예방 부모교육자료집.

서울시육아종합지원센터 · 서울시 국공립어린이집 연합회(2014). 안전한 현장학습을 위한 가이드.

서울특별시(2015). 서울시어린이집 안전수칙 매뉴얼.

성미영 · 민미희 · 정현심(2013). **아동안전관리**. 학지사.

신혜경 · 서영숙(2006). 유아의 컴퓨터 사용에 관한 찬반 연구. **한국사회복지지원학회**, 2(2), 21–37.

어린이집안전공제회(2011). 보육시설 안전환경관리 가이드북.

어린이집안전공제회(2014). 2014 어린이집 보육교직원 안전교육.

어린이집안전공제회(2015). 통계자료집.

어린이집안전공제회(2016). 어린이집 안전관리 백과–소방 · 재난 · 자연재해.

어린이집안전공제회(2016). 영유아 안전을 위한 보호자용 길라잡이.

어린이집안전공제회(2017). 그림책을 활용한 영아 안전교육 프로그램.

어린이집안전공제회(2017). 2017 어린이집 보육교직원 안전교육–어린이집 내 사고와 안전관리, 아동학대 예방교육–.

여성가족부(2016). 2016 폭력예방교육 운영안내.

이규섭 · 이규래(2005). **눈으로 보는 응급처치법**. 도서출판 팬더북.

이기숙 · 장영희 · 정미라 · 윤선화(2014). **영유아 안전교육**. 양서원.

이명조 · 차승환 · 우정순 · 김영옥 · 김란옥 · 배진희(2015). **아동안전관리**. 태영출판.

장경하(2012). 서울지역 약사의 약물 교육 실태와 약물교육 강사 양성 프로그램의 발전방향. 숙명여자대학교 대학원 석사학위논문.

정정옥 · 임미혜(2012). **유아교육기관에서의 영유아 안전교육**. 창지사.

중앙보육정보센터(2008). 보육시설 안전관리 매뉴얼. 보건복지부.

중앙아동보호전문기관(2015). 아동학대예방을 위한 바람직한 훈육방법

중앙육아종합지원센터(2016). 2016 업무매뉴얼.

한국교육개발원(1995). 어린이 안전교육 지침서.

한국산업안전공단(1996). 유아교사용 안전교육 지도서.

한국소비자원(2017). 어린이 안전사고 동향 분석.

한국인터넷진흥원(2016). 2016 인터넷이용실태조사.

한영숙 · 최태식(2006). 경험 중심 안전교육 프로그램이 유아의 안전지식 및 안전문제해결사고와 안전행동에 미치는 영향. **미래유아교육학회지, 13**(4), 47-79.

환경부(2011). 어린이집 실내공기질 관리요령 리플릿.

환경부(2011). 어린이집 · 아동복지시설 실내공기질 관리 매뉴얼.

황현주 · 신현정 · 신희이 · 이성복(2016). **아동안전관리**. 창지사.

관련 사이트

경찰청(http://www.police.go.kr).

과학기술정보통신(https://blog.naver.com/with_msip/221171322541). 한반도가 위험하다! 포항지진 한 달, 땅속에서 무슨 일이?

국민재난안전포털(http://www.safekorea.go.kr).

네이버 지식백과(http://terms.naver.com)

다음 백과(http://100.daum.net).

대한약사회(http://www.kpanet.or.kr).

두산백과(http://www.doopedia.co.kr).

법제처국가법령정보센터(http://www.moleg.go.kr).

서울 해바라기센터(http://www.help0365.or.k). 아동성폭력 대응 매뉴얼.

서울시 · 서울시육아종합지원센터(https://seoulcenterchildcare.net).

세이프키즈코리아(http://www.safekids.or.kr).

소방청 국가화재정보센터(http://www.nfds.go.kr).

소방청(http://www.nfa.go.kr).

소비자위해감시시스템(http://www.ciss.go.kr).

스마트쉼센터(https://www.iapc.or.kr)

아동안전사이버교육센터(https://childsafe.kohi.or.kr).

안전 Dream 아동·여성·장애인 경찰 지원센터(http://www.safe182.go.kr).

어린이안전넷(http://www.isafe.go.kr).

어린이안전넷(http://www.isafe.go.kr). 어린이 안전사고 동향분석보고서(2017).

어린이안전넷(www.isafe.go.kr). 선생님/부모님교실 어린이안전사고(놀이안전).

에어코리아(환경부 전국 실시간대기오염도, www.airkorea.or.kr).

LG사이언스랜드(http://blog.naver.com).

중앙아동보호전문기관(http://korea1391.go.kr).

중앙육아종합지원센터> 어린이집자료실/문서자료실(2016. 10. 11).

중앙응급의료센터(http://www.e-gen.or.kr).

초록우산(www.missingchild.or.kr). 실종아동전문기관.

학교안전정보센터(http://www.schoolsafe.kr). 학교안전정책에서 검색.

한국소방안전협회(http://www.kfsa.or.kr).

한국응급처치교육원(http://www.ket.or.kr).

찾 아 보 기

ㅈ

ㅊ

ㅋ

ㅌ

ㅍ

ㅎ

* 저자소개

심윤희

한양대학교 대학원 유아교육과정 전공 박사(Ed.D)

현재 한양여자대학교 아동보육복지과 교수

저서 보육교사인성론(2017) 외

김용희

이화여자대학교 대학원 유아교육전공 박사과정 수료

현재 한림성심대학교 유아교육과 교수

저서 영유아보육과정(2015)

황혜경

덕성여자대학교 대학원 유아교육전공 박사(Ed.D)

현재 한림성심대학교 유아교육과 교수

저서 유아교사를 위한 학교폭력 예방 및 학생의 이해(2017)

김보영

경기대학교 대학원 유아교육전공 박사(Ed.D)

현재 한림성심대학교 유아교육과 교수

저서 보육실습(2017)

이회현

덕성여자대학교 대학원 유아교육전공 석사

현재 가로수어린이집 원장

저서 보육교사 인성론(2017)

이미란

건국대학교 교육대학원 유아교육전공 석사

현재 예다솜어린이집 원장

저서 어린이집 개원하기(2012)

영유아교육기관에서의

안전교육

2018년 3월 15일 초판 인쇄
2018년 3월 20일 초판 발행

지은이 | 심윤희 · 김용희 · 황혜경 · 김보영 · 이희현 · 이미란
발행인 | 유제구
발행처 | 파워북
주 소 | 경기도 고양시 일산동구 호수로 358-25
동문타워2차 529호
전 화 | (02) 730-1412
F A X | (031) 908-1410
등 록 | 1997. 1. 31 제2014-000067호
편 집 | 북스북스(hynho3196@nate.com)

정가 22,000원
ISBN 978-89-8160-371-7 (93370)